文
景

Horizon

社科新知 文艺新潮

社科新知 文艺新潮

文化的演化：民众动机正在重塑世界

CULTURAL EVOLUTION

People's Motivations Are Changing, and Reshaping the World

Ronald Inglehart

[美] 罗纳德 · 英格尔哈特 著
王路遥 译
丛日云 严挺 校

上海人民出版社

谨以此书献给我的爱妻玛丽塔，

以及我深爱的孩子们，

西尔维娅、伊丽莎白、瑞秋、小罗纳德和米洛

目 录

致 谢

本书纳入了与保罗·艾布拉姆森（Paul Abramson），韦恩·贝克（Wayne Baker），罗贝托·福阿（Roberto Foa），罗纳德·查尔斯·英格尔哈特（Ronald Charles Inglehart），皮帕·诺里斯（Pippa Norris），克里斯托弗·彼得森（Christopher Peterson），爱德华·波纳林（Eduard Ponarin），雅克·拉比耶（Jacques Rabier）和克里斯蒂安·韦尔策尔（Christian Welzel）的合作成果的内容。我深深地感激这些朋友、同事，以及我的儿子，在此向他们表示我最衷心的感谢。他们实际上是这本书的共同作者。

我还要感谢那些在1981年到2014年间在100多个国家进行世界价值观调查（World Values Survey）和欧洲价值观调查（European Values Study）的工作人员，他们的工作成就了这本书。感谢下列世界价值观调查和欧洲价值观调查的主要调查员们：Anthony M. Abela, Suzanne Adams, Q. K. Ahmad, Salvatore Abbruzzese, Abdel-Hamid Abdel-Latif, Marchella Abrasheva, Mohammen Addahri, Alisher Aldashev, Darwish Abdulrahman Al-Emadi, Fathi Ali, Abdulrazaq Ali, Rasa Alishauskene, Helmut Anheier, Jose Arocena, Wil A. Art, Soo Young

Auh, Taghi Azadarmaki, Ljiljana Bacevic, Olga Balakireva, Josip Baloban,
David Barker, Miguel Basanez, Elena Bashkirova, Abdallah Bedaida, Jorge
Benitez, Jaak Billiet, Alan Black, Eduard Bomhoff, Ammar Boukhedir,
Rahma Bourquia, Fares al Braizat, Lori Bramwell-Jones, Michael Breen,
Ziva Broder, Thawilwadee Bureekul, Karin Bush, Harold Caballeros, Manuel
Villaverde, Richard Bachia-Caruana, Claudio Calvaruso, Pavel Campeaunu,
Augustin Canzani, Giuseppe Capraro, Marita Carballo, Andres Casas,
Henrique Carlos de O. de Castro, Pi-Chao Chen, Pradeep Chhibber, Mark F.
xv Chingono, Hei-yuan Chiu, Vincent Chua, Margit Cleveland, Mircea Comsa,
Munqith Dagher, Andrew P. Davidson, Herman De Dijn, Ruud de Moor,
Pierre Delooz, Peter J. D. Derenth, Abdel Nasser Djabi, Karel Dobbelaere,
Hermann Duelmer, Javier Elzo, Yilmaz Esmer, Paul Estgen, Tony Fahey,
Nadjematul Faizah, Tair Faradov, Roberto Stefan Foa, Michael Fogarty,
Georgy Fotev, Juis de Franca, Aikaterini Gari, Ilir Gedeshi, James Georgas,
C. Geppaart, Bilai Gilani, Mark Gill, Stjepan Gredlj, Renzo Gubert, Linda
Luz Guerrero, Peter Gundelach, David Sulmont Haak, Christian Haerpfer,
Abdelwahab Ben Hafaiedh, Jacques Hagenaars, Loek Halman, Mustafa
Hamarneh, Tracy Hammond, Sang-Jin Han, Elemer Hankiss, Olafur
Haraldsson, Stephen Harding, Mari Harris, Pierre Hausman, Bernadette C.
Hayes, Gordon Heald, Camilo Herrera, Felix Heunks, Virginia Hodgkinson,
Nadra Muhammed Hosen, Joan Rafel Mico Ibanez, Kenji Iijima, Fr. Joe
Inganuez, Ljubov Ishimova, Wolfgang Jagodzinski, Meril James, Aleksandra
Jasinska-Kania, Fridrik Jonsson, Dominique Joye, Stanislovas Juknevicius,

Salue Kalikova, Tatiana Karabchuk, Kieran Kennedy, Jan Kerkhofs S. J., J. F. Kielty, Johann Kinghorn, Hans-Dieter Kilngemann, Renate Kocher, Joanna Konieczna, Hennie Kotze, Hanspeter Kriesi, Miori Kurimura, Zuzana Kusá, Marta Lagos, Bernard Lategan, Michel Legrand, Carlos Lemoine, Noah Lewin-Epstein, Juan Linz, Ola Listhaug, Jin-yun Liu, Leila Lotti, Ruud Lijkx, Susanne Lundasen, Brina Malnar, Heghine Manasyan, Robert Manchin, Mahar Mangahas, Mario Marinov, Mira Marody, Carlos Matheus, Robert Mattes, Ian McAllister, Rafael Mendizabal, Jon Miller, Felipe Miranda, Mansoor Moaddel, Mustapha Mohammed, Jose Molina, Alejandro Moreno, Gaspar K. Munishi, Naasson Munyandamutsa, Kostas Mylonas, Neil Nevitte, Chun Hung Ng, Simplice Ngampou, Juan Diez Nicolas, Jaime Medrano Nicolas, Elisabeth Noelle-Neumann, Pippa Norris, Elone Nwabuzor, Stephen Olafsson, Francisco Andres Orizo, Magued Osman, Merab Pachulia, Christina Paez, Alua Pankhurst, Dragomir Pantic, Juhani Pehkonen, Paul Perry, E. Petersen, Antoanela Petkovska, Doru Petruti, Thorleif Pettersson, Pham Minh Hac, Pham Thanh Nghi, Timothy Phillips, Gevork Pogosian, Eduard Ponarin, Lucien Pop, Bi Puranen, Ladislav Rabusic, Andrei Raichev, Alice Ramos, Anu Realo, Jan Rehak, Helene Riffault, Ole Riis, Angel Rivera-Ortiz, Nils Rohme, Catalina Romero, Gergely Rosta, David Rotman, Victor Roudometof, Giancario Rovati, Samir Abu Ruman, Andrus Saar, Rajab Sattarov, Rahmat Seigh, Tan Ern Ser, Sandeep Shastri, Shen Mingming, Musa Shteivi, Renata Siemienska, Maria Silvestre Cabrera, Richard Sinnott, Alan Smith, Jean Stoetzel, Kancho Stoichev, Marin Stoychev, John Sudarsky, xvi

Edward Sullivan, Marc Swyngedouw, Tang Ching-Ping, Farooq Tanwir, Jean-Francois Tchernia, Kareem Tejumola, Noel Timms, Larissa Titarenko, Miklos Tomka, Alfredo Torres, Niko Tos, Istvan Gyorgy Toth, Joseph Troisi, Tu Su-hao, Claudiu Tufis, Jorge Vala, Andrei Vardomatskii, David Voas, Bogdan Voicu, Malina Voicu, Liliane Voye, Richard M. Walker, Alan Webster, Friedrich Welsch, Christian Welzel, Meidam Wester, Chris Whelan, Robert Worcester, Seiko Yamazaki, Birol Yesilada, Ephraim Yuchtman-Yaar, Josefina Zaiter, Catalin Zamfir, Brigita Zepa, Ignacio Zuasnabar and Paul Zulehner。他们创建和分享了如此丰富和复杂的数据集。

本书使用的世界价值观调查和欧洲价值观调查的数据，由 1981 年到 2014 年间在 105 个国家进行的 358 次调查组成，这些调查覆盖了全球超过 90% 的人口。本书也使用了由雅克–勒内·拉比耶（Jacques-Rene Rabier）在 1970 年发起的欧洲晴雨表调查（Euro-Barometer Surveys）的数据。欧洲晴雨表调查是欧洲价值观调查、世界价值观调查以及其他许多跨国调查的样本，也是价值观调查中使用的关键项目的来源。扬·克尔克霍夫斯（Jan Kerkhofs）和吕德·德·穆尔（Ruud de Moor）组织了欧洲价值观调查，并邀请我在世界其他地方组织相似的调查，这促成了世界价值观调查的创立。杰米·迪亚兹·梅德兰诺（Jaime Diez Medrano）归档了世界价值观调查和欧洲价值观调查的数据集，并使它们可供几十万用户使用，这些用户可从世界价值观调查和欧洲价值观调查的网页上分析和下载数据。

我十分感谢琼·米勒（Jon Miller），威廉·齐默尔曼（William Zimmerman），亚瑟·卢皮亚（Arthur Lupia），肯尼斯·科尔曼（Kenneth

Kollman），以及其他密歇根大学的同事，他们提供了宝贵的意见和建议。我也十分感谢安娜·科特（Anna Cotter）和杨玉琼（音译，Yujeong Yang）卓越的研究协助，以及美国国家科学基金会（U. S. National Science Foundation）、瑞典和荷兰外交部，它们支持了世界价值观调查组在数个国家的多轮田野调查。我还要感谢俄罗斯教育和科学部（Russian Ministry of Education and Science）提供的拨款，使我们得以在莫斯科和圣彼得堡高等经济学院（Higher School of Economics in Moscow and St. Petersburg）建立比较社会研究实验室，并使得2011年在俄罗斯及其他原苏联加盟共和国进行的世界价值观调查成为可能。这项研究是由俄罗斯学术卓越项目“5-100计划”资助的。我有幸担任密歇根大学的艾美与埃兰·洛温斯坦民主与人权讲座（Amy and Alan Loewenstein Professorship in Democracy and Human Rights）教职，这对这项研究工作极有助益。 xvii

导 论

生存安全的水平塑造人们的价值观和行为方式。自人类出现以 1
来的大部分时间里，生存一直是没有保障的。这主导了人们的生活策略。人口的增长受到食物供给量的限制，大部分人仅仅生活在饥饿水平线以上。当生存不安全时，人们往往团结在强势领导人身后，组成反对外部群体的统一战线。这种生存策略可以称为“威权主义反弹”（Authoritarian Reflex）。

在第二次世界大战后的头几十年里，经济发达国家发生了一个前所未有的变化：战后成长起来的一代人中，大部分都认为生存是理所当然的事情。这反映在三个方面：（1）西欧、北美、日本和澳大利亚在二战之后，出现了前所未有的经济增长；（2）福利国家保障体系的出现保证了几乎没有人因饥饿而死亡；（3）大国之间没有战争。自二战以来，人类世界经历了有史以来最长的和平时期。

前所未有的高水平的经济安全和人身安全带来了普遍的代际文化变迁，重塑了民众的价值观和世界观，促成了从物质主义向后物质主义价值观的转变——它是从生存价值观（survival values）向自我表现价值观（self-expression values）更广泛的转变的一部分。这种广泛的文化变迁，从优先考虑经济安全和人身安全和强调个体服从群体规范，转向越来越强调个体有选择生活方式的自由。自我表现价值观强调性别平等，宽容同性恋者、外国人及其他外部团体，重视言论自由以及参与经济和
2 政治生活决策的权利。这种文化转型带来了巨大的社会和政治变化，从更强有力的环境保护政策和反战运动，到政府、商业和学术生活中更高层次的性别平等，以及民主的传播。

很久以前，实质性的跨文化差异就已经存在了，这些差异根源于在对抗疾病和饥饿方面条件大不相同的地理环境。从不同角度出发的众多研究者，将这些文化差异描述为集体主义与个人主义、生存价值观与自我表现价值观、自主性与嵌入性的差异，但是它们都体现了跨文化差异的一个共同维度，即反映了不同层次的生存安全水平，也就是生存安全或不安全的程度。在第二次世界大战之后的几十年间，不断提升的生存安全使得世界上大多数国家更加强调个人主义、自主性和自我表现价值观。

自我表现价值观排名高的国家比强调生存价值观的国家更有可能通过支持同性恋的立法。这些国家在联合国性别赋权测度（UN Gender Empowerment Measure）中也往往排名靠前，这一测度反映了女性在政治、经济和学术生活中担任高级职务的程度。调查数据显示，尽管这些社会变迁只是新近才出现的现象，但50年来社会基本规范一直在转变。文化变迁发生在体制变迁之前，而且看起来文化变迁促进了这些社会变迁。

高水平的生存安全也有利于世俗化，世俗化又系统地侵蚀了宗教习

俗、价值观和信仰。过去50年来，世俗化已经在所有发达工业国家的民众中传播开来。但是，因为世俗化对人类的生育率有很大的负面冲击，所以世界范围内持有传统宗教观念的人比以往任何时期都要多。事实上，目前所有世俗化最彻底的国家的生育率都远低于人口替代水平。而在许多具有传统宗教倾向的国家，生育率是人口替代水平的两倍或三倍。

民众对性别平等和同性恋的态度经历了两个阶段的变化。第一阶段是朝更宽容地对待同性恋和更有力地支持性别平等的方向缓慢转变，它发生在当成年人口中较年轻的群体取代较年长的群体时。最终，当这 3
些新规范被视为高收入国家的主流观念时，这一转变会达到临界点。此时，转变进入第二个阶段。从众的压力（conformist pressures）反而会促使人们开始支持以前他们反对的理念，这种情况带来的文化变迁比单纯依靠人口更替所带来的变迁更迅速。到2015年，美国最高法院的大多数法官都支持同性婚姻，即使是那些较年长的法官也想站在历史的正确一边。

发达国家里文化规范的女性化（feminization），也有助于暴力犯罪率和为国而战意愿的下降。此外，自我表现价值观水平较高的国家比自我表现价值观水平较低的国家更有可能是真正的民主国家。但是，是自我表现价值观带来了民主，还是民主引起了自我表现价值观的出现呢？因果箭头看起来主要是从自我表现价值观指向民主。自我表现价值观的出现，并不需要民主制度的确立。在1990年前后的全球民主化浪潮出现之前的几年，自我表现价值观已经通过代际价值观更替而产生了。不仅在西方民主国家如此，在许多威权国家也是如此。因此，一旦苏联军事干预的威胁消退，自我表现价值观水平高的国家就迅速走向了民主。

文化变迁反映出人类以幸福感的最大化为目的的策略变化。在缺乏甚至完全没有经济发展或社会流动性的农业社会，宗教通过降低人们对今生的欲求并承诺人们会在死后得到回报来使人感到幸福。现代化带来了经济发展、民主化和社会宽容的日益增长，这些有利于幸福感的提升，因为它们为人们提供了更为广泛的生活选择。因此，尽管**在**大多数国家**内部**，信仰宗教的人比不信仰宗教的人更幸福，但生活在现代化、世俗化的国家中的民众比生活在现代化程度较低、高度宗教化的国家中的民众更幸福。因此，尽管在前现代化的条件下，宗教能让人感到幸福，但一旦出现高水平的经济发展，现代化策略似乎比传统策略更能有效地使人们的幸福感最大化。

但是，人类的幸福感**能**被最大化吗？不久以前，人们还普遍认为幸福感会围绕着一个固定节点上下波动（这个点可能由基因因素所决定），因此，个人和国家都不能持续增加其幸福感。本书将证明这个说
4 法是不正确的。从 1981 年到 2011 年，大规模的时间序列数据表明，在 62 个国家及地区中，52 个国家的幸福感增长了，仅有 10 个国家及地区下降了；在同一时期，40 个国家及地区的生活满意度上升了，仅有 19 个国家下降了（3 个国家没有变化）。在绝大多数国家及地区，两个使用最广泛的幸福感指标都上升了。这是为什么呢？

一个国家允许自由选择的程度对幸福感有重大影响。在 1981 年后的 30 年中，经济发展，民主化和社会宽容度的日益上升，增加了大多数国家民众在经济、政治和社会生活领域的自由选择，带来了更高水平的幸福感。从生存价值观向自我表现价值观的转变似乎有利于幸福感和生活满意度的上升。

近几十年来，全球化已将大量的资金和技术转移到发达国家以外的其他地区，这带来了东亚、东南亚和印度经济的快速增长。世界上一半的人口正在摆脱生存线上的贫困。从长远来看，这可能会带来类似于高收入国家已经发生的文化和政治变迁。但与此同时，全球化和服务外包引发了高收入国家的工人与低收入国家的工人之间的竞争，它们使就业岗位从发达国家转移到了世界其他地区，这削弱了富裕国家里工人的议价能力。自动化进一步减少了产业工人人数，在发达国家的劳动力人群中产业工人已经成为少数群体。

最初，产业工人工作岗位数量的减少被服务部门大量高薪的工作岗位的增加所抵消。但是，像美国这样的高收入国家目前正在进入人工智能社会（Artificial Intelligence Society）阶段。人工智能可能会消除贫困、改善人们的健康水平以及延长人们的预期寿命，但是，如果完全交由市场力量主导，它往往会带来一个“赢者通吃”的社会，几乎全部的收益都会归于社会顶尖的精英阶层。在高收入国家，收入和财富的不均衡水平自 1970 年以来一直在急剧上升。在 1965 年，美国各大公司的首席执行官的薪酬是普通员工的 20 倍。到 2012 年，他们的薪酬是普通员工的354倍。除非有适当的政府政策加以调控，否则，这种“赢者通吃”的趋势可能会破坏二战之后形成的长期的经济增长、民主和文化开放。

人工智能使计算机程序不仅可以取代产业工人，也可以取代受过 5
高等教育的群体，如律师、医生、教授、科学家，甚至计算机程序员。在诸如美国这样的高收入国家，产业工人的实际收入自 1970 年以来一直在下降。自 1991 年以来，具有大学学历和研究生学历的群体的实际收入也在下降。

正如经济学家、诺贝尔奖获得者约瑟夫·斯蒂格利茨（Joseph Stiglitz）所指出的那样，人工智能社会的经济冲突的中心不是在工人阶级与中产阶级之间，而是在社会的 1% 与 99% 之间。[1] 对工人阶级而言，稳定、高收入的工作正在消失。对受过高等教育的群体而言也是如此。

高水平的生存安全往往带来更为宽容、开放的前景。相反，生存安全水平的下降往往会引发威权主义反弹，这会为强有力的领导人和内部高度团结、严格遵守团体规范、排斥外部群体的价值观提供支持。目前，这一威权主义的反弹正在许多国家引发了愈演愈烈的排外型民粹主义威权运动（xenophobic populist authoritarian movements），从法国的国民阵线（National Front）登场到英国公投退出欧盟，以及唐纳德·特朗普（Donald Trump）当选为美国总统。但是，与经济大萧条时期出现的排外型威权主义不同，目前的排外型威权主义不是由客观性的匮乏所导致。如今这些国家拥有丰富的资源，民众的不安全感是由日益增长的不平等水平所导致的，而这说到底是一个政治问题。通过适当的政治重组，那些致力于重建高水平的生存安全的政府才会被选举出来，而正是高水平的生存安全推动了二战之后越来越自信和宽容的社会的出现。

超越极限

本书提出了现代化理论的新版本：演化的现代化理论（Evolutionary Modernization theory）。这一理论包含了一系列假设，我们使用独特的数据库对这些假设进行了检验。从 1981 年到 2014 年，世界价值观调查组和欧洲价值观调查组紧密合作，在全球一百多个国家进行了数百次调查，覆盖了 90% 以上的全球人口。[2] 原始数据、调查问卷及实地调研信息可以从世界价值观调查网站（http://www.worldvaluessurvey.org/）下载。 6

一些跨国调查项目仅在那些建立有长期调研机构的国家运作，这样做是为了取得高质量的调查数据，但这也在很大程度上使调查局限于高收入国家。从一开始，世界价值观调查就致力于涵盖所有类型的国家，包括低收入国家。这种追求产生了两种相反的效应：（1）测量误差会增加。这主要是由于世界价值观调查涵盖了调研机构不完善的低收入国家，它削弱了态度变量与预测变量之间的相关性。（2）分析结果的说服力会增强，因为涵盖了所有类型的国家的调查往往会强化相关分析。哪种效应会更强呢？结果是明确的。如果来自低收入国家的数据质量的下降所产生的不利影响，超过了将其纳入世界价值观调查所产生的有利影响，那么把这些国家纳入世界价值观调查就会削弱它对相关社会现象的预测能力。实证分析显示，分析所有类型国家的数据所获得的预测能力，比仅仅分析那些高收入国家的数据所获得的预测能力要强得多。[3] 总而言之，涵盖了不同类型国家所获得益处，要远大于数据质量下降所造成的损失。

作图表但不列方程式 7

虽然我愉快地花了很多时间钻研详细的统计表，但很显然，并非每个人都对此感兴趣。除非是这一领域的专家，否则大多数读者在遇到一系列回归方程时都会无视它们。我认为，如果以非技术的方式展示，那么本书提出的想法将会吸引广泛的读者。因此，本书不列出回归方程，也不展示复杂的统计表，但它所报告的成果的确来自大量定量分析。书中呈现了许多图表，这些图表建立在大量数据分析的基础上，它们以简单、生动的模式展示了不同变量之间的关系，例如，随着国家越来越富裕，性别平等水平也会越来越高。

本书旨在帮助读者理解人们的价值观和目标正在发生何种变化，这些变化又在以何种方式改变着世界。我希望，本书的写作方式能够使你体验到阅读的乐趣。

注　释

1 Joseph E. Stiglitz, "Of the 1 percent, by the 1 percent, for the 1 percent", *Vanity Fair*, May 2011.

2 他们在 2017 年也发起了一轮新的调查。

3 Ronald Inglehart and Christian Welzel, "Changing Mass Priorities: The Link between Modernization and Democracy", *Perspectives on Politics* 2010, 8(2), pp. 551–567.

第一章 8

演化的现代化与文化变迁

引　言

人们在成长期间对生存安全或不安全程度的感知将会影响一个国家的文化。本书提出了一个现代化理论的修正版本，即演化的现代化理论。它认为，经济和人身的不安全会导致排外主义、强有力的内部团结、威权主义政治以及对共同体传统文化规范的严格遵守。反之，安全的条件会带来对外部共同体更多的宽容、对待新观念更为开放的态度以及更加平等的社会规范。本书分析了涵盖全世界大多数人口的国家的调研数据，展示了在最近几十年，经济和人身安全水平的变化在以何种方式塑造着人们的价值观和动机，并改变着国家。

在历史上的大部分时期，人类的生存都处于不安全状态。人口增长需要充分的食物供给，而饥饿、疾病和暴力却使人口大体保持不变。在这种条件下，社会强调强有力的共同体内部团结，遵守共同体内部规范，反对外部共同体，以及服从强势领导人。在物质极度匮乏的条件下，排外是很现实的选择：假如一个部落所拥有的土地仅能满足自身所需，当另一个部落试图主张对该地的所有权时，生存就变成“我们”与“他们”之间的零和斗争。在这些条件下，一种成功的生存策略是整
9 个部落紧密地团结在强势领导人身后，形成反对外来者的紧密同盟。这种生存策略可以被称为“威权主义反弹”。相反，高水平的生存安全为更大程度的个人自主和更为开放地对待多样化、变迁及新观念开辟了道路。

将顺从权威与排外主义及其他形式的不宽容联系在一起的观念，首次出现在经典的《权威主义人格》(*The Authoritarian Personality*)[1]一书中。此书认为，权威主义人格是由严苛的育儿行为造成的个性特征。从一开始，权威主义就是一个富有争议的概念，[2]围绕这一议题产生了大量文献。它的原始理论基础和用以检验它的工具大部分都已经被取代，但在过去 70 年中，许多研究都已证明，服从权威与排外主义、不宽容及遵守共同体规范有关。这似乎反映了人们对生存不安全的深层反应。对来自调查、实验和统计数据的大量证据进行的回顾总结认为，威权种族主义（authoritarian racism）与政治的和道德的不宽容现象的联系是存在的，它是由个人天生的不宽容倾向造成的，并与社会威胁程度的变化相互作用。[3]笔者自己的研究表明，如果人们是在低水平的生存安全条件下被抚育成人的，他们就往往具有较多的权威主义倾向，反之则反。

在 20 世纪，工业化、城市化和大众识字率的提高使工人阶层被动员起来，参与和支持了工会和左派政党。他们选出了执行再分配政策的政府，这种政府为民众提供了经济安全保障体系。在第二次世界大战后的几十年中，经济的高速增长与长期和平的局势给发达工业国家民众带

了空前的生存安全感。年轻的社会成员在生存不再成为问题的环境中长大，这带来了代际价值观的变迁。他们从经济和人身安全，转向更加强调自由选择、环境保护、性别平等和宽容同性恋。这又引发了诸如1990年前后的民主化浪潮以及同性婚姻合法化这样的重大社会变迁。

经典的现代化理论与演化的现代化理论 10

现代化理论有很长的历史。自卡尔·马克思（Karl Marx）提出之日起，经济发展会导致可预测的社会和政治变迁这一理论就一直处于争议之中。这一理论令人兴奋，因为它不仅试图解释已经发生的事，还试图预测未来要发生的事。到目前为止，预测人类行为的大多数尝试都已经失败，人类的行为非常复杂，并为诸多因素所影响。因此，任何要提供确切的、决定论性质的预测的主张都是不现实的。

现代化的中心特征，是它使生活更具安全感，消除了饥饿，提高了预期寿命。高水平的发展带来了人类动机的普遍改变，使人们的生存策略发生了转变，即由基于生存不安全的认知的生存策略转向基于生存为理所当然的认知的生存策略，从而赋予许多超出生存与安全之外的其他人类愿望以最高优先级。

生存不安全感导致人们追随威权领导人，形成以族群为中心的内部团结以对抗外部共同体。在物质极端匮乏的条件下，生存可能确实需要共同体成员在生存斗争中紧密合作。因为人类自诞生以来，大多数时期都处在饥饿线上，所以威权主义的反弹模式逐渐形成：不安全感触发了对强势领导人、强有力的内部团结、排斥外部群体以及严格遵守共同体规范的支持。相反，高水平的生存安全留给个人自由选择以更大的空间，允许更为开放地对待外部群体和新观念。

生物进化法则要求所有有机体赋予生存以最高优先级。没有按此行事的有机体都已经灭亡，世界上曾经存在的物种大多数已经灭绝。因此，在供应短缺的时期，人们会给予任何生存所必需之物以最高优先级。离开氧气，人只能存活数分钟。因而，当氧气稀缺时，人们会倾尽
11 一切努力去获得氧气。离开水，人只能活几天。当它短缺时，人们会为了获取它而拼命争斗，如有必要不惜大开杀戒。当空气和水的可靠供应被确保，被视为理所当然之物时，人们就会给予其他目标以最高优先级。离开食物，人们可以存活数周，但当它短缺时，就变成最重要之物。在整个人类历史长河中，食物经常是短缺的，这反映在人口增长需要符合食物供应量这一生物学趋势中。

在生存没有保障的条件下长大，还是在生存有保障的条件下长大，两者之间的差别是巨大的。在人类历史的大多数时期，生存都是没有保障的。生存下去是人们的基本目标，它主宰了人们的生活策略，几乎影响到人们生活的每个方面。但在最近几十年，在不担心自己会挨饿的条件下成长起来的人口的比例在日益增长。在那些将生存视为理所当然的国家，人们的工作动机、宗教、政治、性行为和育儿方式正在发生重大变化。

社会变迁并不符合历史决定论，但是有一些路径比其他路径更有可能出现。从长期来看，一旦经济步入良性发展轨道，某些变化就很有可能会发生。例如，在任何一个经历了工业化进程的国家，工业化都带

来了城市化、专业化和大众识字率的提升。工业化还带来了日益增长的繁荣、更完善的营养法规和保健计划，从而延长了人们的预期寿命。此外，工作性质的变化和生育控制手段的优化还为妇女走出家庭参加工作创造了条件。这些变化和相关的文化变迁共同提升了性别平等水平。

一些国家的历史文化遗产抵制这些变迁。社会—文化变迁具有路径依赖（path dependent）属性，并且文化遗产的影响相当持久。尽管从卡尔·马克思到马克斯·韦伯（Max Weber）的经典现代化理论家都认为宗教和民族忠诚最终会走向消亡，但目前宗教和民族主义仍具有强大的势力。因此，新教国家允许妇女投票的时间早于天主教国家数十年；相反，日本把妇女纳入劳动力队伍的进程则比其他发达国家慢得多。但日渐增多的证据表明，当现代化持续推进时，上述及其他变化都会变得更为可能。甚至连日本目前也在向性别平等的方向发展。价值体系反映了现代化的推动力与传统的影响力之间的平衡。

第二次世界大战后，发达工业国家出现的高速经济发展和完善的 12
福利保障体系带来了重大的文化变迁。这些国家的大部分人口把生存当作一件理所当然的事情，这在历史上从未出现过。出生在这些条件下的数代人开始高度重视诸如环境质量和言论自由这样的目标。

这开启了代际价值观变迁的进程，它一直在改变着高收入国家的政治和文化。当中国、印度及其他高速发展的国家中的大多数人都在视生存为理所当然的环境中长大成人时，价值观变迁就很可能会改变这些国家。这一进程最突出的表现是从物质主义价值观（高度重视经济和人身安全）到后物质主义价值观（强调自由选择和自我表现）的转变，但这仅是从生存价值观向自我表现价值观[4]的宏观转变的一个组成部分。

从生存价值观向自我表现价值观的变迁正在改变有关政治、宗教、性别平等及宽容外部群体的重大规范，并带来了对环境保护和民主制度的日益增强的支持。[5]作为农业社会标志的严格的文化规范，正在让位于允许更多个人自主和自由选择的规范——这一规范有助于知识社会的成功。

有关生存安全感重要性的各家论证

近些年来，人类学家、心理学家、政治科学家、社会学家、进化生物学家和历史学家都在自己的研究领域提出了关于文化与制度变迁的理论，这些理论惊人地相似。它们都强调，人们免于饥饿、战争或疾病之类生存威胁的程度，会塑造一个国家的文化规范和社会政治制度。

因此，笔者与皮帕·诺里斯、克里斯蒂安·韦尔策尔、保罗·艾布拉姆森、韦恩·贝克及其他政治科学家和社会学家都提出，一种新的世界观正在逐渐替代主导西方国家数个世纪之久的世界观。[6]这种世界观变迁的出现，是因为人们在成长期感受到的生存安全在程度上出现了重大变化。其他学科的研究者也得出了相似的结论。米歇尔·盖尔芬德
13 （Michele Gelfand）领导的心理学家和人类学家团队区分了“紧”（tight）文化与“松”（loose）文化，他们认为一个国家在历史上所经历的自然威胁和人为威胁塑造了这个国家的文化特征。[7]这些威胁增加了对强硬的规范和惩罚偏差行为（deviant behavior）的需求，从而达到维持秩序的目的。“紧”文化的国家采取专制统治制度，它们镇压异见，提供强

有力的威慑和对犯罪的控制，这些国家往往更具宗教色彩。盖尔芬德等人采用 33 个国家的调查数据对上述预测进行了检验。他们发现，那些在历史上经历了严重的自然灾害和战争威胁的国家，都具有强规范性和对偏差行为相当低的容忍度。

由科里·芬彻（Corey Fincher）和兰迪·桑希尔（Randy Thornhill）带领的生物学家和心理学家团队也提供了令人信服的证据，证明了人们面对传染性疾病打击的脆弱性与集体主义、排外主义以及反对性别平等有关，而这些因素都抑制了民主制度的出现。[8] 他们在集体主义—个人主义的量表上对 98 个国家的民众进行排序，发现在控制了财富和城市化因素以后，高度的疾病威胁与集体主义态度有关。同样，生物心理学家奈吉尔·巴伯（Nigel Barber）发现，虽然宗教能帮助人们应对危险的状况，但是当经济发展带来更高的经济安全水平和健康水平时，宗教信仰就会减弱。[9] 这些发现与演化的现代化理论所作出的预测是一致的。

古典学家和历史学家伊恩·莫里斯（Ian Morris）从另一角度展开研究。他在检验了大量历史证据后，得出了“每个时代都发展出了适应时代要求的理论”这一结论。食物采集社会、农业社会和工业社会都发展出了适应时代要求的价值体系，它们的价值观演化过程与演化的现代化理论所描述的过程类似。[10]

我认为，经济发展增强了人们的经济和人身安全感，减弱了面对疾病打击时的脆弱性，这些都有利于文化的进一步开放，民主制度的建立和维持，以及更具自由色彩的社会立法的通过。

这与西奥多·阿多诺（Theodor Adorno）等人的经典论断是一致的。他们认为，当人们在成长过程中察觉到威胁时，教条主义、僵化和不宽容就变得流行起来。这也与米尔顿·罗克奇（Milton Rokeach）的论点相通。他认为，威胁会使人们变得偏执、戒备和不宽容，而免于威胁则会使人们变得具有安全感、开放和宽容。[11] 社会现实证实了这些观点。在那些生存安全水平高的繁荣国家，人们对同性恋最宽容，自我表现价
14 值观也最盛行。[12] 社会经济发展直接影响到人们的生存安全感，它决定着人们对自身生存状况的看法，即生存到底是充满不确定性的事，还是一件理所当然之事。我们可以清楚地看到，发达国家的价值观和信念与发展中国家的价值观和信念存在着重大差异。

西方后物质主义的兴起

发达国家基本价值观正在发生变化的最早和最广泛的证据，与从物质主义价值观向后物质主义价值观的变迁有关。45 年前，我在《静悄悄的革命》* 一文中指出："发达工业国家的政治文化可能正在发生改变。影响特定年龄群体的基本社会化条件的改变，似乎带来了这些群体的基本价值排序的变化。"[13]

代际价值观变迁理论基于两个关键的假设：[14]

（1）**匮乏假设**（scarcity hypothesis）　事实上每个人都珍视自由和自主性，但人们只给他们最迫切需要之物以最高优先级。维持生存的物质和对人身安全的保障关系到人们能否生存下去，因此，当物质变得匮

---

* Ronald Inglehart, "The Silent Revolution in Europe: Intergenerational Change in PostIndustrial Societies," *American Political Science Review* 1971, 65(4), pp. 991–1017. ——译者注

乏或者人身安全受到威胁时，人们会优先考虑这些物质主义目标。但在物质安全和人身安全有保障的情况下，人们会更加强调归属感、尊严以及自由选择等后物质主义目标。

（2）**社会化假设**（socialization hypothesis） 一个人的基本价值观在很大程度上反映的是这个人在成长期间拥有的主要物质条件，因此价值观优先目标的变化滞后于物质条件的变化。价值观变迁主要通过代际人口更替实现。

匮乏假设类似于边际效用递减原则。它反映了以追求生存和安全为目的的物质需求与以追求自我表现和审美满足为目的的非物质需求之间的差别。

在几十年前，发达工业国家中的大多数人口在成长期都经历了饥饿和经济困境。但之后，情况却大为改观。这种重大差异已经引发了价 15
值观变迁，人们开始越来越重视归属感、尊严和自由选择方面的需求。匮乏假设表明，长期的高度繁荣促使后物质主义价值观扩散，而长久的经济下滑有着相反效应。

然而，在社会经济发展与后物质主义价值观的流行之间并不存在一一对应的关系，原因在于价值观反映的是一个人的主观安全感，而国家收入水平只能对主观安全感产生部分影响。主观安全感除了受到国家收入水平影响外，还受到社会福利制度和人身安全水平及人体健康状况的影响。在反映引起价值观变迁的条件的现有指标中，人均收入是最好的指标之一。但在理论上，一个人的生存安全感最能反映影响价值观变迁的条件。

另外，正如社会化假设所指出的那样，人们基本的优先价值不会在一夜之间发生改变。人的基本性格结构在成年时就已经定型，这是社会科学最普遍的共识之一。大量的证据表明，在成年时人们的基本价值观就已经基本定型，在成年后基本价值观发生的变化相当小。[15] 如果确实如此，那么我们可以预期在那些经历了安全水平上升的国家中，能够发现较年轻的群体的价值观与较年长的群体的价值观之间的显著差异。当较年轻的几代人的成长条件与前几代人的成长条件出现明显差异时，代际价值观变迁就会发生。

从上述两个假设中我们能够得出几个关于价值观变迁的假设。匮乏假设表明繁荣有助于后物质主义价值观的传播，而社会化假设指出国家的价值观变迁将逐渐发生，它在很大程度上通过代际人口更替实现。经济变化带来的政治效应在相当长一段时间后才会显现。

代际价值观变迁的第一个经验证据来自 1970 年进行的西欧六国（英国、法国、意大利、联邦德国、比利时和荷兰）调查，这一调查的目的是检验从物质主义价值观向后物质主义价值观变迁的假设。[16] 这个调查揭示了较年长的群体与年轻的群体在价值观优先度方面存在较大的差异。假如这种年龄群体差异反映的是代际价值观的变迁，而不只是人越年长就越会偏好物质主义的倾向，那么，当较年轻的群体取代了较年长的群体在成年人口中的位置时，我们将会发现从物质主义向后物质主
16 义的缓慢变迁。倘若这种情况在发生，那么影响是深远的。原因在于这些价值观与许多重要的取向紧密相连，这些取向涵盖了从强调政治参与和言论自由，到支持环境保护、性别平等和民主的政治制度等许多方面。

价值观变迁的观点从一开始就备受争议。批评者认为，1970 年发

现的显著的年龄群体差异反映的是生命周期效应（life-cycle effects）而不是代际变迁。他们指出，年轻人很自然地会喜欢诸如参与和言论自由这样的后物质主义价值观，但随着年龄的增长，这些年轻人就会开始像他们的长辈们一样偏好物质主义。因此，整个国家的价值观不会发生改变。[17]

与此相反，价值观变迁的假设认为，只要较年轻的群体在成长期的生活条件明显优于较年长的群体，他们就会持有更明显的后物质主义价值观。因此，我们并不期望在经济上停滞不前的国家中发现代际价值观差异。假如后辈人在成长过程中拥有的条件与长辈相比并没有明显改善，那么我们就不能发现代际价值观差异。但人们在成长时期经历的安全水平会产生持久的效应。因而，伴随着战后更为后物质主义的年轻群体取代成年人口中更为物质主义的群体，我们应该可以观测到从物质主义向后物质主义价值观的逐渐转变。

战后出生的群体与较年长的群体在成长期经历上的差异，导致了他们优先价值目标的重大差别。最初这些年轻的群体几乎没有什么政治影响力，直到第二次世界大战结束后 20 年，战后出生的第一代人具有政治影响力后，优先价值目标上的差异才在社会层面上变得显著起来。战后出生的第一代人在 20 世纪 60 年代末期和 70 年代推动了学生抗议时代的出现。在那个时期，广泛流传的抗议口号是“不要相信 30 岁以上的任何人！”。

本书文化变迁分析采用的证据来自从 1981 年到 2014 年在一百多个国家进行的数百次有代表性的全国样本调查[18]，以及这些国家的经济、人口和政治数据。数量庞大的证据表明，从物质主义向后物质主义价值观的代际转变一直在进行，这与我们的预测是一致的。但也正如我们将要观察到的那样，这些转变仅是更广泛的文化变迁的一个方面。人们的价值观从生存价值观逐渐转向自我表现价值观，前者更强调生存需求，而后者更强调性别平等、环境保护、宽容、人际信任和自由选择。人们
17 教育孩子的导向也发生了变化，从强调努力工作，转向强调想象力和宽容。文化变迁正在把新的政治议题带入政治的中心舞台，并在推动民主的广泛传播。

文化变迁与社会变迁

价值观的变迁可以改变社会。文化是在特定环境中有助于生存的规范和技能的集合，它们构成了一个社会的生存策略。与生物演化一样，文化也是通过类似于随机突变和自然选择的过程完成演化的。与生物演化不同的是，文化是可习得的，因此它能以更快的速度演化。

在最近几十年中，高度发达国家的主导价值观已经发生了深刻的变化。持续数个世纪之久的关于性别角色、堕胎、离婚、生育控制和性取向的文化规范发生了改变，其中一个显著的变化是新的性别角色的出现。纵观整个历史，女性地位低于男性，她们扮演着一系列有限的狭隘角色，依次是女儿、妻子和母亲。在最近几十年中，这一情况发生了剧烈变化。随着时间的推进，几乎所有向男性开放的工作也向女性敞开了大门。两代人以前，接受高等教育的女性在群体中只占很小的比例。如今，在大多数工业国家，女性构成了高校学生的多数，女性教职人员的比例也在上升。在许多民主国家，如今女性不但能投票，而且她们占有

的议会席位和高层政治职位的比例都在增长。在处于服从地位长达数个世纪后，越来越多的女性在学术、商业和政府的职务中掌控了领导权。

近期社会变迁的另一个例子，是那些“出柜”的政治人物越来越多地任职了大城市的市长、国会议员、外交部长和政府首脑。自 2000 年开始，越来越多的国家宣称同性婚姻合法。然而，各个国家变化的步调并不一致。低收入国家[19]强烈抵制同性婚姻合法化。在许多国家，同性恋仍然被认为是违法的，甚至有一些国家对同性恋者处以死刑。在对埃及进行的最新调查中，99% 的人称同性恋“决不”正当。对那些坚守 18
传统规范的人而言，这些文化变迁令人惊恐。上述差异已经在发达国家引出了一些热门政治议题，它们也有助于解释当前在宗教激进主义与西方国家之间的冲突。高收入国家民众的价值观一直在发生快速的转变，而大多数穆斯林占多数的国家的民众的价值观则改变得非常少。从伊斯兰国家的民众的视角来看，高收入国家目前的社会规范是堕落的和令人震惊的。持有传统价值观（traditional values）的伊斯兰国家的民众与发达世界的民众之间的差距正在日益增大。这些国家中的大多数人曾经把西方民主视为效仿的典范，但如今宗教激进主义却视西方文化为抵制对象。

作为价值观变迁源泉的认知与情感

经典现代化理论单方面强调塑造文化变迁的认知因素，这是它需要改进的另一个方面。韦伯把世俗—理性世界观的兴起归因于科学知识的传播，认为科学发现淘汰了传统宗教对世界的解释。他提出，随着科学知识的传播，宗教让位于理性的趋势是不可阻挡的。同样，一些现代化理论家辩称，教育推动了现代化进程。他们指出，在大多数国家，受教育程度高的人往往具有现代世界观；随着教育水平的提升，传统宗教世界观将不可避免地让位给世俗—理性世界观。

这种对认知因素的强调只捕捉到了故事的一部分。情感和经验因素，如人们所感受到的生存安全水平，在塑造人们的世界观时至少发挥了与认知因素同等重要的作用。高等教育确实与世俗—理性价值观（secular-rational values）和自我表现价值观相关联，但高等教育不仅是一个人吸收知识程度的指标，也是一个人在成长期经历的相对安全的生存条件的证明。那些来自经济宽裕的家庭的孩子，往往更有可能接受高等教育。

但每个国家也有其独特的社会环境，它反映了民众的主流观念，
19 同时也影响了个人观念的形成。因此，尽管高等教育往往使人们更为重视自我表现价值观，但不同国家之间受过高等教育的人对自我表现价值观的重视程度的差异，要大于给定国家内部受过高等教育的人与普通民众之间的差异。[20]

教育中的认知部分在很大程度上是不可逆的，但人的安全感和自主性则不同。对世界安全或不安全的感知是一个人的世界观中较早确立、相对稳定的部分，但经济和政治事件可能会对它产生影响，尤其是像苏联解体这样的灾难性事件。这样的大事件很少，但当共产主义制度在 1989 到 1991 年间在整个中欧和东欧落幕时，这些地区的国家所经历的正是这类事件。原苏联加盟国家的民众遭受了生活水平的骤然下降，

经历了社会和政治体系的坍塌，以及信奉了几十年的信仰体系的瓦解。科学知识并没有消失，它仍在持续增长，这些国家的教育水平也仍然保持在高位。然而，人们的生存安全感和个人对自身生活的控制感大幅下降。如果现代价值观的出现仅由认知因素决定，那么世俗—理性价值观和自我表现价值观将会持续扩散。如果价值观也受到生存安全感的影响，那么我们预测会在原苏联加盟国家发现从现代价值观朝向生存价值观和宗教的回归。正如我们将要看到的，这种回归确实在发生。事实表明，文化变迁并非只受认知因素的影响，人们直接感知到的生存安全或不安全在更大程度上塑造了文化的变迁。

另一种解释：理性选择

本书认为，人们在成长期感受到的生存安全水平，与历史文化差异一起，对人们的行为产生了重大影响。但我们也应该考虑到另一种重要的解释，即理性选择（rational choice）。

理性选择与文化模型这两种理论都对个人行为和社会变化提出了解释，二者呈现相互竞争关系。不久以前还一直主导经济学和政治科学的理性选择学派建立在一个假设之上，即人类行为是追求个人效用最大 20
化的有意识选择。这种方法对历史或文化因素几乎视而不见，它假定当面对同样的激励时，每个人都会作出同样的选择。这一学派发展出了精致又简洁的模型，但越来越多的经验证据表明，这些模型并不能充分解释个人的实际行为模式。因此，在融合了情感和文化解释因素后，行为经济学的影响力在最近这些年日益增强。

毫无疑问，政治精英有意识的选择会产生重要且直接的影响。例如，美国联邦最高法院在 2015 年宣布同性婚姻合法后，同性婚姻浪潮立即出现。浪潮出现的直接原因是最高法院的决定，但更深层的原因是民众价值观的长期变迁。数个世纪以来，同性婚姻不但不合法，而且是一件不可接受的事情。但是，价值观调查的数据显示，几十年来发生的代际价值观变迁正在慢慢弱化这一规范。同性婚姻得到了民众日渐广泛和明确的支持，直到有关同性婚姻的法律被改变。

大量的心理学研究表明，人脑的绝大多数活动是在无意识层面进行的。因为我们只能察觉到有意识的部分，所以我们倾向于认为它决定了我们的决策。并且，由于人类善于理性化他们所作的任何选择，因而在事情发生以后人们总能把事件解释成理性选择的结果。但实验研究表明，人们的决定在很大程度上受无意识的偏见或直觉的影响。[21] 另外，有意识和无意识的进程发生在人脑的不同区域。脑部扫描表明，当作出一个决定时，活动首先出现在人脑的无意识区域，然后才出现在有意识区域。由此可见，决定是由无意识的因素作出的，然后人脑的有意识的部分再把所作的决定理性化，组成连贯叙事。[22] 同样，心理学和认知神经科学最近的发现也表明，道德信念和动机来自直觉和情感，演化已经让人类心智作好准备去发展这些直觉和情感；道德判断是快速且自动的直觉的产物，然后相对慢速的、有意识的推理过程才开始，它的目的是为个人直觉寻找支持理由。[23]

21 有情感比仅有理性最终更有益于生存。事实上，情感的发展能使人们对朋友或部落作出长久的承诺，使他们甘苦与共，而一个纯粹理性的人在有利可图的情况下可能会选择背叛。情感能使人们在信任和长期的关系中一起工作。从长期来看，自然选择表现得比纯粹“理性”更加理性。[24]

当人们面对无穷无尽的理性权衡时，情感能使人们作出快速选择，然后有意识地围绕已经作出的选择发展出一套连贯的叙事。因此，理性选择只是看起来决定了人类行为。但是，从长期来看，自然选择能够有效地产生非常适应人类环境的文化规范，所以最终结果往往看起来像是理性选择过程的产物。因而，使用博弈理论，文化变迁往往可以被相当精准地建模。[25]关于文化变迁的理性选择模型或许不能解释特定的规范是如何历史地演化出来的，但它们能捕捉到特定规范为何能适应环境并生存下去的内在逻辑。这样的模型很像演化论生物学家对北极熊演化出白色皮毛的解释，他们提出北极熊长出白色的毛是“为了在白雪中不那么显眼”。生物学家当然完全明白北极熊不是有意识地决定生长出白色皮毛，但这是一个描述随机突变和自然选择的简洁方法。在当代社会科学中，即使理性选择理论家在认真思考后认识到了演化过程包含了无法预见后果的复杂事件而非有意识选择的结果时，他们还经常把复杂的演化过程描述得像由理性商谈和有意识的选择促成的产物。

慢速与快速的文化变迁

文化是一套可习得的行为，这套行为构成了一个社会的生存策略。主导这一策略的规范往往变化非常缓慢，经常持续数个世纪之久，但在

某种条件下它们会发生非常快的变化。社会潮流变化很快，但基本的价
值观往往变化缓慢，它主要通过代际人口更替来实现。往往是在引发文
22 化变迁的根本原因出现几十年后，文化变迁才在社会中显现。[26]物质主
义/后物质主义价值观变迁的经验证据表明，基本价值观变化缓慢，它
主要通过代际人口更替来实现。[27]按最优选择理论，基本价值观的变迁
应该是在全世界同步进行的，但事实并非如此。仅仅当国家达到临界
值，即高水平的经济和人身安全使相对年轻的群体在视生存为理所当然
的条件下长大时，文化变迁才会发生。与此相反，理性选择理论认为重
要制度被采用是精英有意选择的结果，这意味着制度能够在极短时间内
发生变化。理性选择理论也往往认为制度决定文化，这表明基本的文化
规范也会发生快速的变化。

理性选择理论不能解释文化变迁往往通过代际人口更替来实现这一事实，也不能为发生在许多世纪前的宗教分裂和历史事件的持久影响提供解释。

在最近几十年，生存安全水平的上升一直在重塑世界。自1970年到2010年，世界上每个地区的预期寿命、收入和入学率都得到了提升。[28]全球范围内的贫困率、文盲率和死亡率都在下降。[29]几十年来，战争、犯罪率和暴力也都一直在下降。[30]大国之间无战争，世界正处在有史以来最长的和平时期。和平、第二次世界大战后的经济奇迹以及福利制度的出现共同造就了目前的局面。越来越多的人在视生存为理所当然的环境下成长，这带来了朝向后物质主义价值观和自我表现价值观的代际转变。[31]

代际人口更替会影响到价值观变迁，除此之外，给定年龄群体也

可能由于教育和大众传媒对这些价值观的传播而变得对新的社会规范日益宽容。人们可以明显地感受到，教育和大众传媒对这些规范的态度要比几十年前好得多。这可能最终会导致社会广为接受的规范的显著改变。

在安全的发达工业国家中，成功的年轻人的圈子已经不再接受性别歧视者和恐惧同性恋者。但是在较年长的群体中和低收入国家的民众中，性别平等和对同性恋的宽容仍然受到强烈抵制。西方的电影、电视节目、手机和互联网尽管都已经在低收入国家中普及开来，但它们对 23
主导这些国家的生活方式的规范还没有产生太大的影响。[32] 教育和大众传媒可能在转变人们对性别平等和宽容同性恋的态度方面发挥了重要作用，但到目前为止，它们的影响仍然主要局限于那些具有相对高水平的生存安全的国家。

目前来看，代际人口更替和价值扩散似乎都在发生。我们将会看到，代际变迁似乎在从物质主义价值观向后物质主义价值观的转变中发挥了主导作用，但某种价值扩散似乎也正在进行。给定年龄群体并没有随着年龄的增长变得更加物质主义，实际上随着时间的推进，他们反而变得多少有些更倾向于后物质主义了。

主要预测

以上所讨论的理论产生了如下预测：

（1）当一个国家获得了相当高水平的生存安全，其人口中的大部分在视生存为理所当然的环境下长大成人时，这个国家就会出现连贯的和大体可预测的社会和文化变迁，产生从由匮乏所塑造的价值观向后物质主义价值观和自我表现价值观的代际变迁。

（2）当较年轻的群体取代成年人口中较年长的群体时，国家的主导价值观会发生变化，但中间有较长时间的滞差。最年轻的群体在刚成年时，政治影响力微乎其微，他们只是成年人口中的一小部分。还需要再过几十年，他们才能成为国家的主导力量。

（3）除了受到人口更替的影响之外，代际价值观变迁也受到诸如经济繁荣或经济衰退这类短期阶段效应的影响。但从长期来看，阶段效应经常会互相抵消，而人口更替效应则往往是累积性的。

（4）代际价值观变迁最终会达到一个临界值，此时新规范变成社
24 会主导规范。在这个点上，从众的压力会反而会促使人们支持他们之前所反对的理念，由此带来的文化变迁比仅由人口更替产生的变迁要快得多。

（5）文化变迁具有路径依赖属性。一个国家的价值观并非仅受到其生存安全水平的影响，它还受其整个历史遗产的影响。

接下来的章节会检验上述预测。

注 释

1 Theodor W. Adorno, Else Frenkel-Brunswik, Daniel J. Levinson and R. Nevitt Sanford, *The authoritarian personality*, New York: Harper & Row,1950.

2 R. E. Christie and M. E Jahoda, *Studies in the scope and method of "The authoritarian personality"*, Glencoe: The Free Press, 1954.

3 Karen Stenner, *The Authoritarian Dynamic*, Cambridge: Cambridge University Press, 2005.

4 表 3-1 及相关讨论中详细描述了生存 / 自我表现价值观。

5 Ronald Inglehart and Wayne E. Baker, "Modernization and Cultural Change and the Persistence of Traditional Values", *American Sociological Review* 2000, 65(1), pp. 19–51; Ronald Inglehart and Pippa Norris, *Rising Tide: Gender Equality in Global Perspective,* Cambridge: Cambridge University Press, 2004; Ronald Inglehart and Christian Welzel, *Modernization, Cultural Change and Democracy: The Human Development Sequence*, New York: Cambridge University Press, 2005; Christian Welzel, *Freedom Rising: Human Empowerment and the Quest for Emancipation*, New York: Cambridge University Press, 2013.

6 Ronald Inglehart, "The Silent Revolution in Europe: Intergenerational Change in Post-Industrial Societies", *American Political Science Review* 1972, 65(4), pp. 991–1017; Ronald Inglehart, *The Silent Revolution: Changing Values and Political Styles among Western Publics*, Princeton: Princeton University Press, 1977; Ronald Inglehart, *Cultural Shift in Advanced Industrial Society*, Princeton: Princeton University Press, 1990; Ronald Inglehart, *Modernization and Postmodernization: Cultural, Economic and Political Change in 43 Societies*, Princeton: Princeton University Press, 1997; Paul Abramson and Ronald F. Inglehart, *Value Change in Global Perspective*, Ann Arbor: University of Michigan Press,1995; Ronald Inglehart and Wayne E. Baker, "Modernization and Cultural Change and the Persistence of Traditional Values", *American Sociological Review* 2000, 65(1), pp. 19–51; Ronald Inglehart and Pippa Norris, *Rising Tide: Gender Equality in Global Perspective*; Pippa Norris and Ronald F. Inglehart, *Sacred and Secular: Religion and Politics Worldwide*, New York: Cambridge University Press, 2004; Ronald Inglehart and Christian Welzel, *Modernization, Cultural Change and Democracy: The Human Development Sequence*; Christian Welzel, *Freedom Rising: Human Empowerment and the Quest for Emancipation*.

7 Michele J. Gelfand, et al., "Differences between Tight and Loose Cultures: A 33-Nation Study", *Science* 2011, 332(6033), pp. 1100–1104.

8 Randy Thornhill, Corey L. Fincher and Devaraj Aran, "Parasites, Democratization, and the Liberalization of Values across Contemporary Countries", *Biological Reviews* 2009,84(1), pp. 113–131; Randy Thornhill, Corey L. Fincher, Damian R. Murray and Mark Schaller, "Zoonotic and Non-zoonotic Diseases in Relation to Human Personality and Societal Values", *Evolutionary Psychology* 2010(8), pp.151–155; Corey L. Fincher and Randy Thornhill, "Assortative Sociality, Limited Dispersal, Infectious Disease and the Genesis of the Global Pattern of Religious Diversity", *Proceedings of the Royal Society* 2008, 275(1651), pp. 2587–2594; Corey L. Fincher, Randy Thornhill, Damian R. Murray and Mark Schaller, "Pathogen Prevalence Predicts Human Cross-cultural Variability in Individualism/Collectivism", *Proceedings of the Royal Society B* 2008, 275 (1640), pp. 1279–1285.

9 Nigel Barber, "A cross-national test of the uncertainty hypothesis of religious belief", *Cross-Cultural Research* 2011, 45(3), pp. 318–333.

10 Ian Morris, *Foragers, Farmers and Fossil Fuels: How Human Values Evolve*, Princeton: Princeton University Press, 2015.

11 Theodore W. Adorno, Else Frenkel-Brunswik, Daniel J. Levinson, and R. Nevitte Sanford, *The Authoritarian Personality*, New York: Harper & Row, 1950; Milton Rokeach, *The Open and Closed Mind*, New York: Basic Books, 1960.

12 Inglehart and Welzel, *Modernization, Cultural Change and Democracy: The Human Development Sequence*.

13 Ronald Inglehart, "The Silent Revolution in Europe: Intergenerational Change in Post-Industrial Societies" , *American Political Science Review* 1971, 65(4), pp. 991–1017.

14 Ronald Inglehart, *The Silent Revolution: Changing Values and Political Styles among Western Publics*.

15 Milton Rokeach, *Beliefs, Attitudes and Values,* San Francisco: Jossey-Bass, Inc, 1968; Ronald Inglehart, *The Silent Revolution: Changing Values and Political Styles among Western Publics*; Inglehart, *Modernization and Postmodernization: Cultural, Economic and Political Change in 43 Societies*.

16 这个假设是由在 20 世纪 60 年代末 70 年代初的学生抗议时代出现的代际价值观变迁的迹象引发的。

17 Ferdinand Böltken and Wolfgang Jagodzinski, "In an Environment of Insecurity: Postmaterialism in the European Community, 1970–1980", *Comparative Political Studies* 1985, 17 (January), pp.453–484.

18 世界价值观调查和欧洲价值观研究的详细信息见各自的主页：www.world-valuessurvey 和 www.europeanvaluesstudy.eu。

19 我们参照了世界银行 1990 年对“低收入”国家的分类：我们使用早期收入水平，是因为有强大的证据表明，一个人的基本价值观在很大程度上受其成长阶段经历条件的影响，而非当前经济条件的影响。

20 参见 Inglehart and Welzel, *Modernization, Cultural Change and Democracy: The Human Development Sequence*, pp. 219–221。

21 Amos Tversky and Daniel Kahneman, "Judgement under Uncertainty: Heuristics and Biases", *Science* 1974, 185(4157), pp. 1124–1131; Carey K. Morewedge, and Daniel Kahneman, "Associative Processes in Intuitive Judgment", *Trends in Cognitive Sciences*, 2010(14), pp. 435–440; Daniel Kahneman, *Thinking, Fast and Slow*, New York: Farrar, Strauss and Giroux, 2011.

22 Alan G. Sanfey, James K. Rilling, Jessica A. Aronson, Leigh E. Nystrom, and Jonathan. D. Cohen, "The Neural Basis of Economic Decision-making in the Ultimatum Game", *Science* 2003, 300(5626), pp. 1755–1758; Benedetto De Martino, Dharshan Kumaran, Ben Seymour, and Raymond J. Dolan, "Frames, Biases, and Rational Decision-making in the Human Brain", *Science* 2006, 313(5787), pp. 684–687; Chun Siong Soon, Marcel Brass, Hans-Jochen Heinze, and John-Dylan Haynes, "Unconscious Determinants of Free Decisions in the Human Brain" , *Nature Neuroscience* 2008,11(5), pp. 543–545.

23 Joshua Greene, and Jonathan Haidt, "How (and Where) Does Moral Judgment Work?", *Trends in Cognitive Sciences* 2002, 6(12), pp. 517–523; Jonathan Haidt, and Fredrik Bjorklund, "Social Intuitionists Answer Six Questions about Morality", *Moral Psychology* 2008, 2, pp.181–217.

24 Matthew Ridley, *The Origins of Virtue: Human Instincts and the Evolution of Cooperation.* London: Penguin Press Science, 1996.

25 Jenna Bednar, Aaron Bramson, Andea Jones-Rooy and Scott Page, "Emergent Cultural Signatures and Persistent Diversity", *Rationality and Society* 2010, 22(4), pp. 407–444.

26 Ronald Inglehart, "The Silent Revolution in Europe: Intergenerational Change in Post-Industrial Societies", *American Political Science Review* 1971; Ronald Inglehart, *Cultural Shift in Advanced Industrial Society*.

27 Ronald Inglehart, "The Silent Revolution in Europe: Intergenerational Change in Post-Industrial Societies", *American Political Science Review* 1971; Ronald Inglehart, *Cultural Shift in Advanced Industrial Society*; Ronald Inglehart, *Modernization and Postmodernization: Cultural, Economic and Political Change in 43 Societies*.

28 Human Development Report, *The Rise of the South: Human Progress in a Diverse World*, New York: United Nations Development Programme, 2013.

29 Richard Estes, "The World Social Situation: Development Challenges at the Outset of a New Century", *Social Indicators Research* 2010(98), pp. 363–402; Matt Ridley, *The Rational Optimist: How Prosperity Evolves*, New York: Harper Perennial, 2011; Barry B. Hughes and Evan E. Hillebrand, *Exploring and Shaping International Futures*, Boulder, CO: Paradigm Publishing, 2012.

30 Joshua S. Goldstein, *Winning the War on War: The Decline of Armed Conflict Worldwide*, New York: Plume, 2011; Steven Pinker, *The Better Angels of Our Nature: Why Violence Has Declined*, New York: Viking Press, 2011.

31 Ronald Inglehart, "Changing Values among Western Publics, 1970–2006: Postmaterialist Values and the Shift from Survival values to Self-expression values," *West European Politics* 2008, 31(1-2), pp. 130–146.

32 Pippa Norris and Ronald Inglehart, *Cosmopolitan Communications: Cultural Diversity in a Globalized World*, New York: Cambridge University Press, 2009.

第二章 25

后物质主义价值观在西方和全世界的兴起

从物质主义价值观向后物质主义价值观转变这一假设已经提出 40 多年了，那么，预测的改变是否已经发生了呢?

本书采用三种不同的分析方法对大量证据进行了分析，这三种分析方法分别是：（1）群组分析；（2）富国与穷国的对比分析；（3）对过去 40 年观测到的实际趋势进行检验。这三种分析的结果都表明重大的文化变迁正在发生，这些变迁反映了与生存安全水平上升相关联的代际转变过程。

代际价值观转变的首个经验证据来自 1970 年在西欧六国进行的调查，调查旨在检验价值观变迁的假设。尽管价值观调查组在随后扩大了对价值观变迁的监测范围，但 1970 年的调查提供了关于代际价值观变迁的最早量化证据，以及最丰富的时间序列的数据库。自 1970 年到 2009 年，几乎每年都对这六个国家进行有代表性的全国样本调查，这些调查积累了长达 40 年的，基于 30 万次访谈的详细的时间序列数据。

其他时间序列证据取自西欧六国之外的国家，这些国家遍布六个大陆。

在检验价值观变迁的假设时，我们要求人们从一系列选项中选出他们认为最重要的目标。在这些选项中，“经济发展”“打击价格上涨”“维持秩序”和“打击犯罪”代表了物质主义优先目标，而“言论自由”“在重要的政府决策中给人们更多发言权”“在工作中给人们更多
26 发言权”和“重视信念的社会”代表了后物质主义优先目标。[1] 1970 年我们在西欧六国对这些问题进行了有代表性的全国样本调查。

1970 年的调查结果显示，在西欧六国中，较年轻群体的价值观与较年长群体的价值观之间有很大差异。如图 2–1 所示，在“65 岁及其以上”的群体中，持有物质主义价值优先目标的人数是持有后物质主义价值优先目标的人数的 14 倍多。这表明，在 20 世纪早期物质主义者人数远远超过后物质主义者人数。在当时，马克思主义宣称阶级斗争和经济问题主导政治，这种判断非常接近现实。但当从较年长的群体转向较年轻的群体时，物质主义者所占的比例逐渐降低，而后物质主义者所
27 占的比例逐渐上升。在最年轻的群体（在 1970 年处于 18 岁到 25 岁之间）中，后物质主义者人数超过了物质主义者。这一截面证据表明，在 1970 年之后的几十年中，随着逝去的较年长群体在成年人口中的位置被较年轻的群体取代，我们应该能观察到由后物质主义者人数的日益增多带来的国家主导价值观的改变。

但这些年龄群体的差异反映的是持久的年龄群体效应，还是短暂的生命周期效应？人们无法根据一个时间点上的数据作出判断。这两种解释有着极为不同的含义。假如年龄群体的差异反映的是生命周期效应，那么，随着战后一代年纪的增长，他们会变得更具物质主义倾向。

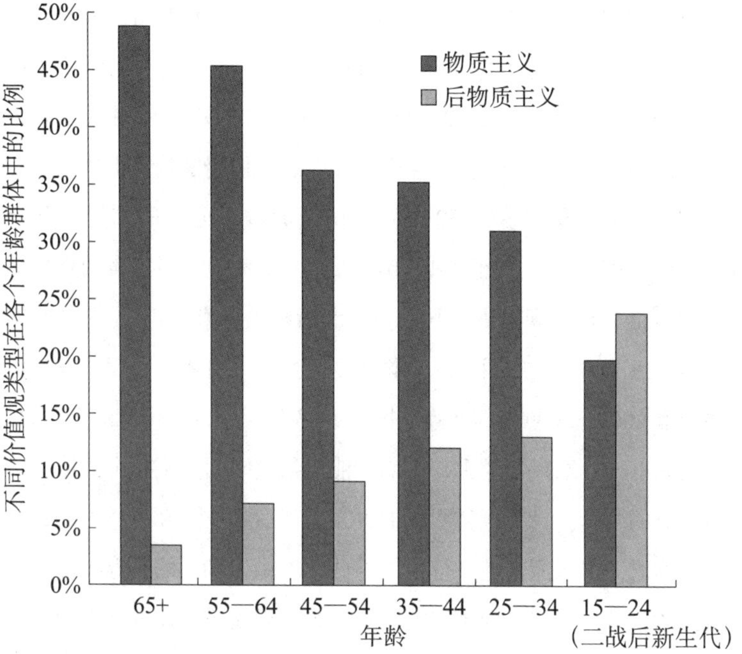

图 2-1　价值观类型与年龄群体（对象为英国、法国、联邦德国、意大利、比利时和荷兰的民众，1970 年）

资料来源：1970 年 2 月的欧共体调查，依据的是最初的四个问题项的物质主义 / 后物质主义价值观问题序列。复制于 Inglehart, 1990: 76

等到这一代人 65 岁时，他们会具有与 1970 年时 65 岁的人同样的物质主义倾向。基于此，社会的总体价值观不会发生根本变化。假如年龄群体的差异反映的是年龄群体效应，那么，随着时间的推移，较年轻的群体将会保持他们的后物质主义倾向。当他们取代较年长的、更具物质主义倾向的群体时，国家的主导价值观将发生变化。

群组分析是目前唯一能够对上述问题作出确切回答的方法。进行群组分析需要满足三个条件，分别是：（1）要有覆盖几十年的调查数据；（2）要有在多个时间点上进行的调查，从而能使人们区分生命周期效应与年龄群体效应；（3）在每个时间点上都有足够的受访者，以至于当人们把样本拆分成数个年龄群体时，人们仍能作出准确的判断。

图 2–2 显示的是基于 30 多万次访谈的群组分析的结果。群组分析采用的数据的时间跨度是 40 年，来源主要是欧洲晴雨表调查，部分数据取自世界价值观调查。其中，欧洲晴雨表调查提供了自 1970 年到 1997 年几乎每年的物质主义 / 后物质主义数据，世界价值观调查提供了 1999 年和 2007—2009 年的调查数据。[2]图表汇集了六个国家的全部数据，原因是只有样本数量足够多，人们才能对给定时间点上每个群体的状况作出可靠的判断。计算群体状况的方式是从后物质主义者所占的百分比中减去物质主义者所占的百分比。因此，本图纵轴上的零点表示两个群体所占的百分比相同，向零点上方移动表示后物质主义者所占的比例增长，向零点下方移动表示物质主义者所占的比例增长。

假如图 2–2 所示的年龄群体的差异反映的是生命周期效应，那么图上的每条线都应该时间轴向右拓展而呈现下行趋势，代表每个年龄群体在 1970—2009 年间都会随着年龄的增长而变得更具物质主义倾向。
28 假如年龄群体的差异反映的是稳定的年龄群体效应，那么图上的每条线应该大体呈水平状态。在时间序列的末端，每个年龄群体都应保持着与时间序列起始端相似的后物质主义水平。

同时，我们也需要把阶段效应考虑进来。我们的理论表明，有一些事件如重大经济衰退会降低人们的生存安全感，结果是所有人都会为了应对当前形势而变得更具物质主义倾向。当经济恢复时，人们又会回

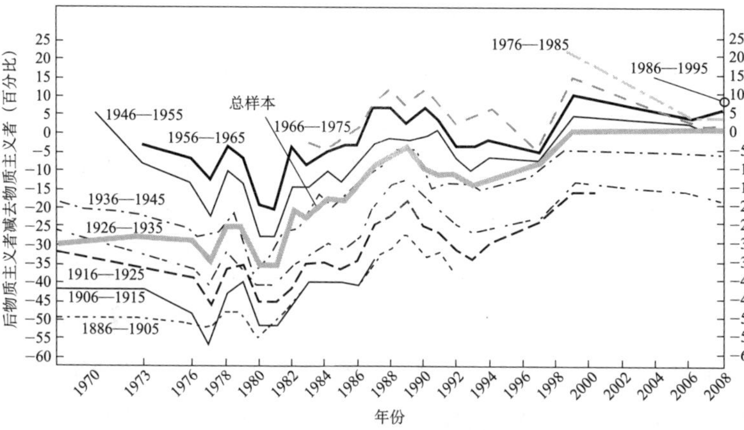

图 2-2　群组分析：六个西欧国家中后物质主义者所占百分比与物质主义者所占百分比之差（英国、法国、联邦德国、意大利、比利时和荷兰，1971—2009 年）

资料来源：从 1970 年到 1997 年的数据来自欧洲晴雨表调查；1999 年、2006 年和 2008—2009 年的数据来自欧洲价值观研究 / 世界价值观调查

到先前水平。因此，从长期来看，人们或许会保持时间序列起始端的后物质主义水平。在短时间内，阶段效应会使所有年龄群体的曲线都向下波动，这会给人一种年龄群体的差异反映的是生命周期效应的错觉。但从长期来看，向上与向下的波动很有可能会互相抵消。

从图 2-2 显示的详细的长时段时间序列数据中，我们可以发现阶段效应明显存在。正如我和韦尔策尔之前的研究成果所述，阶段效应反映了当前的经济状况，特别是通货膨胀。[3] 在经济低迷时期，每个年龄群体的曲线都呈下行趋势，代表人们变得更具物质主义倾向；在经济复苏后，每个年龄群体的曲线都呈上行趋势，代表人们变得更具后物质主义倾向。但在整个变化过程中，不同年龄群体之间的**差异**保持稳定。因此，阶段效应不会产生持久的影响。尽管人们的价值倾向会有短期波

29 动，但较年轻的群体仍然比较年长的群体有更明显的后物质主义倾向。在长达40多年的时间里，我们没有发现任何给定年龄群体随着年纪的增长变得更具物质主义倾向的现象。

在这40多年中，最年长的三个群体退出了样本，他们被出生于1956—1965年、1966—1975年和1976—1985年的三个较年轻的群体取代。图2–2的群组分析没有显示出生命周期效应的证据。显然，在1970年发现的与年龄相关的差异反映的是持久的代际差异。这表明，当年轻的、具有较少物质主义倾向的群体取代了成年人口中较年长的群体时，这些国家的主导价值观将会从物质主义转向后物质主义。

实际上，这种情况正在发生。在过去的40多年中，在1970年受调查的六个国家中正在发生向后物质主义价值观的重大转变（我们也发现在美国和其他西方国家存在着相似的转变）。图2–2中的粗阴影线显示了从1970年到2009年在不同时间点上总体成年人口向后物质主义价值观的净转变。在20世纪70年代早期，在所有六个国家中物质主义者人数都远远超过后物质主义者。总体上，物质主义者人数是后物质主义者人数的4倍，而在最年长的群体中则高达14倍。与此相似，在1972年的美国，物质主义者人数是后物质主义者的3倍。在随后的时间里，重大的变化在上述国家中发生了。到2000年，西欧的后物质主义者人数略超过了物质主义者人数，而美国的后物质主义者人数是物质主义者人数的2倍。向后物质主义价值观的转变已经发生，这与我们的预测相符。

但在过去的20年中，西方的经济安全水平并未一直上升，西方各国的经济发展已经变缓。伴随着收入不平等加剧，全国的收益几乎都汇聚到顶层的少数人手中，而其余大部分人的实际收入都停止增长，甚至下降了。福利的削减和高失业率又使状况进一步恶化，其中年轻人的失业率尤其高。在这些西方国家中，向后物质主义价值观的转变已经逐渐停止。最近的调查显示，与物质主义者远多于后物质主义者的尚存人世的战前一代相比，最年轻的群体明显更具后物质主义倾向。但与其他战后年龄群体相比，最年轻群体中后物质主义者人数所占的比例并不比他们高。这表明代际人口更替将不再带来趋向后物质主义价值观的重大转变。

然而，重大的价值观转变已经发生了。1970 年，在所有西方国家 30
中，物质主义者人数都远远超过后物质主义者人数。到 2000 年，后物质主义者人数已略多过物质主义者人数。虽然后物质主义者的人数优势并不明显，但是因为他们往往在社会中处于更加安全的、受教育程度较高的和更善于表达的阶层中，所以他们为社会定下了基调，即他们的价值观成为政治正确。在这些国家中，代际价值观变迁已经不再是重要因素。除最年长的群体外，其他年龄群体所持的价值观十分相似。虽然如此，西方高收入国家的文化已经被改变。

朝向后物质主义价值观变迁的逻辑对研究其他国家有重要启示。自 20 世纪 80 年代起，整个世界都出现了空前的经济增长，印度和中国的年经济增长率高达六到十个百分点。在数十年前，这两个国家的民众还仅能满足温饱，现在这些国家有很多百万富翁。他们惊人的经济增长意味着世界人口的 40% 正在脱离饥饿线上的贫困，开始具有脆弱的经济安全感。演化的现代化理论表明，从长期来看，这种变化将引发向后物质主义价值观的转变。但是，我们也要把经济增长与价值观变迁之间数十年的时间差考虑进来。目前后物质主义者仅占中国和印度人口的一小部分。然而，根据我们的理论，假如这两个国家的经济持续发展，那么，当那些在视生存为理所当然的环境下成长起来的年轻一代成年时，朝向后物质主义价值观的转变就会发生。从墨西哥到新加坡的许多其他国家都已经达到了这一临界值。

在世界范围内，由于各国社会经济发展水平不同，物质主义者与后物质主义者所占的比例差别巨大。在低收入国家和饱受战争之苦的国家中，物质主义者在人数上占有绝对优势。而在繁荣且安全的国家中，后物质主义者占有主导地位。巴基斯坦的物质主义者人数远超过后物质主义者，两者的比例是 55:1；在俄罗斯，两者的比例是 28:1。而在美国，后物质主义者人数则超过了物质主义者，两者的比例是 2:1；在瑞典更是高达 5:1。没有人可以保证繁荣与和平会持续下去，但是在那些
31 已经具有高水平生存安全的国家中，我们预期会发现代际价值观变迁。

图 2–3 显示了 11 个苏联和东欧原社会主义国家出生于 1927 到 1996 年间的七代人中物质主义与后物质主义价值观的分布情况，采用了 2008—2012 年的最新调查数据。这 11 个国家分别是保加利亚、克罗地亚、捷克共和国、爱沙尼亚、匈牙利、拉脱维亚、立陶宛、波兰、罗马尼亚、斯洛伐克和斯洛文尼亚，它们目前都是欧盟的成员国。这些国家最早的价值观调研（1990 年前后）已经显示了大量的代际差异，预示了向后物质主义价值观的转变。这种代际价值观差异很可能引发了东欧剧变。

从计划经济向市场经济的转型带来了严重的经济混乱，抑制了这些国家向后物质主义价值观变迁的趋势。但是，它们很快成为欧盟成员

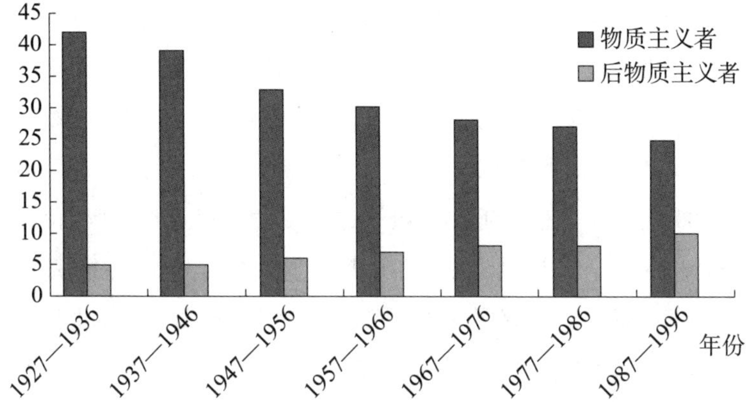

图 2-3　不同年龄群体中物质主义价值观与后物质主义价值观的分布情况（对象是 11 个现为欧盟国家的原社会主义国家：保加利亚、克罗地亚、捷克共和国、爱沙尼亚、匈牙利、拉脱维亚、立陶宛、波兰、罗马尼亚、斯洛伐克和斯洛文尼亚，2008—2012 年）

国，经济下滑在这些国家并未持续下去。在它们加入欧盟后的第一个十年，这些新成员的经济增长速率是原有成员国的两倍。代际价值观变迁得到复苏，正如图 2-3 所示。在出生于 1927—1936 年的最年长的群体中，物质主义者人数仍然超过后物质主义者，两者之间的比例是 8:1。但在最年轻的群体中，比例仅是 2.5:1。尽管这些国家的后物质主义者的绝对人数仍然远远少于西欧国家，但是代际价值观变迁似乎正在这些国家出现。

1990 年对俄罗斯民众的调查也显示了从物质主义价值观向后物质
主义价值观进行重大转变的迹象。但是，与已经成为欧盟成员国的原社 32
会主义国家民众相比，苏联解体给俄罗斯民众的生存安全感带来了更严重的负面影响，人均国民收入下降到原来的 40% 左右，社会福利体系瓦解，犯罪猖獗，男性预期寿命下降了大约18岁，曾经为很多人提供生命的意义和目的的马克思主义信仰也被抛弃了。俄罗斯民众经历了特别的心理折磨，大多数人表示他们在总体上感觉自己生活得不幸福，并表示不满意当前的生活状况。

2000年前后，俄罗斯经济开始恢复。这很大程度上源于油价和天然气价格的上升，以及弗拉基米尔·普京（Vladimir Putin）对秩序的重建。主观幸福感水平也在恢复中。但是，在俄罗斯，最年轻的群体的成长期的经济和人身安全水平并不比年长群体更高，相反前者经受了普遍的贫困和社会失序。因此，最近的俄罗斯调查几乎没有显示向后物质主义价值观转变的迹象，反而显示出物质主义者的人数远远地超过了后物质主义者的人数。

图2-4显示了在阿根廷、巴西、智利、哥伦比亚、危地马拉、墨西哥、秘鲁和乌拉圭这8个拉丁美洲国家中不同年龄群体内部物质主义
33 价值观与后物质主义价值观的分布情况，此处采用的是2005—2012年的调查数据，这是可能得到的最新数据。在过去的25年中，大多数拉丁美洲国家都出现了显著的经济增长，许多国家成功地从威权政体转向了民主政体。目前这些国家显示出从物质主义价值观向后物质主义价值观转变的迹象。在最年长的一代（出生于1927—1936年间）中，物质主义者人数与后物质主义者人数的比例高于3:1。但在最年轻的群体（出生于1987—1996年间）中，后物质主义者人数超过了物质主义者人数。与上面分析过的西欧六国相比，这些国家的后物质主义者所占比例仍然相当低。与后物质主义者人数远远超过物质主义者人数的美国和瑞典相比，两者之间的差距更大。但代际变迁似乎正在改变拉丁美洲国家。

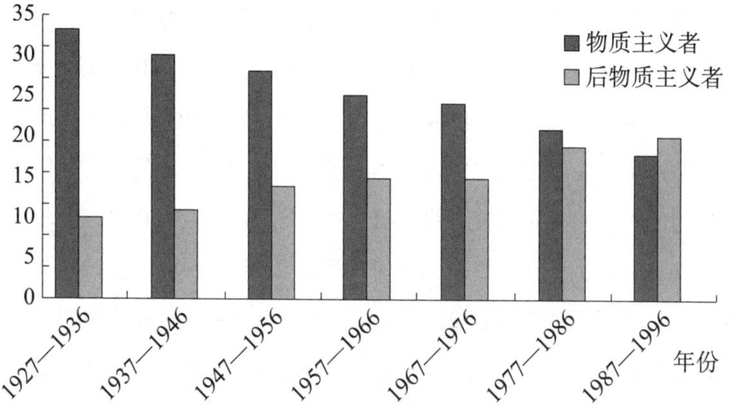

图 2-4　不同年龄群体中物质主义价值观与后物质主义价值观的分布情况（对象是 8 个拉丁美洲国家：阿根廷、巴西、智利、哥伦比亚、危地马拉、墨西哥、秘鲁和乌拉圭，2005—2012 年）

现代化的力量也开始改变伊斯兰国家，但是它们仍然处在转变的早期阶段。2007—2014 年的世界价值观调查显示，在一些穆斯林占多数的国家，特别是在阿拉伯之春中起到领导作用的国家中，代际价值观变迁正在发生作用。图 2-5 显示了 9 个穆斯林占多数的国家中物质主义与后物质主义价值观的分布情况。这 9 个国家分别是摩洛哥、阿尔及利亚、突尼斯、利比亚、巴勒斯坦、约旦、土耳其、阿尔巴尼亚和印度尼西亚。在最年长的群体中，物质主义者人数远超过后物质主义者，两者 34
的比例高于 10:1。在最年轻的群体中，比例仅为 2:1。尽管后物质主义者所占的比例在上升，但后物质主义者人数超过物质主义者人数的一代还没有出现。

在其他 13 个穆斯林占多数的国家中，不同年龄群体之间的价值观差异相对较小（相关系数的中位数 r=−0.05）。这 13 个国家分别是哈萨克斯坦、乌兹别克斯坦、阿塞拜疆、吉尔吉斯斯坦、黎巴嫩、伊朗、沙特阿拉伯、卡塔尔、也门、马里、巴基斯坦、孟加拉国和马来西亚。那些出现了相当重大的代际价值观变迁的国家，它们的人均国内生产总值水平并非最高（海湾国家的人均国内生产总值最高）。但与其他伊斯兰国家相比，它们有显著较高的预期寿命、较低的婴儿死亡率以及较低的出生率。因此，图 2–5 显示的国家的平均预期寿命是 75 岁，而其他穆斯林占多数国家的平均预期寿命仅有 69 岁。这些相对高的预期寿命的伊斯兰国家，显示了相当大的代际价值观差异。另外，除了印度尼西亚外，其他国家都集中在地中海附近，它们有大量的人口流入西欧，也有许多人从西欧进入这些国家。

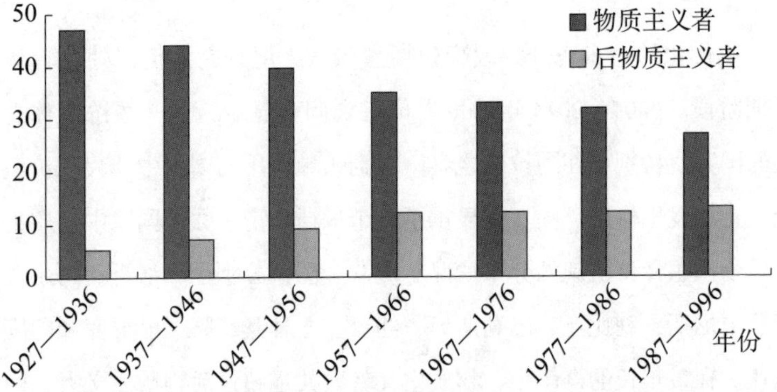

图 2–5　不同年龄群体中物质主义价值观与后物质主义价值观的分布情况（对象是 9 个穆斯林占多数国家：摩洛哥、阿尔及利亚、突尼斯、利比亚、巴基斯坦、约旦、土耳其、阿尔巴尼亚和印度尼西亚，样本总量 =24, 107）

资料来源：世界价值观调查和欧洲价值观研究，2007—2013

在伊斯兰世界，徒具形式的选举并不能建立有效民主（effective

democracy)，像冷战后期席卷东欧的持久的民主化浪潮似乎也不可能在可见的未来出现在讲阿拉伯语的国家中。但是，有迹象表明，代际变迁正开始改变一些穆斯林占多数的国家的文化。

代际价值观变迁启动了正反馈循环

从物质主义向后物质主义价值观变迁的速度在西欧已经放缓，但价值观变迁正在向许多其他国家扩散。另外，战后出现的代际价值观变迁最终引发了正反馈循环（positive feedback loop），新一代的成长期条件总是好过上一代。对于那些在视生存为理所当然的条件下成长起来的人们而言，当前的一切似乎都是熟悉的和正常的。在过去 60 年中，高收入国家中相继出生的每代人都生活在这样一个世界中：对性别平等、同性恋以及外部团体的宽容在稳步上升，族群多样性日益增加。对较年 35
长的人而言，现实世界是一个陌生的世界，与他们在成长期感知到的世界大相径庭。与年轻的群体相比，当代社会的宽容水平和族群多样性更容易让他们感到威胁和迷惑。即使较年轻的群体在成长期所拥有的经济安全水平不再高于比他们年长的群体，这一过程仍在继续。对年轻人来讲，同性婚姻合法化和选举出非洲裔美国总统只是他们熟悉的趋势的延续。但在较年长的人看来，这些事件令人震惊。在他们成长期所感知到的世界里，这些都是不可想象的事情。

上述原则不但适用于年龄群体差异，而且也适用于地理差异。假如一个人出生在 1960 年的纽约或是洛杉矶，那么族群和文化多样性对他而言就是熟悉的和可以接受的。假如一个人出生在1960年的蒙大拿或是西弗吉尼亚的农村地区，那么族群和文化多样性对他而言就是不可接受的。对这些人而言，同性婚姻合法化和选举出一位非洲裔美国总统似乎与他们在成长期所接受的规范并不相容。因此，与较年长的群体和来自于农村地区的人相比，较年轻的群体和出生在多元化大都市地区的人会更加支持新的文化规范。伴随着较年轻的群体取代较年长的群体，重大的文化变迁在持续进行中。

注　释

1　有关如何测量物质主义/后物质主义价值观以及对测量的验证的更详尽的信息见 Ronald Inglehart, *Modernization and Postmodernization: Cultural, Economic and Political Change in 43 Societies*, Chapter 1; 以及 Ronald Inglehart, *Cultural Shift in Advanced Industrial Society*, Chapter 1。

2　样本被加权以反映每个国家的人口。因为2006年世界价值观调查不包括比利时，所以在汇总分析中我们采用了1999年对比利时调查的数据。这会减少从1999年到2006年观察到的变化量，但是失真很小，因为比利时的人口只占六个国家人口的4%。

3　Inglehart and Welzel, *Modernization, Cultural Change and Democracy: The Human Development Sequence*.

第三章 36

全球文化模式

朝向后物质主义价值观的变迁，只是发达工业国家经历的更为广泛的文化变迁的一个组成部分。文化变迁重塑了发达工业国家民众的政治观点、宗教取向、性别角色和性规范。[1] 新兴的世界观背离了传统规范，特别是传统规范中那些抑制自我表现的规范。

我们发现，人们在信仰和价值观方面存在巨大的跨国差异。价值观调查监测了全球大约 90% 的人口。在一些国家中，95% 的民众认为上帝在他们的生活中起到非常重要的作用，而在其他一些国家中，只有 3% 的人作出了相同的回答。在一些国家中，90% 的人相信男人比女人更有权利得到一项工作，而在其他一些国家中，只有 8% 的人持有相同的观点。这些跨国差异稳健（robust）且持久，并与一个国家的经济发展水平密切相关。与富裕国家的民众相比，低收入国家的民众往往更重视宗教和传统性别角色。

为了确定全球文化差异的重要维度，笔者和贝克对每个国家依据价值观调查所得到的变量的平均得分进行了因子分析。[2]因子分析的结果显示，全球文化差异存在两个最重要的维度，它们分别是（1）传统 / 世俗—理性价值观和（2）生存 / 自我表现价值观。

持有传统价值观的人往往是虔诚的教徒。他们有强烈的民族自豪感，尊重权威，对堕胎和离婚的容忍度低。持有世俗—理性价值观的人
37 有相反的特征。传统 / 世俗—理性价值观维度反映了从农业社会向工业社会的过渡。经典现代化理论关注这一维度，提出工业化与专业化、城市化、中心化、官僚化、理性化和世俗化有关。马克思、韦伯、涂尔干（Durkheim）和斯宾塞（Spencer）等人对这些主题进行了广泛的讨论，他们的观点得到了价值观调查的支持。生活于农业社会的人确实往往强调传统价值观，而拥有高比例产业工人的社会往往强调世俗—理性价值观。

跨文化差异的另一个重要维度与从工业社会向后工业社会的转变有关。因为向后工业社会的过渡是近些年来才出现的现象，所以经典现代化理论没有对此加以讨论。我们在此会详细检验这个维度。从制造经济向知识经济的转变与普遍的价值观变迁相关，这一价值观变迁可以总结为从生存价值观向自我表现价值观的转变。表 3–1 显示了民众对 20 个不同问题的回答与生存 / 自我表现价值观维度的相关强度。相关系数等于 0 表明民众对特定问题的回答与这个维度之间没有关系，而相关系数接近 0.90 表明民众对特定问题的回答与深层的生存 / 自我表现维度之间几乎存在一一对应的关系。这个表只显示了与生存 / 自我表现维度之间存在强相关关系的问题，除此之外，其他许多问题也与这一维度存在相关关系。

如表 3-1 所示，一个人是否持有后物质主义价值观对于衡量更广泛的生存 / 自我表现价值观维度尤为敏感。这合乎逻辑，因为引发后物质主义价值观出现的条件也有利于自我表现价值观的出现。但是，自我表现价值观反映的问题范围比后物质主义价值观更广。例如，自我表现价值观反映了在诸如是否“男性比女性更适合当政治领袖”和“当工作机会缺乏时，男性比女性更有权利得到一项工作”这类问题上的民众极化（mass polarization）现象。自我表现价值观也与宽容外部群体以及同性恋有关。持有自我表现价值观的人十分看重环境保护以及对多样性的宽容，他们对参与经济和政治生活决策提出了越来越多的要求。 38

表 3-1　与生存 / 自我表现价值观有关的态度取向

持有生存价值观的人支持下列陈述	相关系数
物质主义而非后物质主义价值观 (经济和人身安全是一个人的重中之重)	0.87
男性比女性更适合当政治领袖	0.86
我不十分满意我的生活	0.84
女性要靠生育孩子获得满足	0.83
我不想与外国人、同性恋者和有艾滋病的人做邻居	0.81
我没有也不会签署请愿书	0.80
我不太幸福	0.79
我支持更加重视科技发展	0.78
同性恋决不正当	0.78
我没有为了保护环境而回收废物	0.76

续表

持有生存价值观的人支持下列陈述	相关系数
我没有参加保护环境的会议或签署保护环境的请愿书	0.75
高收入和稳定的工作比成就感和与喜欢的人一起工作更重要	0.74
我认为我的健康状况不是十分好	0.73
孩子需要双亲才能快乐地成长	0.73
当工作机会缺乏时，男性比女性更有权利得到工作	0.70
大学教育对男孩比对女孩更重要	0.69
政府应该确保每个人的供给	0.69
努力工作是教给孩子的最重要的价值之一	0.65
想象力不是教给孩子的最重要的价值之一	0.62
宽容不是教给孩子的最重要的价值之一	0.62

持有自我表现价值观的人在所有上述陈述上都持有相反的看法

说明：原来的极性是有差别的；一些语言表述经过重新组织以反映生存价值观

与持有自我表现价值观的人相比，持有生存价值观的人往往生活
39 满意度低、幸福感弱。这是一个重大的发现。它表明，某些价值体系比
其他价值体系更能让人感到幸福。只要一个国家的民众仍然生活在贫困线附近，这个国家的文化就会以服务民众生存为目的。但当生存变得安全时，这个国家的文化就会致力于使民众的主观幸福感最大化。只要自我表现价值观致力于把人们从不合时宜的传统束缚中解放出来，允许人们享有更多选择自己生活方式的自由，它就会有助于人们主观幸福感的

提升。对诸如女性和同性恋者这类群体来说，从传统束缚中得到解放是他们生活满意度和幸福感提升的主要原因。从这个意义上讲，从生存价值观向自我表现价值观的变迁是一项有效的文化演化。尽管这一变迁包含着许多复杂的事件，而这些复杂事件会产生不可预料的影响，但当人们回望整个过程时，就会产生一种错觉，认为发达工业社会的民众有意识地选择了一种能加强他们幸福感和生活满意度的文化策略。

从生存价值观向自我表现价值观的转变也包含了育儿价值观的改变。人们教给孩子的重要价值观从强调努力工作转向强调想象力和宽容。自我表现价值观排名靠前的国家，往往有着信任和宽容的环境，并且人们相当看重个人自由，有积极主义的政治取向。政治文化文献一直以来都认为这些特征有益于民主。

自我表现价值观的一个重要部分是脱离对一切形式的外部权威的顺从。服从权威有沉重的代价，个人的目标必须服从其他人的目标。在不安全的条件下，人们愿意这样做。在外敌入侵、内战或是经济衰退的威胁下，人们倾向于寻求强势领导人的保护以使自己免于危险。相反，在繁荣和安全的条件下，人们对多样性的宽容度较高，对有关自身之事要求更多的发言权。这解释了一个长期以来的发现，即富国比穷国更有可能是民主国家。在不安全的境况下，人们愿意服从专制统治。但是，在生存安全水平上升后，他们服从专制统治的意愿就下降了。

自我表现价值观的兴起，使人们不再满足于遵循与维持生存相关的规范，他们开始追求能使幸福感最大化的规范。与长辈们相比，较年轻的群体更支持性别平等，对同性恋、堕胎、离婚、婚外恋和安乐死的 40
态度也更加宽容。为了经济安全而进行的经济积累是工业社会的主要目标，它的成就开启了缓慢的文化变迁过程。文化变迁的结果是与经济相关的目标的重要性下降了，并且人们开始反对曾经帮助他们获得经济成就的科层制。

经济发展与价值观变迁

经典现代化理论的中心论点，是经济和技术的发展往往带来连贯的和大体可预测的社会和政治变迁。演化的现代化理论同意这一观点，但主张这些社会变迁在很大程度上受如下事实推动：现代化带来了价值观变迁，这些变迁使经济发达国家的民众与欠发达国家的民众有了系统的、不同的动机，从而产生了不同的行为。

演化的现代化理论的观点经得起经验的检验吗？我们从覆盖了全世界 90% 人口的数百次调查中得到的数据证明了它是符合事实的。图 3–1 展示了世界跨文化地图，显示了所调查的国家及地区的民众在两个主要维度上的位置。从地图底部往上部移动，表示从强调传统价值观向强调世俗—理性价值观移动；从左侧往右侧移动，表示从强调生存价值观向强调自我表现价值观移动。

如图 3–1 所示，高收入国家和地区的民众在跨文化差异的两个主要维度上的分值都高，这表明他们更强调世俗—理性价值观和自我表现价值观。相反，低收入和中低收入国家和地区的民众在两个维度上的分值都较低，这表明他们更强调传统价值观和生存价值观。中高收入国家和地区的民众处于中间地带。[3] 区域的分界显示出经济发展与价值观之间存在高度相关的关系。所有的高收入国家和地区都无一例外地处于右上方区域，在跨文化差异的两个维度上的分值都相当高（每一个维度都涵盖了对很多问题的回应数据）。相反，所有低收入和中低收入国家和地区都处于左下方区域，在两个维度上的分值都相对较低。中高收入国家和地区处于中间区域。

41

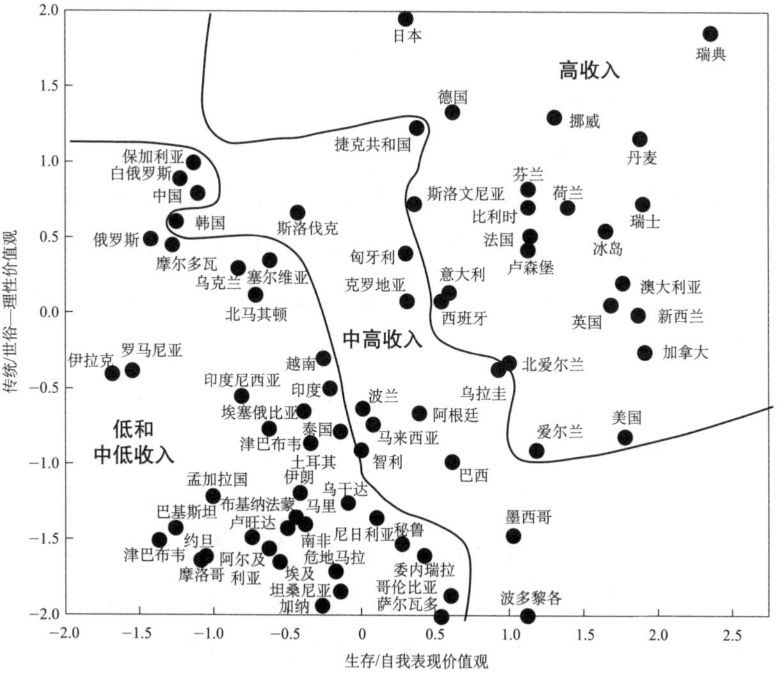

图 3-1　75 个国家及地区在两个主要价值观维度上的平均得分与发展水平

资料来源：数据来自价值观调查（调查时间的中位数年份是 2005 年）；经济水平依照世界银行 1992 年的收入类别

图中呈现的跨文化差异是巨大的。在较为传统的国家中，高达

95% 的民众认为上帝在他们的生活中非常重要；在世俗—理性国家中，只有 3% 的人持有相同的观点。在以生存为导向的国家中，高达 96% 的民众认为同性恋决不正当；在以自我表现为导向的国家中，只有 6% 的人做了相同的回答。一个国家的价值观和目标高度反映了它的经济发展水平。据此来看，经典马克思主义对经济决定论的强调似乎是合理的。

42 ## 传统文化的持久性

但事实并没有那么简单。从马克思、韦伯、贝尔到阿尔文·托夫勒（Alvin Toffler），现代化理论家都主张，工业社会的兴起与背离传统价值体系的连贯的文化变迁有关。[4]但包括萨缪尔·亨廷顿（Samuel P. Huntington）、罗伯特·普特南（Robert Putnam）、福山（Fukuyama），以及笔者与贝克和笔者与韦尔策尔在内的社会科学家的研究都认为，一个国家的文化传统的影响相当持久，它塑造了这个国家当今的政治和经济行为。这**两种**观点**都是**正确的。[5]

来自全世界的证据都表明，社会经济发展往往推动不同国家向着大体可预测的方向前进，这是确实可信的。社会经济发展带来了专业化，提升了教育水平和收入水平。它还使人际互动多元化，人际关系从以命令—服从为主的关系转向以谈判为主的关系。长期来看，它会带来文化变迁。文化变迁的内容包括性别角色的变化、对权威态度的变化和性别规范的变化，还包括出生率的下降和政治参与范围的扩大，以及更具批判性的和更不易被操纵的民众的出现。

我们还要认识到，文化变迁具有路径依赖属性。一个国家在历史上是新教、东正教、伊斯兰教或是儒家文化国家的事实，造成了具有不同价值体系的文化区域的出现。即使在控制了社会经济发展的效应后，历史文化的影响仍然存在。这些文化区域是稳定的。尽管不同国家的价值体系在强大的现代化力量的推动下向着相同的大方向前进，但它们的价值体系并没有像文化全球化的简单模型预测的那样会合。

这看起来似乎自相矛盾，但实际并非如此。假如世界上所有的国家以相同的速度朝着相同的方向发展，那么它们之间的差距仍将保持不变，这意味着它们永远不会在某个点上会合。当然，事实并没有那么简单。然而，它能帮助我们理解为何即使后工业国家**正在**朝着相同的方向快速前进，但它们在 2014 年的文化差异还是如同在 1981 年一样大。尽管社会经济发展往往使人们的观念和欲求发生系统的变化，可是文化传统的影响并没有消失。信仰体系具有超常的持久性和强大的适应能力。 43
尽管价值观可能会发生变化，并且目前确实在改变，但是它们仍然反映了一个国家的历史遗产。文化变迁具有路径依赖属性。

尽管文化变迁具有路径依赖的特点，但是社会经济发展仍然带来了可预测的长期变迁。这表现在发达国家的民众的世界观和行为与低收入国家的民众之间有着显著的差异，也表现在发达国家的价值体系正在朝向一致的和大致可预测的方向变化。这些变化并没有显示出同质化的趋势。因此，虽然全球信息网络正在全球传播同一套新价值，但是我们不能认为它引起了价值观变迁。因为如果是那样的话，那么所有受全球信息网络影响的国家都应该出现价值观变迁。但事实并非如此。价值观变迁并**没有**出现在低收入国家，或是那些经历了生活标准急剧降低的国家。例如，虽然原苏联加盟共和国也处于全球信息网络的覆盖范围内，但是在 1990 年到 2000 年间，这些国家并没有出现价值观变迁。仅在某个国家享受了长时间的高水平生存安全后，这些变化才会发生。社会经济发展带来了可预测的文化和政治变迁，而社会经济衰退往往带来向相反方向的变化。

这些变化是概率性（probabilistic）的，不是线性的。工业化带来了从传统价值观向世俗—理性价值观的变化。随着后工业社会的兴起，文化开始向另外一个方向转变。从传统价值观向世俗—理性价值观的转变速度开始放缓，而从生存价值观转向自我表现价值观的转变开始加快。人们开始日益重视自由选择、自主性和创造力。在从前工业社会向工业社会过渡的阶段，这一改变进展缓慢。而在工业社会向后工业社会过渡的阶段，它开始成为主导趋势。经典现代化理论家关注世俗—理性价值观的兴起，但他们没有预见到在现代化的后一个阶段出现的自我表现价值观的兴起。许多现代化理论家（以及小说家如乔治·奥威尔 [George Orwell]）[6] 认为技术威权主义（technocratic authoritarianism）塑造未来，
44 他们的判断并不符合现实。事实上，自我表现价值观使民主制度成为现代化阶段最有可能出现的制度。

现代化进程中的工业化阶段并不必然带来民主制度，在这个阶段，还可以出现工业化加大众动员型的威权制度、法西斯制度和苏联式共产主义制度。但是，在苏联式后工业阶段，上升的自我表现价值观挑战了权威，提升了民众对真正的回应式民主政体的诉求。我将在第七章对此加以详细说明。

经济并不总是在发展。社会经济的发展会带来大规模且大体可预测的文化变迁。但是，假如经济发生衰退，文化变迁就会转向相反的方

向。发展是最近几个世纪的主要趋势。与两百年前相比，大多数国家目前都要繁荣得多。但是，这一长期的上升趋势显示了许多波动。

新教、儒家文化或伊斯兰教的文化遗产会对一个国家产生持久的影响。即使宗教机构的直接影响消失了，宗教的文化遗产仍会影响这个国家的发展。因此，尽管在那些历史上信奉新教的国家中，目前很少有人去教堂，但这些国家仍然具有一套相似的价值观和信念体系，与其他国家有着鲜明的差异。如图 3–2 和图 3–3 所示，历史上是罗马天主教国家、伊斯兰教国家、东正教国家或是儒家文化国家，都有着类似的情况。 45

我们对 1990 年接受了世界价值观调查 / 欧洲价值观调查的 43 个国家及地区的数据进行了因子分析，发现利用传统 / 世俗—理性价值观维度与生存 / 自我表现价值观维度可以对超过一半的跨国差异量进行解释。[7] 图 3–2 显示了 43 个国家及地区在上述两个维度上的位置，采用的数据来自 1990—1991 年进行的调查。当我们用 1995—1998 年的调查数据重复进行这一分析时，同样的两个维度又出现了（见附录中图 A2–1）。尽管 2005—2007 年的调查比 2000—2001 年的调查新增了几十个国家，但在对 2000—2001 年调查数据（见附录中图 A2–2）和 2005—2007 年调查数据所进行的分析中，相同的两个维度又一次出现了。[8]

图 3–3 采用了 2008—2014 年世界价值观调查的最新可用数据，在全球文化地图上显示出了 94 个国家及地区的位置。把这份文化地图与基于早期调查的文化地图相比，人们会发现两份地图所包含的基本类型相同，它们都由“新教欧洲”“天主教欧洲”“英语国家”“拉丁美洲”“非洲”“儒家文化圈”“南亚”和“东欧 / 东正教”这八个文化区域组成。并且，这些文化区域在两份文化地图上都处在相似的位置。[9] 图 3–3 的

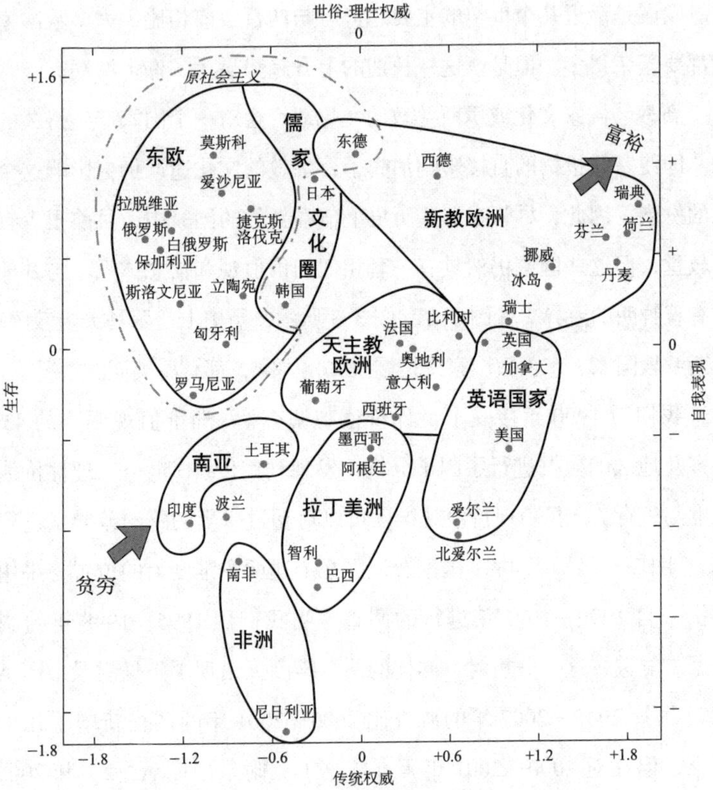

图 3–2　43 个国家及地区在全球文化地图上的定位（1990—1991 年）

资料来源：Inglehart, 1997: 93

调查比图 3–2 的调查晚 20 多年，它增加了许多新的国家，也减少了早期调研中包含的一些国家。但总体而言，图 3–3 包含的国家数量是图 3–2 的两倍多。尽管如此，总体分布模式高度相似。1990 年的地图只包含了 4 个拉丁美洲国家，而 2011 年的地图包括了 10 个，但是这些国家都处在同一个区域。1990 年的地图只有 2 个非洲国家，而 2011 年的地图有 11 个，它们也都处在同一个区域，即地图的左下角。1990 年的地图只包含了 1 个穆斯林占多数的国家（因此图中没有伊斯兰教区域），而 2008—2014 年的地图中有 15 个（其中 5 个处于非洲），它们与其他非洲国家一起处于坐标的左下方位置。图中所显示的国家在这两个维度上的相对位置，是这些国家在 1981—2014 年间十分稳定的属性造成的。

46

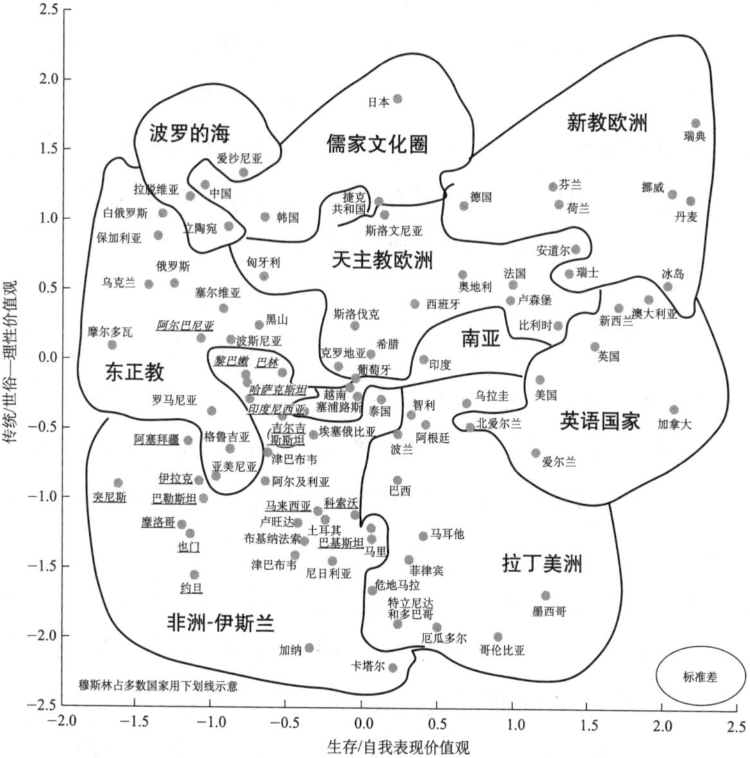

图 3-3　94 个国家及地区在全球文化地图上的定位（2008—2014 年）

资料来源：价值观调查。调查的中位数年份是 2011 年，给定国家平均标准差的大小显示在右下角

韦尔策尔提出了另一套测量跨文化差异的维度，他所提出的维度
47 在概念和实证两方面都与我所提出的两个维度十分相似。[10] 在国家层面上，韦尔策尔的神圣（Sacred）vs. 世俗价值观维度与传统 / 世俗—理性价值观的相关系数是 0.82，他的生存 / 解放价值观（Emancipative values）维度与生存 / 自我表现价值观的相关系数是 0.80。尽管他的测量维度比我的测量维度设计得更精致，但是他的两个测量维度互相相关（相关系数是 0.56）。这是合乎逻辑的，因为它们覆盖了现代化进程的两个阶段。但是，这样做的缺陷是会把任何此类二维地图拉伸成窄长菱形。我构建的两个维度互不相关，这在某种程度上扭曲了真实情况（事实上世界上任何此类二维地图都存在这个问题），但这能让我把许多国家在每个维度上的相对位置清晰地呈现出来。

演化的现代化理论认为，生存安全水平的提高有利于从传统价值观向世俗—理性价值观的转变，以及从生存价值观向自我表现价值观的转变。因此，正如我们所观察到的那样，几乎所有的高收入国家在两个维度上的排名都高，它们处于图表的右上方区域。而几乎所有的低收入和中低收入国家在两个维度上的排名都低，它们处于图表的左下方区域。

但是，证据也支持了韦伯主义的观点，即一个国家的宗教价值观会留下持久的印记。“新教欧洲”区域的民众在很多问题上都持有十分相似的价值观，“天主教欧洲”“儒家文化圈”“东正教国家”“英语国家”“拉丁美洲”和“撒哈拉以南非洲”的民众都存在同样的情况。乍看之下，这些集群似乎反映了地理上的毗邻。但是，只有当地理上的毗邻与文化上的相似恰好一致时，上述说法才成立。因此，“英语国家”

区域从英国和爱尔兰延伸到了美国和加拿大，又延伸到了澳大利亚和新西兰。“拉丁美洲”区域从蒂华纳延伸到了巴塔哥尼亚。尽管摩洛哥与印度尼西亚在地理位置上相距很远，但它们同处于“非洲–伊斯兰教”集群中的“伊斯兰教”子群，这表明两国的文化具有相似性。我们在此发现的跨国差异反映了每个国家的经济和社会—文化历史。

把这些变量在国家层面上的平均值作为一个国家的特征的指标是合理的吗？国家层面上的平均值只能提供一部分信息，对方差和偏度（skew）的测量也能提供很多信息。通过对它们的检验，我们发现，主 48
观态度取向在统计方面最令人感兴趣的是国家层面上的平均值的差异。

人们可以想象这样一个世界：每个受过大学教育的人都持有现代价值观，处于靠近地图右上角的区域，而每个受过很少教育或没受过教育的人都聚集在靠近地图左下角的区域。将来有一天，我们可能会生活在地球村中，国籍将变得无足轻重。然而，今天的现实与我们想象的图景差别巨大。尽管作为个体的瑞典人或是尼日利亚人可以处于地图上的任何位置，但是两个国家的主流价值差异巨大。跨国的文化差异是如此之大，以至于国家内部的差异看起来似乎变小了。图 3–3 右下角的椭圆显示了给定国家**内**每个维度上平均标准差的大小，[11] 它占了地图的非常小的一个部分。平均三分之二的受访者在两个维度上的分值均落在本国平均分的一个标准差内，95% 的受访者落在两个标准差内。尽管处在全球化时代，但国家仍然是承载共同经历的一个重要单位，因而国籍的预测力远远强过收入、教育、区域或是性别。[12]

与现代化相关的态度往往持久且具有跨国可比性

跨文化差异的两个重要维度构成了特定国家的稳定特征，它们与人均国内生产总值一样稳定。大多数与态度有关的变量反映的都是短暂的取向。但是，现代化对大量国家产生了持久的影响，并且这些影响具有可比性。城市化、工业化、教育水平的提升、专业化和官僚化持久地改变着人们的世界观。虽然现代化并未让这些国家变得非常相似，但是，现代化国家与未进入现代化的国家往往有着明显的差异。例如，现代化往往会削弱宗教的影响。虽然不同的宗教信仰之间有着很大的差异，但是，那些虔诚的信教者与认为宗教无足轻重的人之间的差异更大。

49 我们的理论认为，自我表现价值观与经济现代化的指标之间存在着强相关的关系。我们采用了不同方法，对不同层面上的关系进行了检验，结果显示个体层面的价值观与社会的经济特征之间存在着非常强的相关关系。我们检验了所有有数据的国家的数据，计算了自我表现价值观与十个广泛使用的经济现代化指标之间的相关系数。这些指标的范围从人均国内生产总值和平均预期寿命到教育水平。计算结果显示，自我表现价值观与经济现代化指标之间的平均相关系数是 0.77。[13]

自我表现 / 个人主义 / 自主性超级维度

生存 / 自我表现价值观已经在对覆盖全球 90% 人口的国家的数百

次调查中得到检验。这个维度是稳健的。在每一轮价值观调查中，给定国家在全球文化地图上的相对位置都是相当稳定的。这个维度上的相对分值远比其他大多数取向上的分值稳定，只有宗教及与其相关的传统/世俗—理性价值观才表现出了更大的稳定性。在过去35年中，世界价值观调查在许多国家反复检验了100多种态度取向。一个国家在最早与最近的调查中，在文化地图上所处的位置的相关系数介于0.04（对“你是否与你父母同住”这一问题的回答）到0.93（对“宗教在你的生活中有多重要”这一问题的回答）之间。对与宗教相关问题的回答具有稳定性，这并不令人感到意外。在任何文化中，宗教是非常重要还是一点也不重要都是最深层次的问题。信教者往往在幼年时期就被灌输了宗教重要性的观念，宗教机构起到了重要作用，而信教者每周乃至每天的祈祷又强化了它。世俗人士则有相反的经历。尽管生存/自我表现价值观没得到任何机构的支持，也没有明确的外部标签，但是它却几乎与宗教一样稳定，相关系数高达0.89。

另外，生存/自我表现价值观维度似乎与心理学家几十年来一直在研究的一个跨文化差异维度相合，他们以“集体主义/个人主义”命名这个维度。达凡纳·奥伊瑟曼（Daphna Oyserman）、希瑟·M. 库恩（Heather M. Coon）和马库斯·克梅尔迈尔（Markus Kemmelmeier）引述了数百种对个人主义/集体主义的研究。个人主义常常被看作集体主 50
义的反面。[14]社会心理学家发现，个人主义在西方国家比在其他任何地区都流行。他们对此的解释是西方国家的新教和公民解放带来了新制度，它为个体选择、个人自由和自我实现赋予了更大的空间。

吉尔特·霍夫斯泰德（Geert Hofstede）把个人主义定义为关注权

利超过责任，关心个人和直系亲属，强调个人自主性和自我实现，以及把身份认同建立在个人成就的基础上。[15]而集体主义强调服从团体规范和目标。在集体主义社会中，团体成员是一个人身份中最重要的部分，“为了共同利益而牺牲”这类集体主义目标受到高度推崇。另外，集体主义还意味着民众的生活满意感来自成功地扮演了社会角色和承担了社会责任。抑制个人情感表达以确保团体内部和谐的做法得到正面评价。

20世纪70年代早期，霍夫斯泰德在对许多国家的国际商用机器公司（International Business Machines Corporation，以下简称“IBM”）员工的调查中首次测量了“个人主义/集体主义”这一维度。尽管霍夫斯泰德在首次调查中并没有使用代表性国家样本，并且首次调查与最新调查之间有几十年的时间差，但是，他在1973年前后检测到的这些国家在生存/自我表现价值观维度上的相对位置，与几十年后在全国调查中检测到的相对位置非常一致。

另外，生存/自我表现价值观似乎也与沙洛姆·施瓦茨（Shalom Schwartz）的“自主性（Autonomy）—嵌入性（Embeddedness）”的跨文化差异维度相符。施瓦茨检验了广泛的价值。我们对很多国家的数据进行了因子分析，结果显示“自主性—嵌入性”维度与“个人主义—集体主义”的维度一致。施瓦茨表示：

> 在自主性的文化中，人们被认为是具有自主性的、有边界的实体。他们培养和表现自己的偏好、情感、观念和能力，并且发现自身独特性的价值……而在嵌入性文化中，生活的意义在很大

程度上来自社会关系、团体身份认同、参与共同的生活方式，以及为共同的目标而奋斗。嵌入性文化强调维持现状，限制可能影响团体内部团结或是扰乱传统秩序的行为。[16]

如表 3–2 中所示，尽管“生存 / 自我表现价值观”“个人主义—集体主义”及“自主性—嵌入性”这三种维度在理论方法和测量技术上有着很大的差别，但是它们都体现了一个重要的维度，这个维度解释了 81% 的跨国差异。在自我表现价值观（而不是生存价值观）上排名高的国家，往往在个人主义（而不是集体主义）与自主性（而不是嵌入性）上排名也高。我把这个重要的超级维度称之为“自我表现 / 个人主义 / 自主性价值观”。“生存 / 自我表现价值观”在这个超级维度上显示了最强的载荷（loading），相关系数高达 0.93，但“个人主义—集体主义”与“自主性—嵌入性”维度也显示了非常强的相关。

这三个维度在国家层面上具有强相关的关系，这是一个重大的发现。首先，霍夫斯泰德没有使用代表性全国样本测量“个人主义—集体

表 3–2　自我表现 / 个人主义 / 自主性因素 51

（第一主成分载荷）

生存 / 自我表现价值观，全国平均值	0.93
个人主义—集体主义得分（霍夫斯泰德）	0.89
自主性—嵌入性得分（施瓦茨）	0.87

说明：一个因子出现，它解释了 80% 的跨国差异
资料来源：价值观调查数据；Hofstede，2001（其他国家的得分来自 Chiao and Blizinsky, 2009）；Schwartz，2003

主义”维度，他的研究是基于对 IBM 员工的调查。[17] 其次，尽管霍夫斯泰德对很多国家的调查是在 1973 年前后进行的，但他在调查中发现的跨国差异与他在 21 世纪进行的，有代表性的国家样本调查中的发现非常一致。显然，IBM 员工不能代表他们所在国的全国人口。因此，他们的价值观的绝对水平不能代表全国平均值的准确信息。尽管如此，假如他们偏离全国平均值的方向相同，量也大体相同，那么，给定国家的**相对**位置将会出现在正确的地方。最后，霍夫斯泰德的大多数实地调研都是在 20 世纪 70 年代早期进行的。笔者和韦尔策尔曾提出，在最近几
52 十年出现了朝向日益强调自我表现价值观的系统变迁。[18] 这一变迁与生存安全水平的上升有关，它在高收入国家表现得最为明显，其他国家也在某种程度上受到了它的影响。

尽管如此，霍夫斯泰德在 1973 年前后发现的给定国家的**相对**位置，与他最近在有代表性的国家样本调查中测量出的位置非常一致。这可能看起来令人吃惊。但是，假如像笔者和韦尔策尔发现的那样，几乎所有发达国家都在向相同的方向以大体相同的速度前进，那么它们的**相对**位置将保持大体不变。[19] 高收入国家民众的价值观与低收入国家民众的价值观之间的差距在增大，但是它们位置的分布大体不变。在全球文化地图上，给定国家在最早调查中的位置与在 30 年后最新调查中的位置是强相关的关系。

同样的原则也适用于施瓦茨对“自主性—嵌入性”价值观的测量。他也没有测量代表性全国样本。施瓦茨研究的是学生，很明显学生不是国家人口的代表性样本。但是假如学生偏离他们国家平均值的方向相同，量也大体相同，那么给定国家的**相对**位置将是大体不变的。因此，

给定国家在“自主性—嵌入性”维度上的相对位置与在“生存 / 自我表现价值观”和“个人主义—集体主义”维度上的位置相当一致。如表 3-2 所示，它们之间高度相关。“生存 / 自我表现价值观”“个人主义—集体主义”和“自主性—嵌入性”都体现了一个重要维度，其中“生存 / 自我表现价值观”显示了最强的载荷。[20]“个人主义—集体主义”“自主性—嵌入性”和“生存 / 自我表现价值观”都反映了给定国家允许人们自由选择的范围的差异。在匮乏和不安全的条件下，文化规范对人们自由选择的范围施加了诸多限制，而现代化逐渐使人们从中解放出来。

“自我表现 / 个人主义 / 自主性”这一超级价值观维度非常稳健的另一个原因，可能是因为它的跨国差异反映了基因变异，它反过来植根于盖尔芬德、桑希尔和芬奇等人主张的历史上人类面对疾病和饥饿时具备的不同水平的承受能力之中。[21] 在检验生物因素对文化影响的 53
过程中，琼 · Y. 乔（Joan Y. Chiao）和凯瑟琳 · 布里津斯基（Katherine Blizinsky）发现，基因因素与集体主义态度有关。他们认为，文化在演化，以适应基因选择运行其中的社会和物理环境。[22] 证据表明，某些种群在相对容易感染疾病的环境中演化，生存优势存在于那些与避免接触陌生人和严格遵守社会禁忌相关的基因变异中。而另一部分人口在相对不容易感染疾病的环境中演化，生存优势存在于那些与对陌生人和不同的社会规范持更开放的态度相关的基因变异中。这导致了跨文化差异类型的出现。一些国家比较排斥外来人口和文化多样性，而其他国家的态度较为开放。从经验来看，乔和布里津斯基使用的“个人主义—集体主义”维度与“自我表现价值观”密切相关。[23]

经济发展、福利制度的出现和其他历史因素可以在很大程度上改变人们的世界观。但是，路径依赖仍然是存在的，并且基因差异也在某种程度上产生了影响。随着技术的发展，人类面对疾病的脆弱性急剧下降，但是它的历史影响并没有消失。即使在今天，在这个文化超级维度上的跨国差异也是如此稳健，以至于任何有着良好设计的研究似乎都有可能揭示它们。

达龙·阿西莫格鲁（Daron Acemoglu）和詹姆斯·A. 罗宾逊（James A. Robinson）的研究也指向了这个方向。[24] 他们追溯了 500 年来经济发展与民主的根源，试图确定两者谁先出现。他们发现经济发展与民主都可以追溯到持久而固定的国家效应（national effects）。他们提出固定的国家效应反映了制度的差异。但是，称它们为制度是武断的，因为固定的国家效应涵盖了给定国家的所有持久属性。这些属性的范围从制度到语言、文化、气候、地形，以及面对疾病的历史脆弱性。最近的研究提供了另外的相关证据。安德烈 · 谢尔巴克（Andrey Shcherbak）发现，乳糖不耐受的跨国差异有基因基础，它与文化超级维度上的跨国差异强相关。[25]迈尔-施瓦岑贝格（Meyer-Schwarzenberger）分析了 166 种语言的结构，发现在自我表现价值观与语言学的个人主义之间存在强且稳健的相关，而语言学的个人主义有可能植根于基因差异。[26] 我和我的同事们
54 曾发现，在某些基因的跨国差异与给定国家对宽容和自我表现价值观的强调程度之间，存在着强相关的关系。[27]

基于先前制作基因图谱的工作，我们收集了法医基因检测中使用的五个基因标记的 79 个短串联重复序列等位基因频率数据，以检测人种的起源。[28] 我们的数据来自 39 个国家（诸如美国、加拿大、澳大利亚、乌拉圭和阿根廷这样的移民国家不包括在内）。我们对每个国家在

这 79 个短串联重复序列等位基因上的平均分值进行了主成分因子分析，当我们把这 39 个国家在传统 / 世俗—理性价值观和生存 / 自我表现价值观这两个维度上定位后，我们发现它们落入了五个地理群组，分别是欧洲、撒哈拉沙漠以南的非洲、南美、南亚和北美，以及东亚和东南亚。这与我们在上述全球文化地图上发现的某些组群相同。第一主成分（the first principal component）可以被解释为反映了历史上寄生虫患病率的程度，两者的相关系数是−0.86。似乎有可能的是，在过去许多世纪里，历史上在抵御疾病方面的脆弱性差异可能给某些基因变异带来了生存优势。

我**不**认为一个国家在基因变异维度上的分值仅仅反映了基因变异，而不提供其他任何信息。阿西莫格鲁和罗宾逊的固定国家效应捕捉了特定国家的所有持久特征，这个分值也包含了许多信息。它不仅反映了基因变异，也提供了所有与地理因素共同变化的信息。但是，因为分值是从对基因变异的检测中直接得出的，因此，否认它**包括**基因变异信息，以及在文化、语言、制度、地形、气候及其他任何与国家地理位置相关方面的信息的差异都是轻率的。

丹尼尔 · J. 本杰明（Daniel J. Benjamin）等人分析了广泛的基因样本的经济和政治偏好（political preferences）数据，发现了这些特征具有显著的可遗传性的证据。同时，他们也发现，许多影响很小的基因能够对这些特征的可遗传性变异进行解释。[29] 与基因变异聚集在一起的事实相结合，上述发现有着重要的启示。虽然在现阶段，我们不能确定哪些基因（假如有的话）影响了不同国家在“自我表现 / 个人主义 / 自主性”这一超级维度上的跨文化差异，但是，越来越多的证据表明，基因因素可能起到了影响作用，它与气候条件以及历史上面对疾病时的脆弱性联系在一起，三者处在复杂的因果链中。

55 文化差异反映了一个国家总体的历史遗产，这项遗产可以被动态的社会进程重新塑造。换句话说，作为个体层面的心理特征的个人主义并非一成不变，它受到一个国家的发展水平的影响。自我表现价值观、自主性价值观和个人主义都涵盖了一套重要的价值取向。在个体选择的生存限制消失后，这套新的价值取向被越来越多的人所接受。现代化有利于从集体主义向个人主义的转变。它使人们越来越强调个人自主性，从而削弱了传统的等级制规范的影响力。这一文化变迁反过来又推动了社会变迁。民主出现在许多国家，并有效地运转了起来。可能因为这种类型的跨文化差异与基因变异有关，所以它植根很深并且非常稳健，几乎所有设计良好的实证研究都有可能发现它。许多领域的研究者的研究证明了这一点。

两个主要维度上的文化变迁

演化的现代化理论认为，我们在富裕国家与贫穷国家中发现的价值观的普遍差异反映了代际价值观变迁的过程。当国家获得了高水平的生存安全，较年轻的群体在视生存为理所当然的环境下成长时，价值观变迁就会发生。假如事实真的如此，那么我们预计在高收入国家中将发现比在低收入国家更大规模的代际价值观变迁。

如图 3–4 所示，经验证据支持了我们的预测。图表的纵轴反映了在给定类型国家中特定年龄群体对生存价值观或自我表现价值观的强调程度。正如它所示，高收入国家的民众远比低收入国家或中等收入国家的民众更为强调自我表现价值观。另外，我们也发现，高收入国家中的**代际差异**比其他国家都要显著。在这些国家中，最年长的群体在生存/自我表现价值观维度上的分值（出生于 1927 年或更早）只略高于全球平均值（纵轴上的零点），而最年轻的一代（1978 年后出生）的分值几乎比全球平均值高出一个标准差。 56

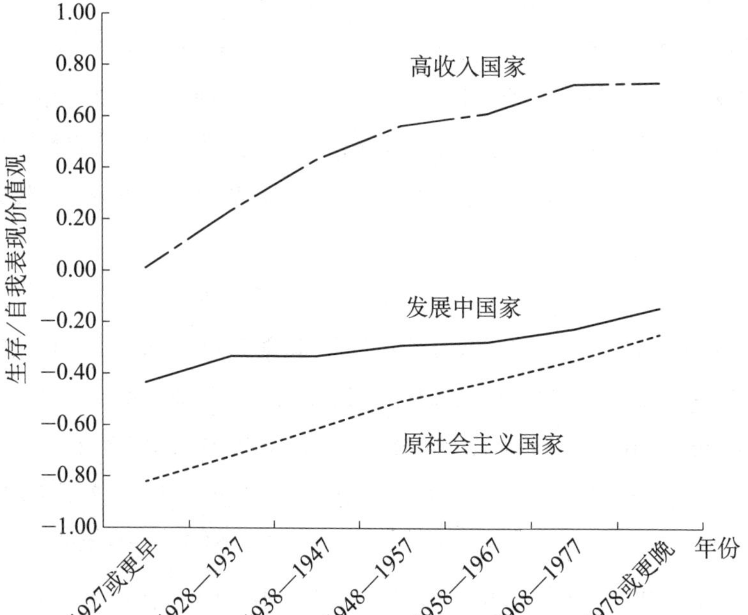

图 3-4　三种国家类型在生存/自我表现价值观上与年龄相关的差异

资料来源：价值观调查，1981—2014 年；三种国家类型中包含的国家列在附录二图 A2-3 中

与发达国家的民众相比，发展中国家的民众较少强调自我表现价值观。当我们从较年长的群体移向较年轻的群体时，人们对自我表现价值观的重视只有略微的增长。虽然这些国家在这些年中经济取得了发展，但它们仍未满足价值观变迁的条件，即大多数人在视生存为理所当然的环境下长大。

总体来看，原社会主义国家的民众对自我表现价值观的重视水平更低。但是，当我们从较年长的群体移向较年轻的群体时，我们发现民众对这些价值的重视程度出现了明显的代际增长。在第二次世界大战后的几十年，这些国家的民众获得了相当高水平的生存安全，国家中出现了大规模的代际价值观变迁。但是，1990 年前后的东欧剧变使这些国家的生存安全水平发展产生了强大的阶段效应，它拉低了所有年龄群体的自我表现价值观的绝对水平。直到今日，这些国家的自我表现价值观水平仍未得到完全恢复。

上述年龄差异类型，连同我们在价值体系与人均国内生产总值之间发现的强相关的关系，共同表明经济发展会带来一个国家信仰和价值观的系统变迁。时间序列证据支持了我们的预测。我们追踪了特定国家在 1981 年到 2014 年间的连续调查中所处的位置，发现几乎所有高收入国家的民众都移向了预测的方向。如图 3–5 所显示，八个“新教欧洲”国家、八个“天主教欧洲”国家连同七个“英语国家”和日本的民众，都移向了更强调世俗—理性价值观和自我表现价值观的方向。[30]

俄罗斯和原社会主义国家与上述国家形成了鲜明对比，它们都移向了更强调传统价值观的方向。这一现象反映了在东欧剧变后，这些国
58 家内部出现了宗教的复兴。尽管非洲、拉丁美洲和伊斯兰教国家的宗教

57

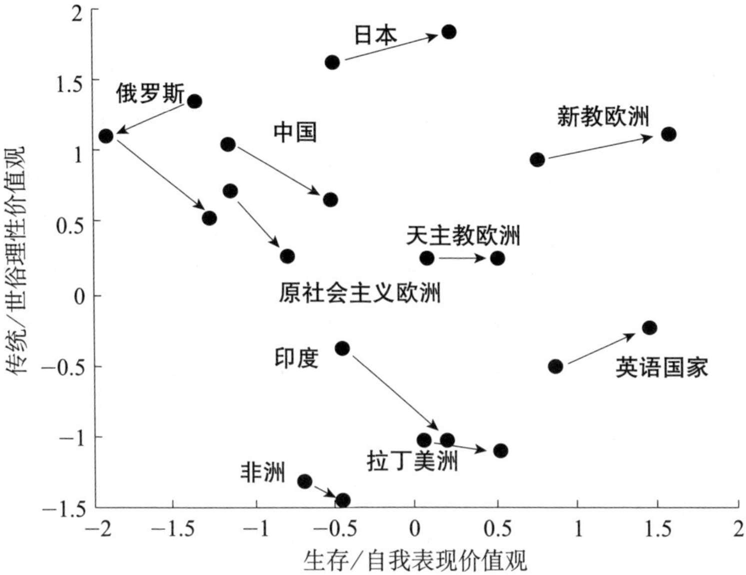

图 3-5　十个国家类型 / 国家在跨文化差异的两个主要维度上的净变化（从最早到最新调查［1981—2014 年］中）

说明：不同国家类型所包含的国家列在附录二图 A 2-4 中

性**水平**最高，但是，它们的宗教性水平在 1981 年到 2014 年间改变得非常少。到目前为止，宗教性在原社会主义国家中**增长**得最多。在这些地区，共产主义信仰曾经赋予了数百万民众生命的目的和意义。在信仰崩塌以后，宗教和民族主义填补了意识形态的空白。

尽管原社会主义国家对传统价值观的强调在增长，但是，由经济安全水平的上升引发的对自我表现价值观的强调增长得更快。俄罗斯是一个特别戏剧性的案例。它所经历的生存安全水平下降的幅度比其他大多数原社会主义国家都大。在俄罗斯，民众的实际人均收入下降到了原来的40%左右，犯罪率上升，男性预期寿命下降。直到2000年前后，普京对秩序的重建以及油价和天然气价格的恢复才带来了强大的经济复苏。从那时起，俄罗斯民众从日益强调生存价值观转向了日益接受自我表现价值观。但是，传统价值观仍然在填补由共产主义信仰体系消解留下的真空。

非洲民众的价值观变动得非常小。撒哈拉以南的非洲最近开始出现强势的经济增长。但是，因为文化变迁与经济发展之间存在着较长的时间差，所以我们并不预期这些国家在短期内会出现文化变迁。

结　论

我们已经发现，生存安全水平的上升往往会带来连贯的和大体可预测的社会和文化变迁，使生活在发达国家中的民众与那些生活在较不发达的国家中的民众拥有系统的不同的价值观。尽管全球化已经削弱了高收入国家中工人的谈判地位，但是它正在把资本和技术转移到世界其他国家。这提高了这些国家的生存安全水平，给这些国家带来了对新观念更加开放的态度，以及更加平等的社会规范。

文化变迁具有路径依赖属性。一个国家的价值观反映的是它的总体的历史遗产。尽管多个领域的研究者采用了不同的理论视角、运用了完全不同的检验方法，但是，他们发现了共同点，即生存安全水平高的
59 国家在“个人主义 / 自主性 / 自我表现价值观”这一超级维度上持续处于高位，而生存安全水平较低的国家持续处于低位。如何给这个维度命

名，以及如何对它加以解释，受到一个人理论预期的影响。但是，这种跨文化差异的类型是如此稳健，以至于很多学科的研究者开展的多项有关跨文化差异的实证研究都发现了它。这个跨文化差异的超级维度似乎正在影响当代民主水平，以及关于性别平等、同性恋及其他许多议题的立法。在随后的章节中我将对此加以证明。

注 释

1 Ronald Inglehart, *Cultural Shift in Advanced Industrial Society*, 1990; Ronald Inglehart and Wayne E. Baker, "Modernization and Cultural Change and the Persistence of Traditional Values", *American Sociological Review* 2000, 65(1), pp. 19–51; Ronald Inglehart and Christian Welzel, *Modernization, Cultural Change and Democracy: The Human Development Sequence*; Pippa Norris and Ronald Inglehart, *Sacred and Secular: Religion and Politics Worldwide* (2nd edn.), New York: Cambridge University Press, 2004/2011.

2 Ronald Inglehart and Wayne E. Baker, "Modernization and Cultural Change and the Persistence of Traditional Values", *American Sociological Review* 2000, 65(1), pp. 19–51.

3 人均国内生产总值只是生存安全的一个方面，生存安全还受社会福利制度以及民众免于犯罪、暴力及疾病威胁的程度的影响。然而，因为高收入社会往往在生存安全的所有方面都得分高，所以一个国家的人均国内生产总值提供了它的民众享有高水平的生存安全的程度的相当好的指标。

4 Max Weber, *The Protestant Ethic and the Spirit of Capitalism*, London: Routledge, 1904 [1930]; Daniel Bell, *The Coming of Post-Industrial Society*, New York: Basic Books, 1973; Alvin Toffler, *Power Shift: Knowledge, Wealth, Violence in the 21st Century*, New York: Bantam, 1990.

5 P. Huntington Samuel, *The Clash of Civilizations: Remaking of the World Order*, New York: Simon & Schuster, 1996; Robert D. Putnam, *Making Democracy Work: Civic Traditions in Modern Italy*, Princeton, NJ: Princeton University Press, 1993; Francis Fukuyama, *Trust: Social Virtues and the Creation of Prosperity*, New York: Free Press, 1995; Ronald Inglehart and Wayne E. Baker, "Modernization and Cultural Change and the Persistence of Traditional Values", *American Sociological Review* 2000, 65(1), pp. 19–51; Ronald Inglehart and Christian Welzel, *Modernization, Cultural Change and Democracy Human Development Sequence*.

6 乔治·奥威尔在 1949 年出版的经典小说《1984》中描述了反乌托邦的未来。在他描述的未来，新闻和历史书被定期地修改以符合极权政体的官方真相。在 2017 年，这本书突然又成为畅销书。在这一年，特朗普的新政府提出了一系列关于出席总统就职典礼人数的明显不真实的“另类事实”。

7 关于这两个维度如何建立起来的更详细的信息见 Inglehart, *Modernization and Postmodernization: Cultural, Economic and Political Change in 43 Societies,* Chapter 1.

8 Ronald Inglehart, *Modernization and Postmodernization: Cultural, Economic and Political Change in 43 Societies*; Ronald Inglehart and Wayne E. Baker, “Modernization and Cultural Change and the Persistence of Traditional Values”, *American Sociological Review* 2000, 65(1), pp. 19–51; Ronald Inglehart and Christian Welzel, *Modernization, Cultural Change and Democracy: The Human Development Sequence*; Ronald Inglehart and Christian Welzel, “Changing Mass Priorities: The Link between Modernization and Democracy”, *Perspectives on Politics* 2010, 8(2), pp.551–567.

9 比较附录中建立在其他轮次的调查数据之上的地图。这些地图建立在 1981 年到 2014 年间不同时间进行的调查的数据基础之上，它们之间的相似性非常显著。

10 他的测量在 Christian Welzel, *Freedom Rising: Human Empowerment and the Quest for Emancipation* 中得到解释，其效度得到检验。

11 传统 / 世俗—理性价值观维度上的平均标准差小于生存 / 自我表现价值观维度上的平均标准差，这是我们展示出椭圆而不是圆形的原因。

12 Ronald Inglehart and Christian Welzel, “Changing Mass Priorities: The Link between Modernization and Democracy”, *Perspectives on Politics* 2010, 8(2), pp. 551–567.

13 Ronald Inglehart and Christian Welzel, “Changing Mass Priorities: The Link between Modernization and Democracy”, *Perspectives on Politics* 2010, 8(2), pp. 551–567.

14 Daphna Oyserman, Heather M. Coon and Markus Kemmelmeier, “Rethinking Individualism and Collectivism: Evaluation of Theoretical Assumptions and Meta-analyses”, *Psychological Bulletin* 2002(128), pp.3–72.

15 Geert Hofstede, *Culture's Consequences: Comparing Values, Behaviors, Institutions and Organizations across Nations* (2nd edn.), Thousand Oaks, CA: Sage Publications, 2001.

16 Shalom Schwartz, “A Theory of Cultural Value Orientations: Explication and Applications”, *Comparative Sociology* 2006, 5(2—3), pp. 137–182.

17 其他许多研究者也分析了个人主义 / 集体主义，有时使用了代表性国家样本，但是仅在单个国家或很少量的国家中使用。

18 Ronald Inglehart and Christian Welzel, *Modernization, Cultural Change and Democracy: The Human Development Sequence*.

19 同上。

20 韦尔策尔提出了一个修正的，在技术上更好的生存 / 自我表现维度的版本，他称之为解放价值观。在这个分析中，当用它替代生存 / 自我表现价值观时，它也成为载荷最高的项目。（Christian Welzel, *Freedom Rising: Human Empowerment and the Quest for Emancipation*.）

21 Michele J. Gelfand, et al., “Differences between Tight and Loose Cultures: A 33-Nation

Study", *Science* 2011, 332(6033), pp. 1100-1104; Randy Thornhill, Corey L. Fincher and Devaraj Aran, "Parasites, Democratization, and the Liberalization of Values across Contemporary Countries" , *Biological Reviews* 2009; Thornhill, Randy, Corey L. Fincher, Damian R. Murray and Mark Schaller, "Zoonotic and Non-zoonotic Diseases in Relation to Human Personality and Societal Values", *Evolutionary Psychology* 2010.

22 Joan Y. Chiao and Katherine D. Blizinsky, "Culture–Gene Coevolution of Individualism–Collectivism and the Serotonin Transporter Gene", *Proceedings of the Royal Society B* 2009, 277(1681), pp. 529-553.

23 他们发现在个人主义与自我表现价值观之间存在 0.66 的相关。

24 Daron Acemoglu and James A. Robinson, *Economic Origins of Dictatorship and Democracy*, New York: Cambridge University Press, 2006.

25 Andrey Shcherbak, "Does Milk Matter? Genetic Adaptation to Environment: The Effect of Lactase Persistence on Cultural Change", Paper presented at summer workshop of Laboratory for Comparative Social Research, Higher School of Economics, St. Petersburg, Russia, June 29—July 12, 2014.

26 Matthias Meyer-Schwarzenberger, "Individualism, Subjectivism, and Social capital: Evidence from Language Structures", Paper presented at summer workshop of Laboratory for Comparative Social Research, Higher School of Economics, St. Petersburg, Russia, June 29—July 12, 2014.

27 Ronald Inglehart, Svetlana Borinskaya, Anna Cotter et al., "Genetic Factors, Cultural Predispositions, Happiness and Gender Equality", *Journal of Research in Gender Studies* 2014, 4(1), pp. 40-69.

28 Luigi Luca Cavalli-Sforza, Paolo Menozzi, and Alberto Piazza, *The History and Geography of Human Genes*. Princeton: Princeton University Press, 1994; Ronald Inglehart et al., "Genetic Factors, Cultural Predispositions, Happiness and Gender Equality", *Journal of Research in Gender Studies* 2014, 4(1), pp. 40-69. 他们使用了法医 STR 体系，因为数据库里有众多人群的数据，包括一些没有被研究过其他基因的人群。

29 Daniel J. Benjamin, David Cesarini, Matthijs J. H. M. Van der Loos et al., "The Genetic Architecture of Economic and Political Preferences", *Proceedings of the National Academy of Sciences* 2012, 109(21), pp. 8026-8031.

30 为了避免地图太过于复杂而难以阅读，此图仅显示了上面确定的群集的全部国家类别所经历的净变化，以及俄罗斯、中国、印度及日本所经历的变化。

第四章 60

世俗化的终结？[*]

19 世纪社会思想家的领袖孔德（Auguste Comte）、斯宾塞、涂尔干、韦伯、马克思和弗洛伊德（Sigmund Freud）都认为宗教信仰反映的是近代科学出现以前的世界观，它会随着科学理性的日益传播而逐渐消失。[1] 另外，从启蒙运动以来，哲学、人类学和心理学的领袖人物都假定神话迷信、礼拜仪式和宗教活动将在现代被丢弃。在 20 世纪的大多数时期，许多社会科学家都假设宗教正在消失，世俗化（secularization）与官僚化、理性化及城市化一起被列为现代化的内在方面。

最近，这样的观点一直在受到挑战。伊斯兰世界的宗教激进主义[2]运动和宗教政党都增加了，福音派大复兴（evangelical revival）运动横扫了拉丁美洲和许多原社会主义国家，美国基要派的政治影响越来越大。这些都说明宗教不但没有消失，而且没有消失的迹象。在社会和政

---

* 本章以诺里斯与笔者的研究为基础。（Norris and Lnglehart，2011）

治生活中，宗教仍然是强大的力量。知名评论家认为，已经到了抛弃世俗化理论的时候了。他们指出，宗教才是人类社会的永恒特征。宗教兴盛或衰落的主导因素，在于宗教领袖是否精力充沛地去建立和维持他们的教区。[3]

宗教市场理论（religious market theory）对世俗化论点提出了最主要的挑战。它认为，供给侧的因素，特别是教派竞争和国家对宗教机构
61 的管理，塑造着宗教参与的水平。在最近几十年，许多社会科学家对这一解释加以完善，尽管它受到了持续的批评。[4]因为许多信仰都承诺人死后会在另一个世界得到回报，所以建立在市场基础上的宗教理论假定市场对宗教“产品”的需求是常量。在他们看来，造成各国宗教水平不同的主要原因是“自上而下”的宗教供给的差异，而非“自下而上”的需求的差异。国教被认为是傲慢的垄断者，认为人们信仰它们是理所当然的事情，由于政策和补贴而享有固定的市场份额。相反，在自由的宗教市场存在的地方，教会之间的积极竞争扩大了宗教“产品”的供给，从而调动了民众的宗教热情。

虽然宗教市场理论声称自己的理论是一般性的归纳，但是支撑它的证据主要来自美国和西欧。美国各种教会数量的激增被认为是由信仰的选择范围和竞争的最大化引起的，因为它激发了美国民众的宗教热情。美国的教会受到市场力量的影响，它们的生存状况依赖于它们吸引神职人员、志愿者和财政资源的能力。竞争产生了多样化，刺激了创新。它推动教会积极回应民众诉求，以招募更多会众。罗德尼·斯塔克（Rodney Stark）和罗杰·芬克（Roger Finke）认为，相比之下，欧洲大多数国家通过对国教的政府补贴来维持一种“社会化的宗教经济”。他

们认为，宗教的垄断者在创新性、回应能力和效率方面有所不足。在那些神职人员享受着稳定的收入和任期而无需考虑自己的工作绩效的地方，神职人员就会变得自命不凡、怠惰和马虎："当人们只有很少的工作需求或工作动机时，他们往往会选择不工作。因此，受补贴的宗教工作人员会变得怠惰。"[5] 芬克和斯塔克相信，假如通过废除国教（放松管制），使欧洲教会的"供给"增加，假如教会付出更大的努力，那么宗教复兴将会出现在民众中："面对美国式的教会，欧洲人将会作出与美国人相同的反应。"基于以上观点，他们得出结论，"教会付出的努力越多，它就会越成功"[6]。

那么，孔德、涂尔干、韦伯和马克思关于宗教在工业化国家衰落的观点完全错了吗？我们并不这样认为。供给侧的观点依赖于其选择的
离群案例。它关注的重点是美国（恰好是离群案例），而不是范围广泛 62
的富裕与贫穷国家。因此，它不能提出系统的、具有可比性的论据。这一理论不能解释为什么穆斯林占多数的国家都比美国更具宗教性，尽管在大多数这类国家中，单个宗教不但占据垄断地位，而且有时甚至能处死任何转信他教的人。

毫无疑问，传统的世俗化观点需要更新。因为很明显，宗教没有从世界上消失，看起来似乎也不可能消失。尽管如此，世俗化的观点捕捉到了当今世界正在发生的事件的重要方面。演化的现代化理论强调生存安全感的重要性，提出当人们视生存为理所当然的事的时候，宗教就变得没有那么重要了。假如事实果真如此，那么我们就应该会发现宗教在弱势群体中力量最强大，特别是在那些面临着生存威胁的人群中。我们主张，经济和人身的不安全是推动宗教发展的关键因素。我们将证

明，世俗化进程会对宗教实践、价值观和信念产生系统的侵蚀，它在稳定的后工业国家的最富裕的阶层中走得最远。

宗教并不是人的本质中不可改变的部分。人类学家的研究发现，对关心人类道德行为的造物主信仰，几乎没有出现在狩猎和采集社会。狩猎和采集社会中的人们没有接受当代世界宗教的核心观念，他们倾向于万物有灵论的信仰，认为灵魂栖息于树木、河流、高山和其他自然要素中。在种植业社会（horticultural society）中，关心道德行为的上帝的观念也是少见的。直到农业社会出现时，这种上帝观念才流行起来。

自《圣经》时代以来，上帝的观念处于不断演化中。上帝的形象从愤怒的、惩罚世人的、可以被人类献祭所抚慰的、支持并要求对外族进行种族灭绝的部落上帝，演变为仁慈的、其律法适用于所有人的上帝。与社会经济发展有关的道德观念也在持续地演化中。自古至今，主流的道德规范一直在发生缓慢的转变。但在最近几十年，转变的速度急剧加快了。

排外主义、种族主义、性别歧视和恐同症（homophobia）的下降，是背离内向型的部落道德规范的长期趋势的一部分。在内向型的部落道德规范之下，一大部分人口被排除出“道德公民”的范畴，使种族灭绝和蓄奴成为标准实践。共同体内部成员值得被公平对待，而共同体以外的成员则不适用于道德规范。如今，这种区别正在慢慢消失。全球化以及知识社会的出现与道德规范的普遍化趋势有关，从前被排除在外的群体如外国人、妇女以和同性恋者如今都被认为具有人权。并且，对世界上越来越多的人而言，战争变得越来越令人难以接受。

人权的观念已经存在了很多世纪，但它最初只适用于某些人或某

63

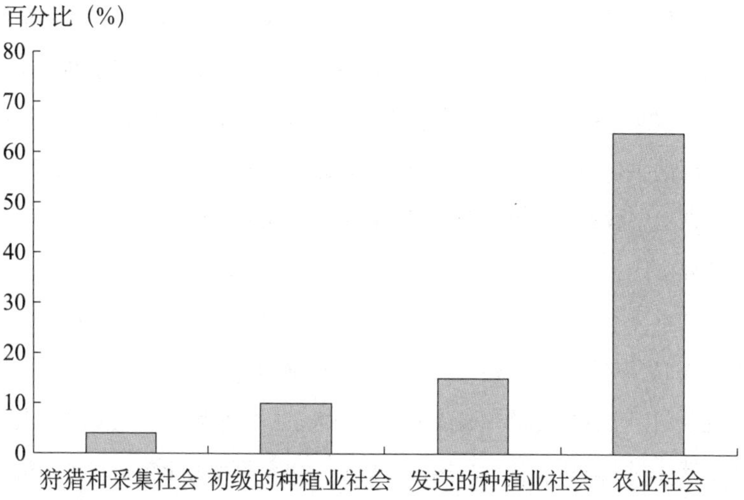

图 4-1　相信“存在一个关心人类道德行为的造物主上帝”的社会民众比例

资料来源：Nolan and Lenski，2011: p.72，建立在乔治·彼得·默多克（George Peter Murdock）*Ethnographic Atlas*（1962—1971）的数据基础上

些社会阶级。[7] 第二次世界大战以后，尽管有些联合国成员国采取独裁统治，公然忽视人权，联合国宪章还是纳入了普遍人权的观念。随着民主的传播，普遍人权观念被越来越多的人接受。

演化的现代化理论认为，经济和政治发展与文化变迁以一种连贯的和具有内在一致性的方式同时存在。在国家从农业经济发展到工业经济然后又到后工业社会的过程中，生存安全水平不断提升，这降低了宗 64
教在民众生活中的重要性。在处于后工业阶段的国家中，民众的经济和人身安全水平高，平均寿命长，健康状况良好。这意味着在这些国家只有较少的人视传统的价值观、信念和实践为维持他们个体生存或共同体生存的不可或缺之物。但这并不表明一切形式的宗教都消失了。包括对宗教身份的坚守在内的某些因素仍然存在，尽管这些因素对民众的情感影响已经衰落，并已不再占据生活的中心地位。发达工业国家的民众已经很少服从传统宗教领袖或宗教组织，也很少参加宗教活动。与宗教市场学派的主张相反，民众对宗教的“需求”远非常量。相反，不同国家的民众对宗教的“需求”存在明显差异，这反映了他们的生存安全水平的差异。

在前工业社会，人类任由变化莫测的且不可控制的自然力量摆布。因为人们没有能力对这些自然现象作出科学的解释，所以他们往往把自然现象归因于人格化的神灵或上帝。当大多数人依赖农业生活时，人们的生活在很大程度上受到自然因素如阳光以及雨露的影响。农民祈祷好天气，以免受疾病或是病虫害的干扰。

工业化使人们的生活发生了根本改变，大多数人在认知上很难把传统规范体系与自己直接感知到的世界匹配起来，这使国教的符号和世界观不再像当初那样有说服力或吸引力。在工业社会，生产在室内的人造环境中进行，工人们不用再被动地等待太阳升起和四季轮替。天黑时，人们会开灯；天冷时，人们会打开暖气。工厂的工人们不用再祈祷风调雨顺，因为生产依赖的是人们靠智慧创造出来的机器。随着细菌和抗生素被发现，连疾病都不再具有神秘色彩，它越来越成为能被人类控制的问题。

人们日常实践中发生的深刻变化，促使了现行宇宙观的改变。在工业社会，工厂是生产的中心，社会很自然地演化出了机械主义的宇宙观。最初，上帝被认为是伟大的钟表匠，制造了宇宙，然后在大部分时
65 间里任其自动运转。但是，当人类对环境的控制增强时，上帝的角色减

弱了。唯物主义的意识形态兴起，它对历史加以世俗化的解释，认为世俗的乌托邦将通过人类工程来实现。随着知识社会的到来，工厂的机械世界观变得越来越没有说服力。人们在日常生活中接触的更多的是观念而非物质。在知识社会，生产力对物质的依赖少于对信息、创新和想象力的依赖。对生活的意义和目的的关注并未消退。在大部分历史时期，大多数人都生活在不安全的条件下，只有少量的人关心重大的神学问题，其他大多数人关注的都是如何在生存充满不确定性的世界中寻求慰籍和保证。这是传统宗教能控制广大民众的主要原因。

事实上，世界上主要宗教的文化都提供慰籍和保证，宣称即使单个人不能理解或是预测将要发生之事，更高的力量也会保证一切进展顺利。宗教和世俗意识形态都向人们保证，宇宙是按照计划运行的。假如人们遵守规则，那么一切将会进展顺利，不管是在今世还是在死后的世界。这种信念减少了人们的压力，使人们有能力应对焦虑，关注他们当前急需处理的问题。如果没有这样的信仰体系，极度的压力就会使人容易产生戒断反应（withdrawal reactions）*。在不安全的条件下，人们对强大且仁慈的权威有强烈的需求。即使有时会有证据表明并不存在他们设想中的最高权威，他们也仍然坚信有这样一个权威存在。

---

* 戒断反应原指一个人在突然停止或减少使用成瘾物质时出现的强烈的生理不适。在此外指的是当人们失去或没有能够提供支持的信仰体系时，在极端的压力下可能出现的心理和情感的极度不适，诸如强烈的不安和焦虑感。这些反应类似于生理上的戒断反应，但这里指的是心理层面的影响。——译者注

人们在压力下会渴望存在一种严格的、具有预测性的规则。因为生存是不安全的，人们犯错的余地非常小，所以他们想要确定将会发生什么事情。与之相反，在相对安全的条件下长大的人，可以容忍更多的不确定性，对宗教提供的绝对且严格的规则有较低的需求。他们比起那些在不确定自己的生存需求是否会被满足的条件下长大的人，更易于接受对熟悉模式的偏离。在那些经济发达且具有能够确保人们免于贫困的完善社会安全体系的工业国家中，安全感的增长带来了对绝对规则的需求的下降，导致了传统宗教的衰退。

价值观调查让每个受访者对家庭、工作、宗教、朋友、休闲和政治这人生六大方面的重要性进行排序。图 4-2 基于包含世界大多数人口的国家内进行的成百上千次访谈的数据，显示了给定主题在受访者的

66

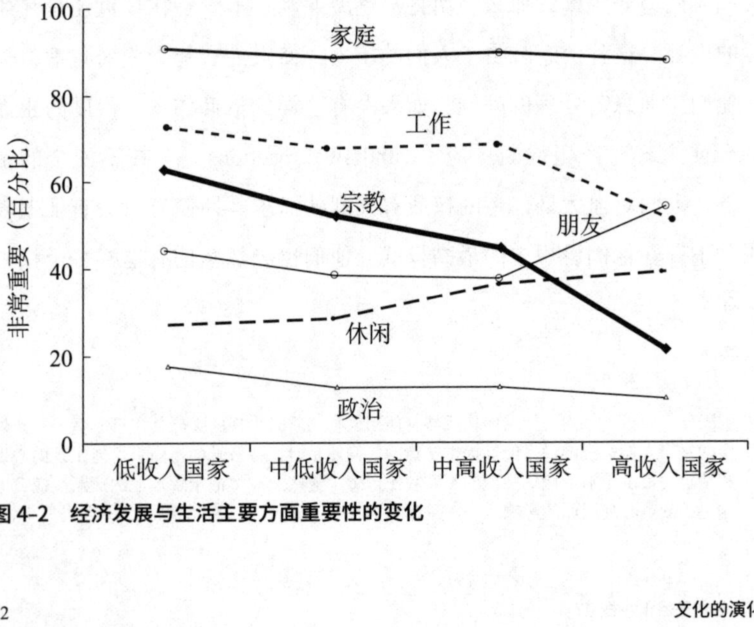

图 4-2　经济发展与生活主要方面重要性的变化

生活中“非常重要”的百分比。几乎所有人都认为家庭非常重要，这似乎在富裕国家与贫穷国家之间没什么差别。但是，当我们从低收入国家（62% 的人认为宗教非常重要）移向高收入国家（只有 20% 的人认为宗教非常重要）时，认为宗教非常重要的比例急剧下降。在低收入国家中，只有家庭和工作被认为比宗教更重要。在高收入国家中，朋友和休闲也同样被认为比宗教更重要。图 4–2 的截面研究表明宗教的重要性在高收入国家下降了，但它不能证明这一点（图 4–3 显示的时间序列证据证明了这一点，详后）。我们认为，对宗教的需求远非常量。

民众对友谊的重视程度呈现出曲线模式（curvilinear pattern）。当我们从低收入国家的面对面社群向右移动时，民众对友谊的重视程度下降了。当进入高收入国家时，友谊又重新得到强调。在低收入国家，人们认为宗教比朋友重要很多，比休闲重要更多。与之相反，高收入国家 67
的中心特征之一是朋友和休闲都比宗教更重要。

经济安全与世俗化相关是一种趋势而并非铁律。人们可以很容易地想到明显的离群案例，如富裕且宗教狂热的奥萨马·本·拉登（Osama bin Laden）。但当我们跳过这些离群案例，就会发现大量的证据指向相反的方向：在成长期经历了对自身或家人又或是共同体的威胁的人，往往比那些在安全和可预测的条件下长大的人更具宗教性。即使在相对安全的国家，宗教也还没有消失。大多数西欧人在调查时仍称他们相信上帝，或是在官方文件中表明自己是新教徒或天主教徒。然而，宗教的重要性和活力，以及它对人们日常生活方式的影响，都已经显著消退。在 20 世纪，从加拿大、瑞典到法国、英国和澳大利亚的几乎所有的后工业国家的官方宗教记录都显示，在历史上有着高出席率的教堂，近些年来出席率一直在下降，以至于有些教堂正在被改建为博物馆或是宾馆。在过去 50 年监测欧洲教堂出席率的民意测验证实了这一现象。

总体的趋势是明晰的。在发达工业国家，过去几十年内教堂出席率一直在下降。另外，神职人员在很大程度上失去了对民众的权威，他们不再有能力在节育、离婚、堕胎、性取向和婚内生子的必要性方面向民众发号施令。如同一些批评者指出的那样，世俗化不限于西欧，它出现在包括澳大利亚、新西兰、日本和加拿大在内的大多数发达工业国家中。在后工业国家，美国是个离群案例。与其他任何除爱尔兰以外的高收入国家的民众相比，美国民众都持有更加传统的世界观。但即使在美国，也一直存在着明显的世俗化倾向。然而，美国相对脆弱的社会福利制度和高度的经济不平等一直在削弱这个倾向，大量持有相当传统的世界观且拥有高生育率的拉美裔移民也部分地掩盖了这一倾向。但是，尽管上述因素存在，美国仍然显示了清晰的世俗化趋势。在 1972 年，教堂每周的出席率是 35%。到 2002 年，这一比例下降到 25%。而声称自己从不去教堂的民众的比例从 9% 上升到了约 20%。[8]

68 尽管如此，在可见的未来，宗教不可能消失。在先前的著作中，我与诺里斯提出了如下两个观点：

> 其一，在过去 50 年里，几乎所有发达工业国家的民众都一直在朝着更世俗化的方向前进。
>
> 其二，全世界持有传统宗教价值观的人比以往任何时期都要

> 多，并且这些人占有世界人口的比例在日益增长。

> 尽管这两个命题乍看之下似乎互相矛盾，但事实并非如此。我们将会看到，如果第一个命题为真，就有助于解释第二个命题，因为世俗化降低了人口出生率。实际上，所有高度世俗化国家的出生率都远低于人口更替水平。而那些持有传统宗教取向的国家的出生率是人口更替水平的两到三倍，并且它们占有世界人口的比重仍在增长。[9]

因为这些人口趋势，全世界持有传统宗教价值观的人比以往任何时期都要多，并且他们占有世界人口的比例也在增长。富裕国家在世俗化，但是它们占有世界人口的比例在下降；贫穷国家没有在世俗化，但是它们占有世界人口的比例在上升。因此，在几乎所有经历了现代化的国家中，现代化都确实带来了宗教重要性的下降——但是那些认为宗教重要的人所占的世界人口比例在上升。

宗教社会与世俗社会在出生率上的差异绝非偶然，它与世俗化有直接关系。从传统宗教价值观向“世俗—理性价值观”的转变带来了文化变迁。传统规范在很大程度上把女性角色定位在生育和养育许多孩子上，而新规范赋予女性广泛的生活选择。如今，大多数女性有自己的职业和兴趣。这一文化变迁与出生率的急剧下降有关，我在第五章将对此加以证明。

经典世俗化理论认为，宗教将随着教育和科学知识的普及而逐渐 69
消失。但是，我们引用的有影响力的近期研究却认为人类对宗教的需求是常量，宗教的复兴只需精力充沛的宗教推动者就能实现，甚至一直以来全球范围内的宗教复兴都存在着。[10] 真实的情况到底是怎样的呢？

宗教是真的在持续消失，还是我们一直在见证全球宗教复兴呢？图 4–3 显示了人们对“上帝在你生活中有多重要”这一问题的回答的变化。自 1981 年开始，每轮价值观调查都询问了这个问题。它是衡量宗教性的特别敏感的指标，与其他许多有关宗教问题的回答都存在强相关关系。对这个问题的调查采用了 10 级量表，1 代表在受访者的生活中上帝一点儿也不重要，而 10 代表上帝非常重要。图 4–3 显示了 62 个国家及地区从最早调查到最近调查中选择 10 的百分比的变化，时间序列最少是十年（时间跨度的中位数是 21 年）。如图所示，经历了宗教性下降的国家及地区与宗教性上升的国家及地区的数目相同。但因为人口出生率差别很大，所以当今世界笃信宗教的人多于 30 年前。在受检验的国家及地区中，近一半国家及地区的宗教性上升了，另一半国家的宗教性下降了。变化的模式远非偶然。

如前一章的图 3–3 所示，生活在非洲、拉丁美洲以及穆斯林占多数的国家中的民众，比起生活在其他大多数国家的民众都更笃信宗教（事实上所有这些国家都处于地图的下半部分，表明它们非常重视传统价值观）。在最早的调查中这些国家的宗教性分值就高，在随后的调查中它们的分值仍然处在高位。但图 4–3 关注的是**变化**，而大多数这些国家几乎都没有发生变化。

1990 年前后，苏联和东欧的大多数原社会主义国家都经历了政治、社会及经济体系的坍塌，秩序的崩溃，以及曾经给予许多人可预期感和生活意义的共产主义意识形态的消解。这些遭遇导致了它们的意识形态

70

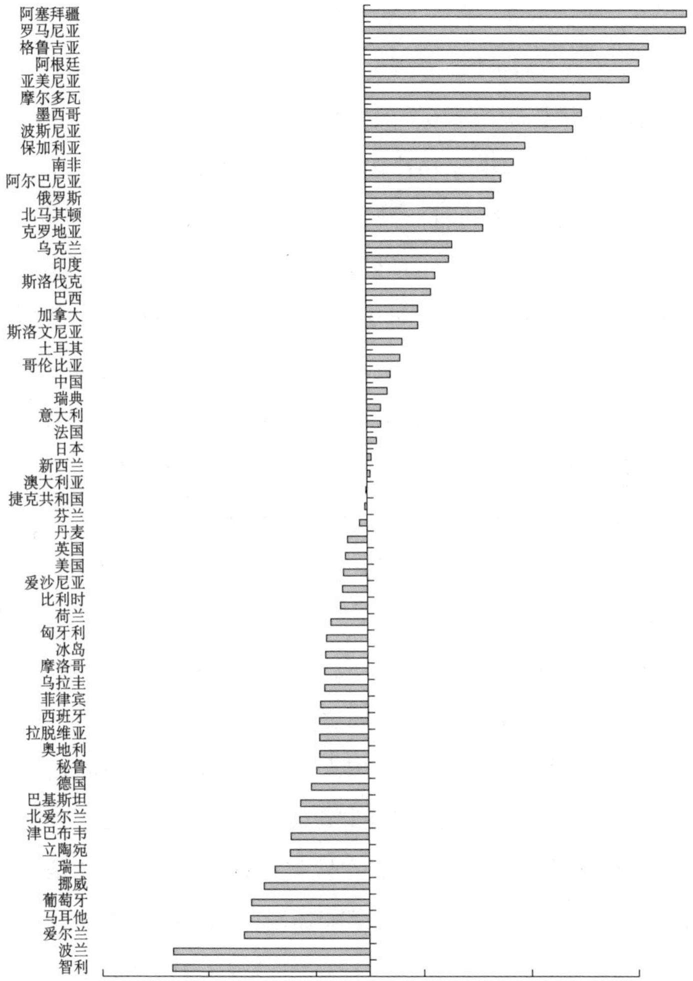

图 4-3　表示“上帝在其生活中非常重要”的社会民众的百分比的变化

资料来源：从最早到最新调查中（1981 年到 2012 年）的世界价值观调查和欧洲价值观研究，包括所有提供了至少十年时间序列数据的国家。（编按：图中国家名称以最新标准为准）变化的中位数是零；时间跨度中位数 =21 年

出现了真空，随后这个真空为复兴的宗教以及民族主义所填充。结果，我们发现，在这些曾被秩序瓦解重创的国家中，对宗教的重视日益增长。

在宗教性增长最大的16个国家中，13个是或曾经是社会主义国家。22个原社会主义国家中有16个国家宗教性有增长，但其他的6个（波兰、匈牙利、捷克共和国和3个波罗的海国家）则不然，它们相当平缓地过渡到了市场经济，目前是欧盟以及北大西洋公约组织的成员国。假
71 如生存安全水平的提高有益于世俗化，那么这6个国家将会出现世俗化进程。在原社会主义国家变得更加笃信宗教的趋势中，波兰是最大的例外。它是这些国家中宗教性下降最多的国家之一。自1792年后的大多数时期，波兰都处在俄罗斯、奥地利以及普鲁士的统治之下，然后又受苏联影响颇深。罗马天主教会变成抵抗信仰新教的普鲁士人、东正教的俄罗斯人与随后的无神论的苏联的中心力量。成为一名身体力行的天主教徒是支持波兰独立的一种途径。波兰人变成狂热的天主教徒，与爱尔兰人的天主教信仰变得狂热以对抗信奉新教的英格兰的统治如出一辙。在过去的25年中，波兰已经不再需要面对苏联的压力，它现在是欧盟以及北大西洋公约组织相当稳定的成员。随着信奉他教的邻国的压力这一刺激源的消失，它的宗教性已经退到其他高收入国家的水平。同样的现象也出现在爱尔兰。阿塞拜疆处在另一个极端。它在历史上是伊斯兰国家，在苏联统治时期它的宗教被严格压制。与波兰和爱尔兰相比，它相当不发达。苏联解体后，它变得日益笃信宗教。它与邻国亚美尼亚旷日持久的领土之争很有可能推动了其宗教性的增长。在这些国家中，它在宗教性方面增长最大。

对宗教的重视性的增长主要出现在经历了向市场经济的创伤性转

变的原苏联加盟共和国（以及与邻国有战争的国家，如阿塞拜疆、格鲁吉亚和亚美尼亚）中，由南斯拉夫血腥解体产生的国家中，以及政治持续不稳定的国家中。除了承受着从计划经济向市场经济转变带来的经济压力外，原社会主义国家还经历了信仰体系的消解。在相当大的程度上，信仰的真空正在由增长的宗教性填充。

相反，在图 4–3 中，21 个高收入国家（按照世界银行 1990 年的分类）[11] 中，有 20 个国家都显示了宗教性的减弱，或是不具备统计学意义上的显著增长。只有一个国家显示了超过 3 个百分点的增长。总体模式很清晰，低收入国家往往比经济安全的国家更笃信宗教。自 1981 年以来，宗教性增长最多的国家主要是原社会主义国家，因为它们经历了经 72
济和人身安全的崩溃，以及意识形态的消解。相反，在包括美国在内的几乎所有高收入国家中，宗教的重要性都下降了。尽管拉美裔移民起到了抵消作用，但是美国的宗教性仍然下降了。

其他宗教指标显示了相似的模式。在大多数原社会主义国家中，教堂出席率以及认为自己是坚定的信教者的比例都上升了，而在大多数高收入国家中两者的比例都下降了。

世俗化正在以代际人口更替的速度前进

大体而言，深层的价值观正在以代际人口更替的速度变迁。例如，从物质主义向后物质主义价值观的转变主要反映了代际人口的更替。图 2–2（见第 43 页）显示了对 1970 年到 2009 年间西欧六国的价值观变迁进行的群组分析。尽管人们发现了与阶段效应相关的重大的短期波动，但是长期的趋势也是明显的。在 39 年内，给定年龄群体在物质主义 / 后物质主义价值观指数上的平均分值几乎没有变化。然而，在总体人口中，我们**确实**发现了朝向后物质主义价值观的大规模变迁。合并的六国样本在这个指数上的平均分值增长了 30 个百分点，这个变化是巨大的。在给定群体**内**，从最早调查到最新调查的平均净变化只增长了 5 个百分点。这可能反映了后物质主义的社会认同度的增长，但它只能解释六分之一的净变化。

宗教性的变化显示了相似的模式。尽管宗教性在大多数低收入和

73

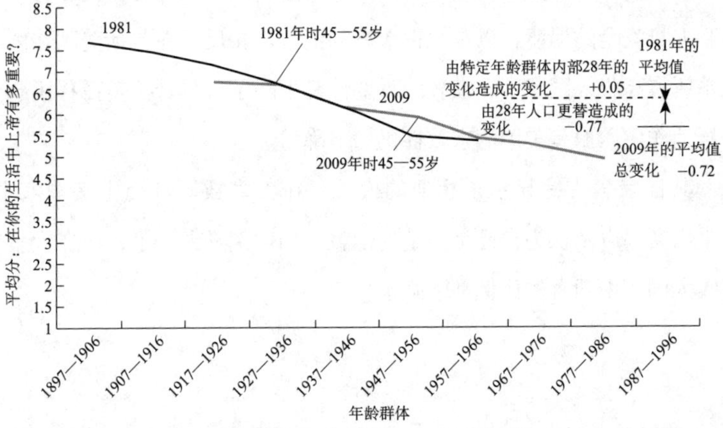

图 4-4　宗教重要性的变化（通过“在你的生活中上帝有多重要”这一问题测量出，它是由代际人口更替以及年龄群体内部变化引起的，对象是 14 个高收入国家）

资料来源：在下列高收入国家中进行的欧洲价值观调查和世界价值观调查的组合数据：澳大利亚 (1981 + 2012), 比利时 (1981 + 2009), 加拿大 (1981 + 2006), 丹麦 (1981 + 2008), 法国 (1981 + 2008), 英国 (1981 + 2009), 冰岛 (1984 + 2009), 爱尔兰 (1981 + 2008), 意大利 (1981 + 2009), 荷兰 (1981 + 2008), 挪威 (1982 + 2008), 西班牙 (1981 + 2011), 瑞典 (1981 + 2011), 美国 (1982 + 2011)。时间跨度中位数 = 28 年

中等收入国家仍然强势，在大多数原社会主义国家也出现了增长，但在最近几十年它在几乎所有高收入国家中都下降了。这种下降在很大程度上是由代际人口更替引起的。图 4–4 显示了在 14 个高收入国家中年龄群体与宗教性之间的关系。对这些国家的首次调查是在 1981 年，在 2009 年又进行了第二次调查。在图中，一条线显示了各个年龄群体在 1981 年的宗教性水平，另外一条线显示了 2009 年的宗教性水平。当我们从较年长的群体移向较年轻的群体时，两条线都下降了，这表明较年轻的受访者对宗教的重视程度低于较年长的受访者。图中有五个年龄群体在两个时间点上的宗教性都几乎相同，这表明代际差异反映的不是生命周期效应。因为给定年龄群体的宗教性在 28 年内几乎保持不变，所以这五个年龄群体在这两条线上的位置几乎重叠在一起。但是，代表 1981 年的线包含了两个高度笃信宗教的群体，同时也是最年长的两个群体（在曲线图的左侧）。到 2009 年时，这两个群体退出了样本，他们被两个更世俗化的年轻群体所取代（在曲线图的右侧）。这 14 个高收入国家的代际人口更替过程导致了民众对宗教重视程度的大幅度下降。它在宗教性指数上产生了 0.77 个百分点的净下降，这一变化几乎 74
全是由代际人口更替引起的。

如图 4–5 所示，宗教活动出席率的变化呈现出相似的趋势。给定年龄群体在 1981 年与 2009 年的出席率水平几乎完全相同，它们在两条线上的位置几乎完全重叠，尽管两者之间有 28 年的时间差。到 2009 年时，最年长的两个群体退出了样本，被更年轻的、世俗化的群体取代。由此可见，代际人口更替带来了宗教活动出席率的大幅度下降。高收入国家的宗教性的下降几乎全是由代际人口更替引起的。

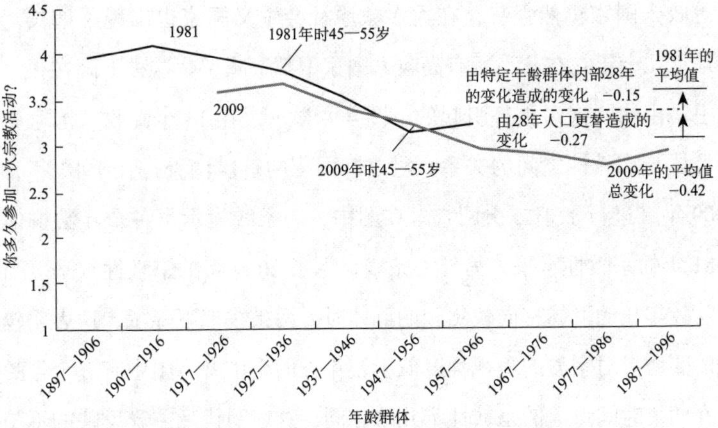

图 4-5 宗教实践发生的变化（通过“……最近你多久参加一次宗教活动？”这一问题测量出，由代际人口更替以及年龄群体内部变化引起，对象是 14 个高收入国家）

资料来源：下列高收入国家（按照世界银行 2001 年的分类）的欧洲价值观调查和世界价值观调查的组合数据：澳大利亚 (1981 + 2012), 比利时 (1981 + 2009), 加拿大 (1981 + 2006), 丹麦 (1981 + 2008), 法国 (1981 + 2008), 英国 (1981 + 2009), 冰岛 (1984 + 2009), 爱尔兰 (1981 + 2008), 意大利 (1981 + 2009), 荷兰 (1981 + 2008), 挪威 (1982 + 2008), 西班牙 (1981 + 2011), 瑞典 (1981 + 2011), 美国 (1982 + 2011)。时间跨度中位数 = 28 年

75 世俗化的终结？

尽管经济现代化往往会引发国家的世俗化进程，但在可见的未来，我看不到宗教消失的前景，原因如下。

首先，世俗化带来了人口出生率的急剧下降，而宗教社会的出生率仍然很高。因此，全世界持有强大的宗教信念的人所占的比例比 30 年前还要大。

其次，工业化与增长的物欲、机械的世俗世界观有关，而知识社会的兴起使民众对观念、创新及后物质主义的兴趣上升了。等级制的和威权的宗教机构正在失去指引人们如何生活的能力，而广义的精神关怀正在后工业国家传播。从工业经济向知识经济的转变，使世界从物质主义的、以工厂为中心的机械化的世界转向了以观念为中心的世界。允许更多个人自主空间的宗教的新版本，为进取的宗教推动者提供了新的市场。

毫无疑问，这样的宗教推动者有助于宗教推广。但是，供给侧的假设不能为世界上正在发生的变化提供充分的解释，除非他们假定穆斯林占多数的国家以及原社会主义国家都存在着大量进取的宗教推动者，而高收入国家（包括美国）缺乏这类人士。显然，美国有大量进取的宗教推动者，但宗教仍然在丧失领地。高收入国家对宗教的需求明显在减少。

再者，前工业国家一直存在着对世俗化西方社会的反感，导致了它们对世俗化的排斥。除此以外，学者还预计最近全球经济危机对生存安全感的削弱也会导致对宗教重视程度的增长。宗教是壮大还是衰退，部分取决于在过去三个世纪里一直在塑造世界的经济发展的走向。

最后，我不期望宗教会在可见的未来消失的另一个原因，是拥有 76
一个信仰体系有助于增强人们的幸福感。我在第八章将对此加以证明。这个信仰体系并不一定是宗教，但拥有某类坚定的信念是至关重要的。随着共产主义信仰在许多国家被抛弃，20 世纪宗教的主要替代物在这些国家中消失了。这个现象造成的真空地带，在很大程度上正在被宗教信念所填充。 77

注　释

1 Steve Bruce, "Pluralism and Religious Vitality", in Steve Bruce, eds., *Religion and Modernization: Sociologists and Historians Debate the Secularization Thesis* 1992, Oxford: Oxford University Press, pp. 170-194; A. Aldridge, *Religion in the Contemporary World*, Cambridge: Polity Press, 2000, Chapter 3.

2 这里使用的术语"fundamentalist"指的是那些绝对相信其信仰的基本原则的人的取向，他们不认可其他任何信仰。

3 Roger Finke, "An Unsecular America", in Steve Bruce, eds., *Religion and Modernization: Sociologists and Historians Debate the Secularization Thesis,* Oxford: Oxford University Press, 1992, pp.145-169.

4 Rodney Stark and William Sims Bainbridge, "A Supply-side Reinterpretation of the 'Secularization' of Europe", *Journal for the Scientific Study of Religion* 1985a, 33(3), pp. 230-252; Roger Finke and Laurence R. Iannaccone, "The Illusion of Shifting Demand: Supply-side Explanations for Trends and Change in the American Religious Market Place", *Annals of the American Association of Political and Social Science* 1993(527), pp. 27-39.

5 Roger Finke and Rodney Stark, *Acts of Faith: Explaining the Human Side of Religion*, Berkeley, CA: The University of California Press, 2000, p.230.

6 同上书， pp.237-238。

7 这个主题在以下书中有详细讨论：John Mueller, *Retreat from Doomsday: The Obsolescence of Major War*, New York: Basic Books,1989。

8 Ronald Inglehart and Pippa Norris, *Rising Tide: Gender Equality in Global Perspective*, p.92. 建立在美国综合社会调查 (US General Social Survey) 1972-2002 年的数据基础上。

9 Norris and Inglehart, *Rising Tide: Gender Equality in Global Perspective*, pp. 5-6.

10 Scott M. Thomas, *The Global Resurgence of Religion and the Transformation of International Relations: The Struggle for the Soul of the Twenty-first Century*, New York: Palgrave, MacMillan, 2005.

11 按照第五章中解释的理由，一个国家一代以前的经济安全水平而不是当今的经济水平，是其当今基本文化价值观的更精确的预测指标。尽管俄罗斯的成年人口在他们的成长期经历了非常严重的匮乏和预期寿命的下降，世界银行 2014 年的报告仍把俄罗斯归为高收入国家。

第五章

文化变迁的慢与快：性别平等和性取向规范演变的特殊轨迹 *

引　言

我们已经看到，高水平的经济和人身安全推动了从物质主义向后物质主义价值观的转变。文化变迁的结果是人们愈发支持宏观的社会变迁，人们更重视环境保护更重视民主化，也越来越接受性别平等和同性恋。[1]

纵观历史，大多数社会灌输的规范都把女性限制在妻子和母亲的角色上，对同性恋以及此类任何与生育无关的性行为都加以污名化。[2]高水平的生存安全使民众对性别平等以及此类性行为的接受程度提高了。农业社会不提倡与生育无关的性行为，因为农业社会需要高出生率以维持人口数量。在过去的一个世纪里，高收入国家的文化规范一直在

---

* 本章以笔者与波纳林和查尔斯·英格尔哈特的研究为基础。（Inglehart, Ponarin and Inglehart, 2017）

发生缓慢的改变，这些改变主要通过代际人口更替来实现。近年来，文化变迁达到了临界值，自此，快速的文化转变过程开始了，它引发了社会层面的重大改变。例如，越来越多的女性在学术、商业以及政府职务中掌握了领导权，并且同性婚姻在许多国家被合法化了。

78 发达工业国家不再需要高出生率，它们的出生率下降很快。有效的节育技术、节省劳动力的设备、改善的儿童保育设施，以及非常低的婴儿死亡率，使女性即使在没有丈夫的情况下也能兼顾工作与孩子。传统的支持生育的规范不再为时代所需要，它们让位于允许人们选择自己行为方式的个体选择规范。

但是，基本的文化规范不会在一夜之间改变。如宗教的持久性所显示出来的一样，文化规范总体上改变缓慢。尽管 19 世纪的社会理论的领军人物一致认为宗教正在消失，但是，2004 年持有传统宗教价值观的人占世界人口的比例反而大于 1980 年。[3] 尽管事实上所有主要宗教都反对从支持生育的规范向个体选择规范的转变，但我们会看到，有关性别平等、离婚、堕胎以及同性恋的规范目前正在发生快速改变。

从人们对堕胎、同性婚姻以及性别平等的持续反对中，我们可以明显看出，人们并不愿意放弃控制性别地位和性行为的传统规范，即使在美国这类具备高水平的经济安全的国家中也是如此。在经济不安全的国家中，人们紧紧依附于熟悉的规范，遵守传统生活规范的行为仍然受到广泛支持。但是，当国家取得了高水平的生存安全、生存变成理所当然的事情时，人们就会对新规范持有越来越开放的态度。

假如经济发展有助于个体选择规范的出现，那么我们预测这些规范在富裕国家的民众中比在贫穷国家的民众中传播得更广。这也正是我们所发现的事实。

当一个国家取得了足够高水平的经济和人身安全，较年轻的群体在视生存为理所当然的环境中成长时，从生存规范向个体选择规范的代际转变就会发生。但是，这个临界值的效应并不会马上显现。因为在新条件下成长的群体在刚成年时影响微小，他们的人数也仅占成年人口中的一小部分，需要额外数十年才能成为成年人口中的多数群体。因而，我们讨论的不是本年的经济增长带来下一年民众对个体选择规范的重视程度增加这样的现象。相反，我们讨论的代际人口更替过程，可能反映 79
的是 40 或 50 年前达到的临界值。

尽管如此，高收入国家的代际人口更替已经使越来越多的人接受个体选择规范了。并且，目前这些国家似乎已经到了一个临界点，社会的主流观点开始从反对新规范转变为支持新规范。在这个点上，从众的压力会反转过来发生作用，不是抑制宽容的态度，而是鼓励它们，这急剧加快了文化变迁的速度。

因此，当一个国家达到了生存安全的高水平时，快速的文化转变就有可能会发生。但是，在生存安全条件的出现与新规范变得显著之间存在着几十年的时间差。例如，1945 年后，西方的经济奇迹、福利制度以及长期和平很快就出现了。但是，它们产生的政治后果直到 20 年后，当出生于 1945 年到 1955 年间的群体作为年轻人变得有政治影响力时，才显现出来。1968 年学生抗议时代到来，此时战后第一代正处在青春期或是 20 岁刚出头。[4] 尽管发达工业国家的学生抗议运动持续了整个 20 世纪 70 年代，但在当时这些学生仍然只是引发强烈负面回应的少数人而已。然而，到了 20 世纪 80 年代，当战后出生的年龄群体中较年长的成员进入30多岁和40多岁时，他们开始成为社会中有影响力的群体。到了20世纪90年代，后物质主义者人数已经与物质主义者人数一样多了。那些在20世纪60年代被认为是离经叛道的规范变成了政治正确的规范。在高收入国家的成年人口中，从众的压力反转过来发生作用，由此引发了快速的文化变迁。接下来我们将会证明以下几个观点：

（1）在引起价值观变迁的条件的出现与由价值观变迁引发的社会变迁之间存在着很长的时间差。西方国家在二战后首次取得了高水平的经济和人身安全，这与由它们引起的诸如同性婚姻合法化这类社会变迁之间相差了40到50年时间。

（2）关于性别平等、离婚、堕胎以及同性恋的传统规范，为前工业社会的鼓励生育的策略提供了支持。但这套规范在现代变得不合时宜，目前它正在走上与其他文化变迁截然不同的轨道。

80 （3）尽管基本的价值观一般以代际人口更替的速度在改变，但是，从支持生育规范向个体选择规范的转变已经到达了一个临界点。在这个临界点上，从众的压力反转过来发生作用，开始推动它曾经抵制的文化变迁，由此带来了诸如同性婚姻合法化这样的重大的社会变迁。

理论和假设

我们的分析主要涉及两个不同的现象。

第一个现象是从“支持生育的规范”（强调传统性别角色，污名化任何与繁衍不相关的性行为）向“个体选择规范”（支持性别平等，宽容同性恋）的转变。几十年前，罗恩 · 列恩泰赫（Ron Lesthaeghe）和约翰·苏尔金（Johan Surkgn）[5] 以及迪尔克·范德卡（Dirk Van de Kaa）[6] 证明，从物质主义向后物质主义价值观的代际转变导致了西欧出生率的降低。本章将要分析的是社会规范领域的新变化，它与性别平等和宽容同性恋有关。这一文化变迁产生了重要的政治后果，它推进了有关性别和性取向的新立法。

第二个现象涉及了文化变迁的速度。文化变迁一般是以代际人口更替的速度在缓慢地进行着。当一个国家较年轻的群体的成长条件与较年长的群体的成长条件有重大差异时，代际价值观变迁就会发生。在有利于文化变迁的社会条件的出现与社会在总体上接受新价值观之间存在着几十年的时间差。

但是，这个进程可能会到达某个临界点，此时主流观点开始支持新规范，从众的压力反转过来发生作用。在高收入国家，从支持生育的规范向个体选择规范的转变最近到达了这个临界点。从众的压力不是抵制代际人口更替带来的影响，反而强化它，从而带来了快速的文化变迁。

世界价值观调查在 1981 年到 2014 年间的几轮连续调查中监测了 81
有关性别平等和性取向的规范。尽管深层规范从《圣经》时代到 20 世纪一直都在限制女性角色并且污名化同性恋，但这些调查显示高收入国家出现了重大变化，民众对性别平等和同性恋的支持与日俱增。

这些变化正在改变着国家。在大部分有记载的历史中，许多国家都不存在同性婚姻。2000 年，同性婚姻在荷兰被合法化，接着在越来越多的国家变得合法。同样，不久以前女性在大多数国家还都是二等公民，没有获得投票权（即使在发达国家也是如此）。进入20世纪以后，情况才发生改变。最近几年，女性在许多国家已经被选举担任高层政治职务。

文化的演化与向个体选择规范的转变

历史上曾经存在过成千上万的国家或社会共同体，它们中的大多数现在都已经消失了。这些国家或社会共同体给民众灌输了大量有关性别地位和繁衍行为的规范。一些农业国家鼓励生育大量孩子，而其他国家则强调对少量的儿童投入更多的资源。所有历史悠久的前工业国家的生育率都远高于当今的高收入国家。它们都鼓励生育，因为它们的婴儿死亡率高，预期寿命低，这使生育大量孩子以补充人口成为必要。即使在西欧国家（它们强调把更多的资源投入到更少量的孩子身上），平均每个女性也生育6到8个孩子。[7] 与之形成鲜明对比的是，当代西欧国家平均每个女性只生育1.1到1.9个孩子。

经济因素强化了农业社会高出生率的趋势，因为孩子数量多意味着经济优势。但是，随着经济的发展，孩子数量多反而变成了经济负担。

并非所有的前工业社会都鼓励高出生率。从圣经时代到20世纪，一些社群（就像作为贵格派支派的"震教徒"[shakers]那样）要求禁欲，
82 但它们都已经消失了。事实上，如今独立存在着的所有国家，都曾反

复灌输那些鼓励高出生率的性别角色规范和生育规范。相应地，世界价值观调查所覆盖的每个低收入或中低收入国家的民众都无一例外地非常重视支持生育的规范。这些规范鼓励女性把领导角色让给男性，而自己则投入到生育和抚养孩子中去。它们也污名化所有与生育不相关的性行为，如同性恋、堕胎、离婚和自慰。

虽然在一些国家中，国王的女儿或遗孀，从克娄巴特拉（Cleopatra）到叶卡捷琳娜（Catherine），都能继承王位，母仪天下而万民臣服。但这是因为这只涉及极少量的女性，她们对社会出生率水平的影响可以忽略不计，所以这种情况与传统的支持生育的规范可以共存。直到最近，女性选举权运动才出现。1920 年前后，女性在历史上信奉新教的民主国家赢得了选举权。1945 年前后，女性在历史上信奉天主教的民主国家赢得了选举权。虽然这是一个重大的进步，但是允许女性每隔几年投一次票对生育率仍然只有微乎其微的影响。当第二次世界大战后出生的群体在 20 世纪 60 年代和 70 年代首次变得有政治影响力时，支持生育的规范才被明显地削弱。

生存安全感的增长与文化变迁

随着经济的发展，民众的生存变得日益有保障。在 1970 年到 2010 年，世界上每个地区的预期寿命、收入和入学率都实现了增长。[8] 贫穷率、文盲率和死亡率出现了全球性的下降。[9] 战争、犯罪率和暴力在几十年内也出现了显著的下降。[10]

世界正在经历有史以来最长的大国和平期。这连同战后的经济奇迹和完善的福利制度，共同造就了高水平的生存安全。自 1945 年以来，出生在西欧、北美、日本、澳大利亚和新西兰的一大部分人都在视生存为理所当然的事情的环境中成长，这带来了向后物质主义价值观以及自我表现价值观的代际转变（如第二章所述）。大多数国家不再需要高
83 出生率，因而出生率下降显著，特别是在那些预期寿命在过去一个世纪几乎翻倍，[11]婴儿死亡率下降到 1950 年水平的三十分之一[12]的高收入国家中。很多年以来，女性已经不再需要生育 6 到 8 个孩子以补充社会人口。

但是，深层的文化规范变化很慢。几乎所有主要的世界宗教都强调支持生育的规范，并且它们在大力推行这些规范。在宗教团体中，支持生育的规范不属于个人判断的范畴，它们作为绝对价值存在，违背它们会受到永久的诅咒。因为支持生育的规范需要人们压制自身强烈的自然欲望，所以必须让文化禁忌变得强而有力。“不可奸淫”与人类深层的欲望相抵触，让女性生育和抚养孩子需要女性作出重大牺牲，而把同性恋定义为罪恶的、不正常的行为，对同性恋者施加了严重的自我抑制和自我厌恶。

虽然这些规范对于国家生存而言已经不再是必需的了，但是人们深层的价值观抵制变革。尽管如此，现代化带来了高水平的经济和人身安全。[13]人们在视生存为理所当然的环境中长大，对新观念的态度日益开放。如第三章和第四章所证明的那样，包含宽容同性恋内容的自我表现价值观已经在具有较高生存安全水平的国家中广泛传播。

演化的现代化理论

演化的现代化理论认为，民众经历的生存威胁的程度会对一个国家的文化规范产生重大影响。第二次世界大战以后，西欧的经济奇迹和完善的福利制度，使后物质主义价值观在出生于1945年后的群体中占据主导地位。然而，这个群体直到20年后，即当他们成年时，才具有政治上的影响力。这代人推动了20世纪60年代末和70年代的学生抗议潮的出现。在当时，战后一代的价值观与其他所有较年长的群体的价值观之间都存在着鸿沟。

20岁的群体最终变成了30岁、40岁，进而50岁的群体。当战后出生的群体取代了较年长的群体时，他们的价值观也慢慢传播开来。如今，西欧的社会规范与1945年时相比已有了非常大的差别。1945年，同性恋行为在大多数西欧国家中仍然是犯罪，而如今在几乎所有这些国 84
家中都已经合法化了。教堂出席率明显下降了，生育率降到了人口更替水平以下，女性担任了高级政治职务。但是，从引起这些变化的条件的出现到社会在总体上接受新价值观，存在着40年到50年的时间差。

这一事实表明，当前的社会经济条件不能解释当前的文化变迁。目前西方国家向个体选择规范的代际转变已经获得了足够的动量，转变的趋势看起来不可能逆转了。但是，正如我们已经了解到的，目前这些国家正处于经济停滞、不平等加剧和失业率增高的境地，人们往往把这些归咎于大规模的移民。最近的许多移民都来自伊斯兰世界，对恐怖主义的大肆宣扬加剧了人们对这些移民的敌意。如今，女性和同性恋者不再被认为是威胁，但穆斯林移民仍被当作威胁。相应地，在最近数年中，以族群为中心的民粹主义政党已经在全国大选中赢得了空前多的选票。显然，文化变迁的各个方面并非在以同样的速度前进。

在前工业国家，对堕胎、同性恋和离婚的宽容仍然处在极低的水平，从众的压力抑制民众对自我表达价值观的宽容态度。例如，最近对埃及的调查显示，99% 的民众谴责同性恋。

然而，高收入国家的代际人口更替已经慢慢使个体选择规范变得被越来越多的人接受。变化最初发生在学生群体中，然后扩散到整个社会。转变的临界点已经达到，主流观念开始从反对新规范变为接受新规范，从众的压力和社会可欲规范不再抑制宽容的态度，反而开始支持它们。当民众的态度变得更加宽容时，同性恋者就会公开自己的性取向。当越来越多的人意识到自己认识和喜欢的一些人是同性恋者时，他们就会变得更加宽容。这反过来鼓励更多的同性恋者公开自己的性取向，由此形成了正反馈循环。[14]

简言之，当一个国家的生存安全达到高水平，人们在视生存为理
85 所当然的事的环境中成长时，快速的文化变迁就可能会发生。但是，在生存安全条件的首次出现与新规范的盛行之间存在着几十年的时间差。

假 设

上述理论产生了下列假设。

（1）构成个体选择规范的各指标存在随同性。其表现在，无论是

对于一些认可一套连贯的、传统的支持生育的规范的民众而言，还是对于支持一套与性别平等、离婚、堕胎和同性恋有关的个体选择规范的民众而言，对某项具体规范的支持或反对，必然导致对与之随同的其他规范的支持与反对。

（2）高水平的生存安全有利于个体选择规范。那些人均国内生产总值高、预期寿命长、婴儿死亡率低（它们是衡量生存安全感的三个指标）的国家的民众，比那些人均国内生产总值低、预期寿命短、婴儿死亡率高的国家的民众更有可能支持个体选择规范。同样，在给定国家内，最安全的阶层最有可能支持个体选择规范。

（3）在过去的50年，发达国家的生存安全感得到很大提升，这引发了较年轻的群体与较年长的群体在价值观方面的重大差异。相应地，当较年轻的群体取代较年长的群体时，我们应该会观察到从支持生育的规范向个体选择规范的转变。

（4）因为这个转变反映的是几十年前出生的群体在成长期的生存安全水平，所以**一个国家对新价值观的支持水平的最强指标不是当前的，而是几十年前的人均国内生产总值、预期寿命以及婴儿出生率水平。**

（5）尽管代际人口更替包含了较长的时间差，但是，**文化变迁可以达到一个临界值，自此以后，新规范成为主导规范。**进而，社会期望效应（social desirability effects）反转过来发生作用，非但不阻止由代际人口 86
更替带来的变化，反而加速这些变化，**由此带来了更快的文化变迁。**

（6）当这些新规范变成主导规范时，它们可能会产生重大的社会后果，例如选举名单上的性别配额，或是同性婚姻的合法化。

数据和方法

我们采用价值观调查的数据来检验上述假设。世界银行在 2000 年按照经济发展水平把国家分为低收入国家、中低收入国家、中高收入国家和高收入国家四个类别。价值观调查覆盖了全部四个类别，包括 22 个低收入国家，29 个中低收入国家，19 个中高收入国家和 27 个高收入国家（这些国家的名单列在附录二图 A2-5 中）。[15] 价值观调查还覆盖
87 了所有重要的文化区域，在每个区域内都包含了该区域人口最多的国家。我们在此分析的问题在每轮价值观调查中都以相同的形式被提出。

我们的因变量是个体选择规范。尽管价值观变迁发生在个体层面，但我们最主要的兴趣在于个体层面的变迁如何引起了社会层面的变化。虽然价值观变迁不能自动改变一个国家的法律和制度，但是它确实增加了法律和制度变化的可能性。个体层面的文化变迁通过两种方式促成了社会层面的改变。首先，民主制度下的精英和机构需要对大众偏好作出积极回应。事实上，即使专制的领导人也不能完全对大众偏好熟视无睹。其次，精英成长于特定的国家，从长期来看他们往往反映了这个国家的主流规范。

有时人们会认为，将个体层面的数据聚合为国家层面的数据会含有某种缺陷。这种解释是不正确的。60 多年前，罗宾逊在关于层次谬误的经典文章中指出，两个变量在个体层面上的关系并不必然与在总体层面上的关系相同。[16] 尽管这是一个重要的见解，但它并不意味着数据

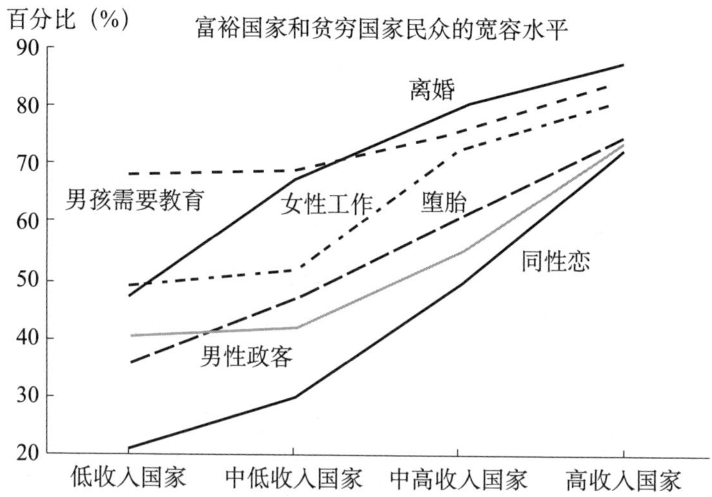

图 5-1　宽容的六个方面与经济发展水平

说明：百分比表示对给定主题的宽容观点。测量宽容的六个问题显示在表 5-1 中。对关于离婚、堕胎和同性恋的问题的测量是在 10 级量表上进行的。6 到 10 级被编码为宽容。关于性别平等的问题有宽容与不宽容两种回答。每种类别所包含的国家列在附录 A2—5 中

的聚合是错误的。它只是表明，我们不能假定在一个层面上成立的关系在另一个层面上也成立。长期以来，社会科学家一直在聚合个体层面上的数据以建立诸如出生率这类国家层面上的参数，既然这种做法合理又常见，那么聚合诸如态度、取向等主观方面的数据也同样合理。在任何国家，婴儿死亡率都是一个重要的国家层面的特征，但生或死都与个人有关。同样，尽管收入不平等建立在个人收入基础之上，但它是有效的和重要的国家层面的变量。

本章在个体和国家这两个层面上检验个体选择规范。我们碰巧在两个层面上发现了相似的因果关系，安全水平高的个人与国家在个体选

择规范上得分最高。但是，因为本章关注的是文化变迁如何引起了社会政治的变化，所以我们的关键分析是在国家层面上进行的。

表 5–1 显示了国家层面上的因子分析，它表明民众对有关接受离婚、堕胎和同性恋的三个问题的回答与有关接受性别平等的三个问题的回答之间有强相关的关系。表中每个问题的因子载荷（factor loading）
88 显示了对该问题的回答与支持生育规范还是支持个体选择规范这一维度的相关关系的强弱。约 0.90 的载荷说明两者之间几乎是一一对应的关系。一些国家的民众倾向于强烈支持性别平等，相当宽容离婚、堕胎和同性恋，而其他国家的民众则持相反的态度。因此，我们采用对于这六个问题的回答来检测一个国家（或个人）对传统的支持生育规范或个体选择规范的接受程度。[17]

表 5–1　支持生育的规范 / 个体选择规范（主成分因子分析）

回答：	因子载荷
同性恋决不正当	–0.90
当工作机会缺乏时，男性比女性更有权利得到工作	–0.89
离婚决不正当	–0.89
总体而言，男性比女性更适合当政治领袖	–0.88
堕胎决不正当	–0.80
大学教育对男孩比对女孩更重要	–0.78

说明：正的高分数表明支持个体选择规范
资料来源：价值观调查中包含的 80 个国家的社会层面的数据

我们的关键自变量是生存安全感指数，它建立在因子得分基础上，因子得分来自对每个国家的预期寿命、婴儿死亡率和人均国内生产总值的主成分分析。[18]它们反映了单一的维度，在1960年分别显示了0.97、−0.97和0.90的载荷。自1960年起，可信的跨国数据使我们得以构建不同时间点上的指数。

尽管强调个体选择规范的人也往往强调后物质主义价值观，但是，从支持生育的规范向个体选择规范的变迁模式与从物质主义价值观向后物质主义价值观的变迁模式不同，并且前者的速度远快于后者。[19]

实证分析和发现 89

假设（1）提到，构成个体选择规范的各指标存在随同性。无论是对于认可一套连贯而传统的支持生育规范的民众，还是对于支持一套与性别平等、离婚、堕胎和同性恋有关的个体选择规范的民众，都是如此。

如表5–1所示，民众对个体选择规范的六个指标确实是要么同时支持，要么同时反对。一些国家的民众相当支持性别平等、离婚、堕胎和同性恋，而其他国家的民众则反对它们。对生育规范的支持与对个体选择规范的支持出现在同一个维度的两极。

假设（2）是高水平的生存安全有利于个体选择规范。

如图5–1所示，高收入国家的民众比低收入国家的民众更有可能对个体选择规范的六个指标持宽容态度。我们对这六个指标加以平均，结果显示在低收入国家只有38%的民众持宽容态度，而在高收入国家比例则高达 80%。[20] 这些发现支持了高水平的生存安全有利于个体选择规范的假设。在更彻底地检验这个假设之前，先让我们考察一下主要的自变量生存安全感的关键特征：

假设（3）指出，只要国家的生存安全达到了高水平，对个体选择规范的支持就会随着时间的推进而变得更加普遍。如图 5–2 所示，事实确实如此。在至少十年的时间序列数据中，57 个国家及地区中有 39 个对这些规范的支持都增加了，24 个高收入国家及地区中有 23 个对这些规范的支持都增加了，唯一的例外（意大利）只显示了极少量的下降。

假设（3）还提出，一个国家对个体选择规范的支持的最强指标不是当前的生存安全水平（通过人均国内生产总值、预期寿命和婴儿死亡率测出），而是几十年前的水平。

图 5–3 比较了 2009 年以前不同时间点上的生存安全水平对 2009
91 年前后的个体选择规范的预测能力。[21] 1960 年和 1970 年的生存安全水平是 2009 年前后个体选择规范的最强预测指标（分别解释了约 70% 的跨国方差）。这可能看起来令人吃惊。但是，正如假设（3）所作出的预测，较早年份的生存安全水平对方差的解释力远大于 1980 年、1990 年、2000 年或是最新调查到的生存安全水平数据。这是很明显的。一般来说，最晚近获得的预测变量具有最强的预测力。[22] 因此，与在选举前一个月进行的投票意向调查相比，在选举前一周进行的调查往往是最能预测实际投票结果的指标。与在选举前六个月或一年前进行的调查相比，在选举前一个月进行的调查结果更准确。正如纳特 · 西尔弗（Nate Silver）所述，假如选举前一年进行的调查表明某位美国参议员候选人比她的对手领先了五个百分点，那么她实际获胜的可能性比随机掷硬币

90

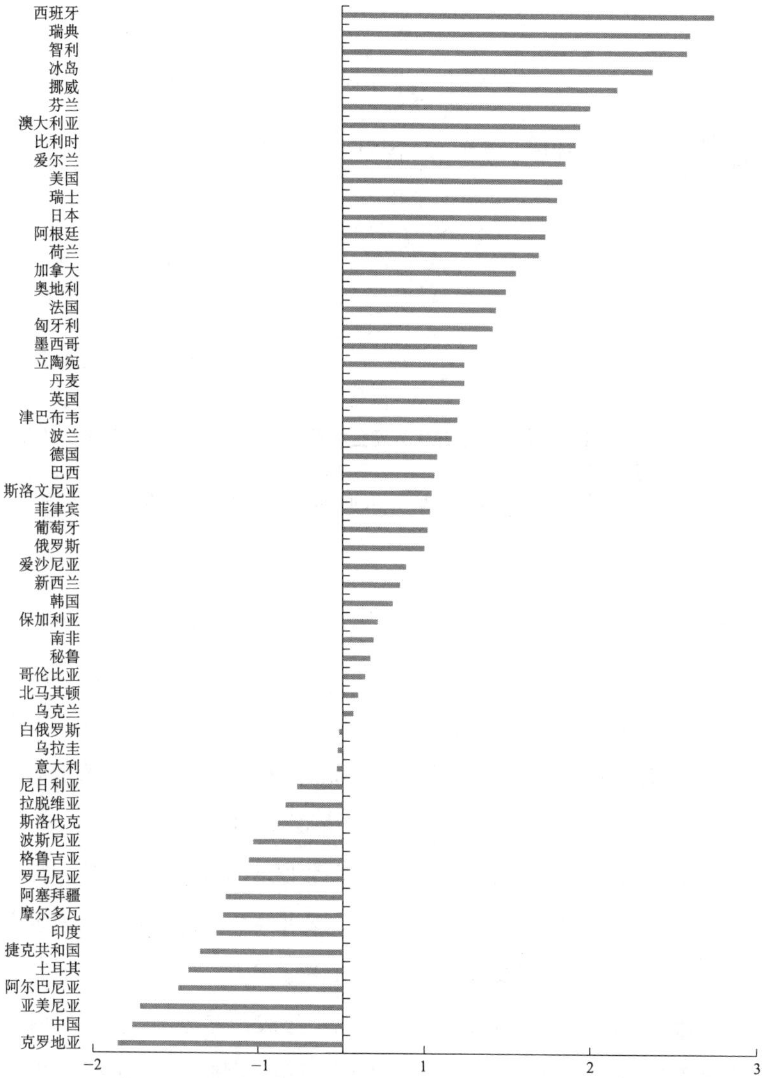

图 5-2　从最早到最新调查中个体选择规范的变化（所有国家都至少有十年的时间序列数据）（编按：图中国家名称以最新标准为准）

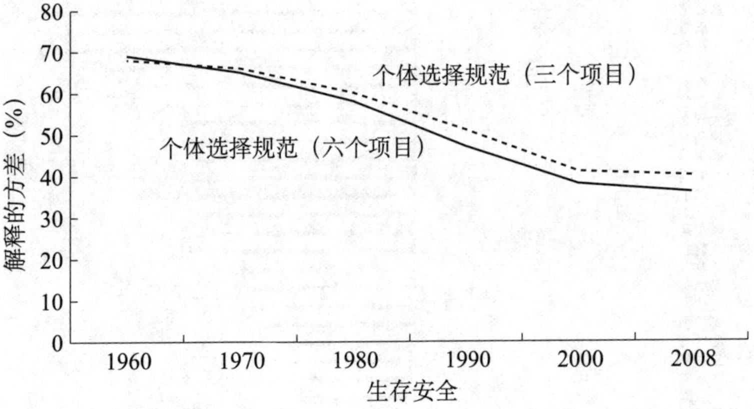

图 5-3　一个国家在不同时间点上的生存安全水平对 2009 年前后遵守支持生育的规范 / 个体选择规范的影响

说明：单元格输入的是一个国家的特定年份的生存安全指数所解释的最新调查中的个体选择规范的方差的百分比

预测的可能性好不了多少。[23] 但是，随着调查的时间越来越接近选举的时间，它的预测能力也在稳步增强。如果选举前一周的调查显示领先五个百分点，那么它准确预测到结果的可能性是 89%。而选举前一天进行的调查的结果有 95% 的可能性是准确的。尽管合适的时间差依赖于所考察的主题，但超过数年的时间差仍然是罕见的。[24]

民众在 2009 年对个体选择规范的接受程度的最强预测指标，是几乎早于因变量 50 年的，基于预期寿命、婴儿死亡率以及人均国内生产总值得出的生存安全感指数。原因是什么呢?

我们所研究的是在《圣经》时代已经形成且在随后许多世纪内几乎没有变化的，最为根本的、深层的文化规范。因此，常见的时间序列分析方法的前提，即因变量的变化被较早的自变量的变化所预测，在此并不适用。因为我们的因变量——个体选择规范，与在很大程度上通过代际人口更替来抵制变化的宗教和文化传统有关。1960 年出现的低水平的婴儿死亡率以及高水平的预期寿命和经济安全引起了这些规范的变化，但它们在社会层面上影响还需要几十年的时间才能显现。

生存安全感的三个指标同样显示了这一不同寻常的模式。最近测 92
量到的预期寿命水平、婴儿死亡率和人均国内生产总值水平对民众接受有关性别平等和生育行为的新规范产生的影响远弱于早期测量到的结论所产生的影响。1960 年或 1970 年的测量结果所能解释的 2009 年个体选择规范的方差，远多于最近测量到的结果。

宗教性（通过上帝在人的生活中的重要性测出）也是这样。宗教性是植根最深的大众态度之一，它非常抵制变化。如图 5-4 所示，1960

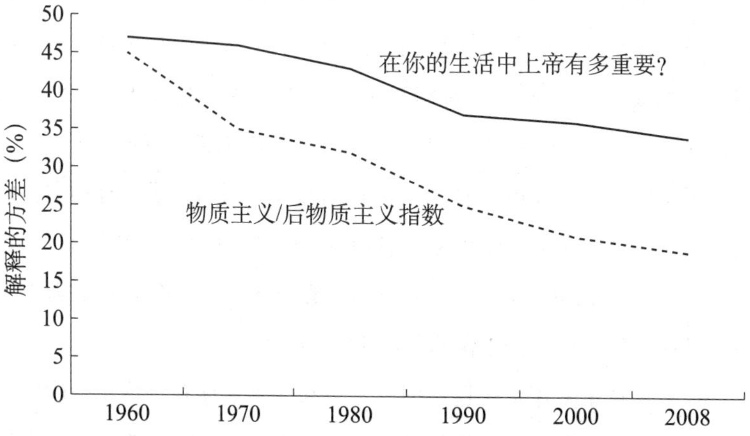

图 5-4　不同时间点上测量到的生存安全水平对最新调查中测量到的宗教性以及物质主义 / 后物质主义价值观的影响

说明：上帝的重要性和后物质主义价值观分别是在 96 个和 94 个国家及地区的最新调查中测量得出（中位数年份是 2008 年）

年或 1970 年的生存安全感远比 2000 年或 2008 年的生存安全感更能预测 2009 年的宗教性。

后物质主义价值观也如此。如图 5–4 所示，与 2000 年或 2008 年的生存安全指标相比，1960 年或 1970 年的生存安全指标所解释的一国后物质主义水平的方差比例达到前者的两倍。这些价值观反映了给定年龄群体在成长期的生存安全水平。[25]

93 最近的一篇文章采用回归分析（regression analysis）检验了高水平的生存安全有利于个体选择规范这一假设。回归分析是一种用来理清因果关系的统计技术。[26] 回归分析的结果支持了假设（2），显示一个国家 1970 年的生存安全水平解释了 2009 年前后接受个体选择规范的 65% 的跨国差异。分析结果还显示后物质主义价值观解释了支持个体选择规范的额外的方差。假如人们在视生存为理所当然的环境中成长，那么后物质主义价值优先就会出现。它们涵盖了诸如暴力犯罪率的下降等内容，这些内容未被我们的生存安全感指数所覆盖。对应地，1970 年的生存安全水平连同国家层面的物质主义 / 后物质主义价值观水平，一共解释了支持个体选择规范的 73% 的跨国差异。因为几乎所有的主要宗教都反复灌输支持生育的规范，所以我们预计宗教性对个体选择规范有负面影响。事实的确如此。把宗教因素加入回归方程后解释的方差有了少量增加，并且显示了所预测的负相关关系。

这篇文章也采用了多层次回归分析来探索生存安全感与个体层面上的变量之间的跨层次交互效应（cross-level interactions effects）。它发现，在生存安全水平低的国家，教育对支持个体选择规范没有影响。而在生存安全水平高的国家，教育对支持个体选择规范有强大的影响。换句话说，我们不能把个体选择规范的兴起归因于教育水平**本身**的提高，因为在生存安全感不高的国家，教育几乎没有影响。但是，在有着高水平生存安全的国家，教育与对个体选择规范的支持有强相关关系。这表明，高收入国家已经达到临界点，新规范已经成为受教育程度高的阶层的流行规范。其他的交互效应表明，在**较不**安全国家，宗教性对支持个体选择规范有很强的（负面）影响。而在**更**安全的国家，收入和后物质主义价值观对支持个体选择规范的影响更大。换句话说，在生存安全水平低的国家，宗教在加强传统的支持生育的规范上发挥着重要作用。但是，当国家获得了高水平的生存安全，宗教就慢慢丧失了它的作用。相反，在较不安全国家，收入和后物质主义价值观对支配性别角色和生育行为 94
的规范几乎没有影响。但是，在生存安全水平高的国家中，它们的影响日益增长。

是什么引起了这些变化呢？我们分析了支持个人选择权规范的各指标在最早调查与最新调查之间的变化，分析结果表明，一个国家的生存安全水平是最强的预测指标，它独自解释了40%的净变化。[27]除它之外，一个国家的物质主义/后物质主义价值观水平和宗教性水平也对支持个体选择规范的变化有统计学意义上的显著影响。不过，宗教性与其是负相关关系。

尽管一个国家从1990年到2010年的经济增长率是衡量支持个体选择规范的变化的一个指标，但它对支持个体选择规范的变化没有统计学意义上的显著影响。实际上，高经济增长率与支持个体选择规范的变化之间是**负**相关关系。尽管看起来似乎令人吃惊，但是，与最近的经济**增长**速率相比，一个国家的生存安全**水平**是支持个体选择规范的变化的更强预测指标。经济增长速率实际上指向了相反的方向。

尽管有格言说只有变化才能解释变化，但更广泛的经验证据证明了我们的上述发现。高收入国家比贫穷的国家更有可能支持个体选择规范，它们在六个个体选择指标上都表现出了这一特征。但是，近些年有高经济**增长**速率的国家比增长速率低的国家支持个体选择规范的可能性**更小**。与高经济**增长**率相比，高经济**水平**是解释支持个体选择规范日益增长的更好指标。

这是真实的，因为我们研究的是特别深层次的规范。只有达到高安全水平的临界值，变化才开始，而这种结果变得明显要等到许多年后，通过代际人口的更替来实现。当然，过程**确实**反映了变化，因为达到这个临界值反映了几十年来的经济增长，这些经济增长有利于生存安全水平的提高。没错，变化**是**由变化引起的。但是，当中涉及的时间差如此之长，以至于在过渡期（可能是50年或更长）中，一个国家的生存安全**水平**比其近期的经济增长速率，或近期预期寿命、婴儿死亡率以及人均国内生产总值的**变化**更能准确预测个体选择规范的变化。

95 在最近几十年中，低收入和中等收入国家比高收入国家有着更高的经济增长速率。但即使那些有着最高增长速率的国家，仍然处于民众开始普遍接受个体选择规范的门槛线之下。这解释了为何高的近期经济增长速率与对个体选择规范的支持的增长之间是**负**相关关系。

当对个体选择规范的支持达到一定水平，即给定国家的主导观念开始支持个体选择时，那么，社会期望效应就会反转过来发生作用，产生比单纯的价值观代际变迁更快速的变化。这是不寻常的。

例如，正如我们在第二章所示，从物质主义向后物质主义价值观的变迁主要是依靠代际人口更替实现的。尽管存在重大的短期波动，但是从最早到最近长达38年的调查中，给定年龄群体在物质主义/后物质主义价值观指数上的平均得分几乎没有变化。但是，在**总体**人口中，存在着朝向后物质主义价值观的重大变迁。六国合并样本在物质主义/后物质主义指数上的平均值上升了30个百分点。对照代际人口更替产生的变化，这个变化是非常大的。在给定年龄群体**内部**，平均净变化只增长了5个百分点。

从物质主义向后物质主义价值观的变化几乎全是由代际人口更替推动的。宗教性的变化显示了类似的模式。尽管宗教性在大多数原社会主义国家中都增长了，但最近几十年来它在几乎所有高收入国家中都下降了。这一下降几乎完全反映了代际人口更替，正如前一章所示。

如图5-5（建立在14个同是高收入国家的数据基础上）所示，个体选择规范的变化显示了非常不同的模式。给定年龄群体**内部**的重大变化加强了代际人口更替效应，每个群体在2009年都比在1981年更加支持个体选择规范。[28] 尽管代际人口更替使得个体选择规范指数增长了0.265，但是，给定群体内部的变化使其增长了0.435。我们不能证明这些群体内部转变反映了社会期望效应的变化（社会期望效应在本质上很难被测量，因为它意味着人们不能相信测量的表面结果），但是这种解释似乎是可信的。假如上述说法是正确的，那么它支持了在高收入国家中从众的压力已经开始反转过来发生作用，从而引起了个体选择规范的快速变迁这一假设。

历史证据也表明这是正确的。在2004年美国大选时，同性婚姻非常不受欢迎，以至于共和党的战略策划师为了提高社会保守人士的投票

96

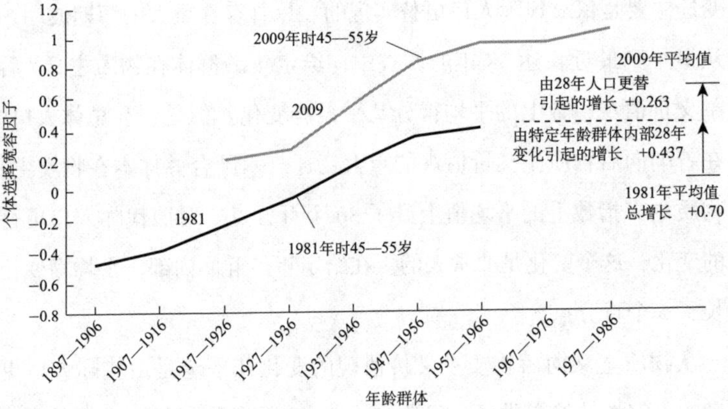

图 5-5　由代际人口更替以及群体内部变化引起的个体选择规范的变化（对象是 14 个高收入国家）

说明：建立在三个项目的个体选择规范的平均因子得分的基础之上

资料来源：图 5-3 中列出的 14 个高收入国家的价值观调查

率，在关键的摇摆州把禁止同性婚姻的公投议题列到了选票上。这个禁令在上述各州都获得了批准。从 1998 年到 2008 年底，共有 30 次旨在禁止同性婚姻的全州公民投票，30 次都成功了。但是，社会潮流突然发生了变化。在 2012 年，共有五个新的全州公民投票提上议程，其中四个州的公民都投票支持同性婚姻合法化。在最近的案例中，受理上诉的法庭一般都否决了对同性婚姻的限制。2015 年，美国最高法院裁定宪法保障同性婚姻的权利。即使年长的法官似乎也意识到社会变迁的分水岭正在出现，他们也希望站在“历史的正确一方”。

97 假设（6）提出，当新规范变成文化主导规范时，它们会在社会层面上产生重大结果，如越来越多的女性担任了掌控领导权的职务，或是同性婚姻合法化。

个体选择规范的传播能带来社会层面的重大变迁。如图 5-6 所示，有关同性恋的立法与个体选择规范在给定民众中出现的程度紧密相关。这里使用的量表的值域从 1 到 8，其中 1 代表在这个国家中同性恋者会被处以死刑，8 代表在这个国家中同性婚姻合法。在个体选择规范上得

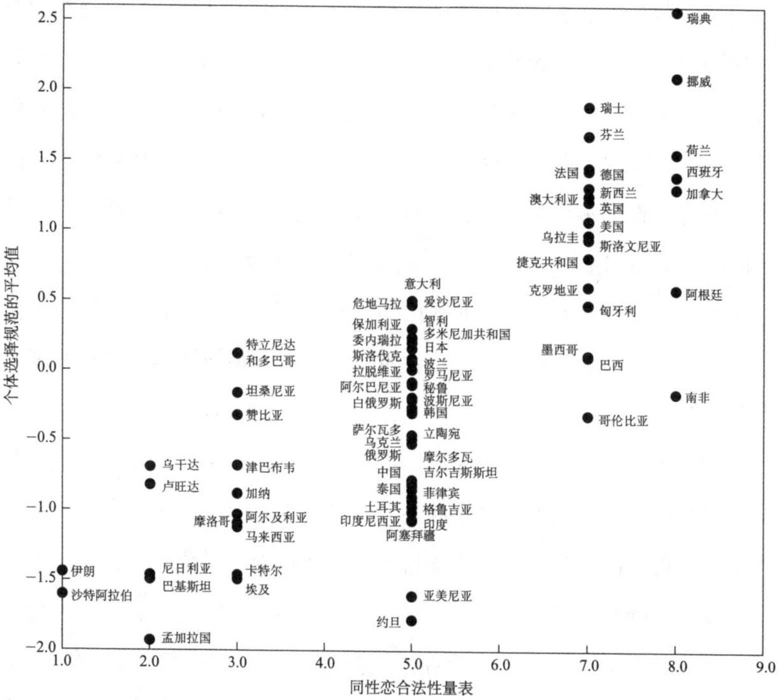

图 5-6　2012 年关于同性恋的全国性立法与民众对性别平等、离婚、堕胎和同性恋的接受程度（r = 0.79）

说明：建立在国家在六个项目的个体选择规范指数上的平均分值基础上。有关同性恋 2012 年的立法下载自 LGBT 门户网站（改变了原量表的极性，以使高分反映宽容的立法）。量表的值域从 1 到 8。1 = 对同性恋者处以死刑，2 = 严重刑罚，3 = 最低刑罚，4 = 同性恋不合法但是不执行刑罚，5 = 同性婚姻不被承认，6 = 某种形式的同性伙伴关系但不是婚姻，7 = 同性婚姻被认可但没实行，8 = 实行同性婚姻。代码 4 或 6 没有可适用的情况

分高的国家更有可能通过支持同性恋者的立法（相关系数 0.79）。

98 民众价值观与社会立法之间存在着强相关关系，且立法似乎不可能塑造了价值观。同性婚姻首次合法化是在 2000 年，但在当时相关的价值观已经传播了几十年。2001 年，荷兰同性婚姻的数量骤增，首要原因在于荷兰议会刚刚使同性婚姻合法化了。但是，深层的原因在于荷兰民众对同性恋的态度已经发生了缓慢的变迁。在 1981 年的价值观调查中，几乎一半的荷兰人都表示不支持同性恋（较年长的人比年轻人更不宽容）。但是，荷兰人对同性恋的态度比当时受调查的其他国家的民众都宽容。在大多数国家中，75%—99% 的民众都不支持同性恋。通过代际价值观变迁，人们的态度逐渐变得更加宽容。到 1999 年，荷兰民众不支持同性恋的比例已经降到 1981 年水平的一半以下。一年后，荷兰议会使同性婚姻合法化了，很快越来越多有着相当宽容的民众的国家也跟随其后。[29]

如图 5-7 所示，在个体选择规范上得分高的国家，也往往在联合国性别赋权测度（反映女性在政治、经济和学术生活中居于高级职务的程度）上得分高。包含有六个项目的个体选择规范指数与联合国性别赋权测度之间的相关系数是 0.82。立法变化（如采用性别配额）很可能有助于个体选择规范合法化，但在这里要重申的是，根本的规范在 50 年来一直在发生变化，而立法变化只是相对近期的事情。文化变迁很显然先于制度变迁，并且似乎有助于制度变迁。

从历史证据来看，制度决定文化的观点站不住脚。历史证据表明，文化与制度会互相影响，且文化变迁有时先于制度变迁。

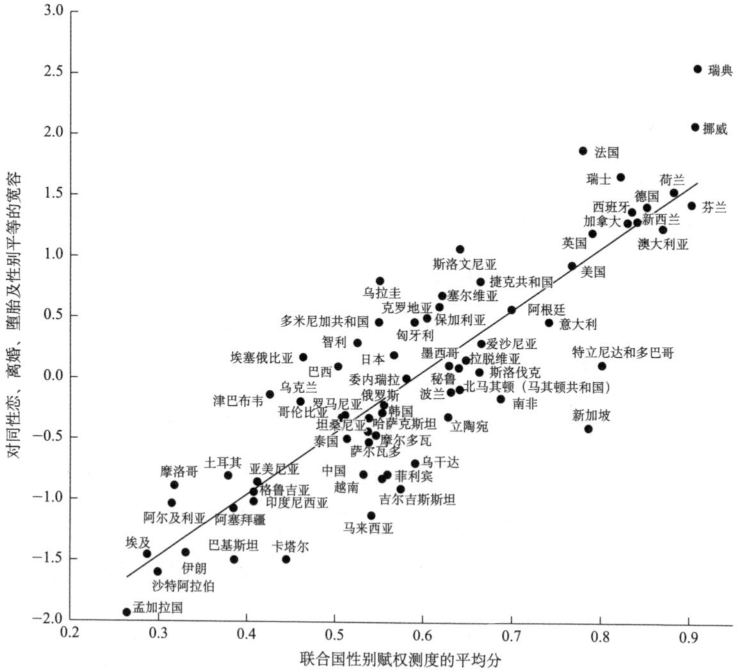

图 5-7　性别赋权的水平与民众对个体选择规范的支持（r = 0.87）

结　论

我们假设高水平的生存安全引发了从支持生育的规范向个体选择规范的代际变迁，而过去 30 年的证据表明这些变迁确实发生了。与生存安全感相关的少数几个变量，解释了支持个体选择规范的大部分跨国差异，也解释了从 1981 年到 2014 年支持个体选择规范水平发生的大部分变化。尽管在高收入国家，教育程度更高和更安全的阶层最有可能支持新规范，但是，教育本身并不能引起这些变化。因为在低收入国家，这些规范与教育没有关系。

100 尽管在高收入国家中，后物质主义价值观的兴起和宗教重要性的下降在以代际人口更替的速度进行，但个体选择规范目前在以更快的速度传播。这似乎反映了过去与支持生育的规范有关的社会从众效应在高收入国家中反转过来发生作用了。

在过去一个世纪里，急剧下降的婴儿死亡率和上升的人均预期寿命，使女性不再需要全身心投入到生育和抚养大量孩子中去，以补充社会人口。与传统的支持生育的规范有关的禁欲和自我否定也不再是国家生存所必需。向个体选择规范的转变有助于主观幸福感的提升，我将在第八章对此加以证明。度过了与代际人口更替有关的漫长时滞后，个体选择规范的传播似乎已经到达了临界点，从众的压力反转过来发生作用，大大地加快了变化的速度。

对代际价值观变迁更深一步的研究，应该考虑到在引起个体层面变迁的条件的出现，与文化变迁引发的社会变迁的出现之间漫长的时间差，也应该去探索价值观变迁不以代际更替速度进行的条件。在这里，可靠的证据显示出，价值观变迁能达到临界点，在这个点上从众的压力反转过来发生作用，由此加速了它曾经反对的变迁，但这一点并未得到证明。如第九章所示，排外主义显示了相反的模式。尽管高收入国家的较年长的群体比年轻的群体更加排外，但排外性在许多高收入国家还没有下降。显然，这是由大规模涌入的移民和难民，以及大众传媒对恐怖主义活动的报道造成的。外国人有可能是恐怖主义分子的印象引发了广泛的恐惧。

在许多国家的社会保守人士中，从支持生育的规范向个体选择规
范的快速转变已经引发了强烈的负面反馈。在 2016 年的选举中，唐纳
德·特朗普调动了排外主义和男性至上主义情绪从而赢得了美国总统
大选。但是，这种男性至上主义潮流的社会基础似乎正在减弱。我们检
验的证据表明，在经历了几个世纪的稳定后，有关性别平等和性取向的 101
传统规范在高收入国家中正在被快速削弱。规范的变化是文化变迁的一
部分，而文化变迁已经开始改变有关同性恋者和女性领导职务比例的立
法。尽管希拉里·克林顿（Hillary Clinton）没有赢得总统选举，但是
她是首位赢得多数普选票的女性总统候选人——差不多赢了三百万张
选票。假如美国大选是按照一人一票的规则运行，那么希拉里将会成
为总统。 102

注　释

1 Ronald Inglehart, *Cultural Shift in Advanced Industrial Society*.

2 Patrick Nolan and Gerhard Lenski, *Human Societies: An Introduction to Macrosociology*, New York: Oxford University Press, 2015.

3 Ronald Inglehart and Pippa Norris, *Rising Tide: Gender Equality in Global Perspective*.

4 Ronald Inglehart, *Cultural Shift in Advanced Industrial Society*.

5 Ron Lesthaeghe and Johan Surkyn, "Cultural Dynamics and Economic Theories of Fertility Change", *Population and Development Review* 1988, pp.1–46.

6 Dirk J. Van de Kaa, "Postmodern Family Preferences: From Changing Value Orientation to New Behavior", *Population and Development Review* 2001, pp. 290–331.

7 Stephen Broadberry and Kevin H. O'Rourke, eds., *The Cambridge Economic History of Modern Europe: 1700–1870*, Cambridge: Cambridge University Press, 2010.

8 Human Development Report. *The Rise of the South: Human Progress in a Diverse World*, New York: United Nations Development Programme, 2013.

9 Matt Ridley, *The Rational Optimist: How Prosperity Evolves*, New York: Harper Perennial, 2011; Barry B. Hughes and Evan E. Hillebrand, *Exploring and shaping international futures*,

Boulder, CO: Paradigm Publishing, 2012.

10 Azar Gat, *War in Human Civilization*,Oxford: Oxford University Press, 2006; Steven Pinker, *The Better Angels of our Nature: Why Violence Has Declined*, New York: Viking Press, 2011.

11 Thomson Prentice, "Health, History and Hard Choices: Funding Dilemmas in a Fast-Changing World", *Nonprofit and Voluntary Sector Quarterly* 2006, 37(1): pp. 63S–75S.

12 Gopal K. Singh and Peter C. van Dyck, *Infant Mortality in the United States, 1935–2007*, Rockville, Maryland: US Department of Health and Human Services, 2010.

13 这是一个长期的趋势，但是在生存安全水平下降时会出现很大的波动。

14 Ronald Inglehart and Christian Welzel, *Modernization, Cultural Change and Democracy: The Human Development Sequence*; Robert Andersen and Tina Fetner,"Cohort Differences in Tolerance of Homosexuality"，*Public Opinion Quarterly* 2008, 72(2), pp. 311–330.

15 按照世界银行 2000 年的分类，低收入国家的平均人均收入是 1 582 美元（按照购买力平价估计），平均婴儿死亡率是 54.5%；当我们向中等收入国家和高收入国家移动时，这些数字上升了：平均人均收入是 27 223 美元，平均婴儿死亡率是 4.4%。

16 William Robinson, "Ecological Correlations and the Behavior of Individuals", *American Sociological Review* 1950, 15(3), pp. 351–357.

17 这些指数是表 5-1 分析中得出的因子得分。一个相似的尽管更弱的因子结构也存在于个体层面。我们使用的指数基于所有六项指标的截面分析，但是我们在时间序列分析中使用的是建立在有关同性恋、离婚及堕胎基础上的三项指标指数，因为它提供了更长的时间序列数据。（后者自 1981 年起在所有调查中都被使用，但测量性别平等的指标仅自 1995 年才开始使用。）

18 人均国内生产总值的数据来自宾夕法尼亚大学世界表（Penn World Tables）；预期寿命数据和婴儿死亡率数据来自世界卫生组织（World Health Organization）。

19 另一个主要的跨文化差异维度是传统 / 世俗—理性价值观，它与生存 / 自我表现维度不相关，在这个分析中不那么重要。

20 在最近几十年，西欧国家接收了来自低收入国家的大规模移民，这些移民对个体选择规范相当不宽容。因为这些规范抵制变化，因此造成了这些国家内的族群关系紧张和对排外主义政党支持的上升。

21 这里显示的结果建立在回归分析基础之上。在回归分析中，给定年份的生存安全指数是唯一的自变量。这个指数建立在给定年份中每个国家的预期寿命、婴儿死亡率及人均国内生产总值的基础上。分别使用这三个组成部分的初步回归分析显示了相似的模式，20世纪60年代或70年代的数据比后期测量解释的个体选择规范的方差要多得多（生存安全指数解释的方差多于其组成部分解释的方差）。

22 Michael Traugott,"Trends: Assessing Poll Performance in the 2000 Campaign", *Public Opinion Quarterly* 2001, 65(3), pp. 389–419; Michael S. Lewis-Beck, "Election Forecasting: Principles and Practice", *British Journal of Politics and International Relations* 2005, pp. 145–164.

23 Nate Silver, *The Signal and the Noise*, New York: Penguin, 2015.

24 James P. Selig, Kristopher J. Preacher, and Todd D. Little, "Modeling Time-Dependent Association in Longitudinal Data: A Lag as Moderator Approach", *Multivariate Behavioral Research* 2012, 47(5). pp. 697–716.

25 Ronald Inglehart, "The Silent Revolution in Europe: Intergenerational Change in Post-industrial Societies", *American Political Science Review* 1971, 65(4), pp. 991–1017.

26 Ronald F. Inglehart, Ronald C. Inglehart and Eduard Ponarin, "Cultural Change, Slow and Fast: the distinctive trajectory of norms governing gender equality and sexual orientation", *Social Forces* 2017 (January), pp. 1–28.

27 同上文，Table 5。

28 按照在最早调查（1981 年）与最新调查（2009 年）中的测量，每个年龄群体在个体层面的选择规范的平均得分被计算了出来。然后我们计算了在两个时间点上都提供了数据的五个年龄群体在两个时间点上的差异。群体内部变化的分数代表了这些差异的平均值。由人口更替带来的变化通过如下方法计算出来：先求出最早时间点与最近时间点的总体平均值之差，然后减去群体内部效应。

29 Ronald Inglehart and Christian Welzel, *Modernization, Cultural Change and Democracy: The Human Development Sequence*.

第六章

社会的女性化与为国而战意愿的下降：长期和平的个体层面要素*

引　言

我们在上一章检验的，从支持生育的规范向个体选择规范的转变，是发生在现代化高级阶段的更广泛的社会女性化的一部分。社会女性化降低了人们参与战争的意愿，这是它近几十年来最显著的表现之一，它为大国之间的和平作出了贡献。

支持生育的规范占主导的社会是父权制社会，而个体选择规范的兴起与性别平等的上升和暴力犯罪率的下降有关。尽管 17 岁到 29 岁的年轻男性占美国人口的比例不足十分之一，但 2013 年美国三分之一的谋杀都是这个年龄群体实施的。事实上，几乎在所有的地方，年轻男

* 本章以笔者与波纳林和韦尔策尔的研究为基础。（Inglehart, Puraner and Welzel, 2015）

性都比其他年龄群体更有可能犯下暴力罪行。这似乎既反映了生理因素（与暴力行为有关的高荷尔蒙水平），又反映了文化规范（男性比女性更容易接受暴力文化）。荷尔蒙水平似乎是相当稳定的因素，但是文化规范正在发生变化。

103 支持生育的规范占主导的国家只允许婚内性行为，这给未婚的年轻男性带来了严重的性压抑。纵观历史，国家都在鼓励年轻男性作出以部落或国家为名的英雄式暴力行为，激励他们在战争中奋不顾身。理想的领袖是在战争中无所畏惧地战斗并能够绝对服从的“超强硬汉”（Alpha Male）。盖特（Azar Gat）认为，有时战争为年轻男性提供了几乎唯一的性行为的机会，强暴成为战争的附加福利。[1]

知识社会需要的领导方式具有更少等级色彩，因为在知识社会中，创新和创造力变得至关重要，人们在工作中需要独立思考。向个体选择规范的转变更适合知识社会的功能需求，支持性的、典型的女性风格的领导方式比命令—服从模式更有效。暴力不受鼓励，如比尔·盖茨（Bill Gates）这样的非“超强硬汉”风格的人士成为理想的结婚对象。低生育率和长预期寿命带来了人口的老龄化，年轻男性仅占总体人口的较小部分，他们所受的性压抑减少。民众不太愿意为国而战，这加强了与现代化和全球化有关的宏观社会趋势。

自第二次世界大战结束以来，大国之间没有再发生战争。在解释这一现象的早期尝试中，道尔（Michael W. Doyle）提出了“民主和平论”（Democratic Peace），提供了民主国家之间几乎从不互相攻击的证据。[2]但是，最近的研究显示，只有富裕的现代民主国家之间才存在和平，新兴的民主国家之间经常发生战争。[3]这些发现表明，“民主和平论”之所以成立是因为大多数现代民主国家都很繁荣，它们之间通过贸易彼此紧密地联系在一起。[4]

约翰·穆勒（Jonh Mueller）[5]、盖特[6]和平克（Steven Pinker）[7]提供了谋杀率、战争及其他形式的暴力长期下降的大量证据，这些趋势表明发达国家的民众越来越不接受暴力和战争。但是，这些作者没有提供任何有关这种变迁的个体层面的证据。本章将提供覆盖世界 90% 人口的有代表性的国家样本调查的结果。证据表明，在过去的 30 多年中，大多数国家，特别是高收入国家的民众为国而战的意愿一直在下降。尽管战 104
争意愿下降的原因很复杂，但一个主要的原因似乎是前一章讨论的个体选择规范的传播。人类正在逐渐接受更加和平的、女性化的取向。“长期和平”获得了越来越坚实的民众基础。

在第二次世界大战后的几十年内，固执的现实主义者理所当然地认为第三次世界大战的爆发只是时间问题，大战很有可能会摧毁文明。但是，事情的发展出乎他们的意料。世界变得令人意想不到的和平。到 1984 年，世界已经经历了自罗马帝国以来最长时间的大国和平时期，到现在为止，这一长期的和平又维持了 30 多年。

很早以前，自由派思想家认为，市场和贸易的扩张将使战争变得无利可图。1909 年，诺曼·安吉尔（Norman Angell）预测，由于欧洲国家之间广泛的经济依存，它们之间的战争将会结束。[8]但是，随后而至的两次世界大战使发展和贸易将会淘汰战争的观点变得不可信。

几十年后，大国之间长期的和平使新一代的学者开始重新考虑看似已经被证伪的观点。对大量证据的深刻分析，表明古典自由派的论点是正确的。[9]虽然这种观点已经被政治科学家广泛接受，但是，到底是现代民主国家的繁荣和相互依存解释了它们之间的和平，[10]还是民主制度内在的某些特征使民主国家不那么好战，这一问题仍然存在争议。[11]

理 论

自第二次世界大战结束以来，国家间的和平关系变得越来越普遍。[12]正如平克所言，这是暴力长期式微的表现之一。在17世纪和18世纪，国家开始废除奴隶制、决斗、焚烧女巫、酷刑，以及其他残酷行为。[13]发达国家的谋杀率已经连续显著下降了几个世纪。自第二次世界
105 大战至今，发达国家之间已经停止了战争，世界范围内的战争次数和战争伤亡率都下降了。[14]自冷战结束以来，国内战争也在减少。[15]在最近几十年，即使民众暴乱也变得没那么暴力了，非暴力运动在结束压迫方面比暴力运动更成功。[16]

暴力的下降与生存安全水平的上升是同步的。到2010年，世界总体上取得了前所未有的繁荣。[17]在过去的20年中，西方国家的经济增长率相对较低，但它们仍然有大量的物质财富，预期寿命、受教育程度和信息获取都达到了空前的高水平，并且仍在持续增长中。[18]世界上其他国家一直在赶超西方。[19]中国和印度拥有几乎占有世界40%的人口，它们有十分高的经济增长率。其他许多发展中国家也取得了引人注目的成绩，撒哈拉以南非洲的预期寿命、受教育程度和人均收入现在也开始赶上来了。[20]从1970年到2010年，世界上各个地区的人们都经历了物质财富的增长、受教育机会的增加和预期寿命的提高。[21]

这些变化伴随着对人权和民主的日益重视。[22]在过去的两个世纪里，民主国家的数量越来越多。虽然每次民主化浪潮之后都伴随着退潮，但是从长期来看，民主国家的数量呈现着上升趋势。尽管最近出现了威权主义的复兴，但是人权和民主自20世纪80年代晚期以来已经取得了重大进步。[23]

平克认为，暴力的下降反映了依赖于非暴力交往的市场和贸易的扩大，以及教育和获取信息水平的增长，后者使人们能够从与自己不同的群体的角度去看待世界。[24]当这些都发生时，“文明开化的价值观”（enlightenment values）就开始主导人们的世界观。

本书主张，经济发展，连同面对饥饿、疾病和暴力时脆弱性的下降，共同导致了生存安全感的上升。较年轻的群体在视生存为理所当然的环境中成长，较少感觉到来自其他国家的人的威胁，不热衷于与其他国家开战。

支持个体选择的价值观与对暴力和战争的宽容之间的负相关关
系，表明了演化的原则：性自由与人身暴力存在于生存安全连续统 106
（existential security continuum）的相反的两极。在其中一极，生活充满了威胁，暴力和严格的性规范是生存之必需；在与之相反的另一极，暴力只能适得其反，性压抑也没那么重要了。[25]

历史教训对文化的演化也有影响。第二次世界大战的失败和灾难，在前轴心国集团的民众中留下了抹不去的记忆。从最早的调查到最新的调查，日本人、德国人和意大利人在所有受调查的国家的民众中表达出的为国而战的意愿最低。相反，北欧五国的民众表现出了异常强烈的为国而战的意愿，这反映了这些国家的军队角色的演化。其中，瑞典起到了领导作用。2000 年时，瑞典议会对其军事力量的定位作出了重要改变。在此之前，瑞典军事力量的主要作用是击退对瑞典领土的侵犯。但是，从 2000 年开始，瑞典认为被入侵的风险已经很低。它的新政策指出："在历史上，捍卫国家等同于保卫它的疆域。今天，捍卫国家可以通过在世界上遥远的动荡地区创立和平、稳定和繁荣来实现。在这个意义上，捍卫国家包括捍卫它的价值观、保护民主或是人权。"[26]因此，如今瑞典的军事人员从事的主要是国际和平援助行动，他们在阿富汗、科索沃、波斯尼亚、利比里亚、刚果和黎巴嫩都执行过任务。瑞典部队与其他北欧国家的部队联系紧密，他们举行共同的军事演习，在动荡国家执行任务时共享营地。北欧国家的民众已经意识到了这些变化，他们的从军行为已经具有服务国际发展与保卫和平的含义。这与在美国参与维和部队的人情况类似，这类服役具有积极意义和良好的名誉。[27]尽管这种现象目前仍是北欧国家独有的现象，但从长期来看，它很有可能会出现在其他欧洲国家。就整个世界而言，为国而战的意愿主要出自对外部威胁的恐惧，而非捍卫民主价值观的目标。

演化的现代化理论提出三个假设：

107 （1）从**截面**来看，越是发达国家的民众，越重视个体选择价值观，越不愿意冒着生命危险投身于战争中。

（2）从**纵向**来看，在个体选择价值观最流行的国家，人们冒着生命危险投身战争的意愿将出现最大跌幅。

（3）从**多层次视角**上看，生活在具有普遍的个体选择价值观的国家中的个人，将更不愿意投身于战争中。

因为历史教训对文化的演化也有影响，所以我们增加了第四个假设：

（4）从**历史**角度来看，前轴心国集团在第二次世界大战中灾难性的失败，大幅降低了民众为国而战的意愿。而北欧国家自我表现价值观的高度普及，产生了以维持和平和发展援助为首要目的的军队。这反过来又使北欧民众对军队角色产生了独特而积极的看法，他们更愿意为国而战。

方法、样本、测量

为了检验上述假设，我们采用了覆盖全世界不同国家的价值观调查数据。因为不是所有国家都在不同时间点上有调查数据，所以当我们分析人们投身战场的意愿的变化时，我们的样本数量降至41个国家及地区。我们的因变量是通过以下问题来测量的：

> “当然，我们都不希望会发生另一场战争。但是，假如有战争的话，你愿意为你的国家而战斗吗？”回答选项是“是”和“否”。 108
>
> 没有回答这个问题的受访者（占所有受访者的30%）被作为缺失值处理。

发 现

如前一章的图 5-1 所示，个体选择价值观的所有六个指标都与经济发展水平有强相关关系。在我们从低收入国家移到中低收入国家，再移到中高收入国家，然后到高收入国家的过程中，我们发现六个指标都呈上升趋势，并在高收入国家中达到最高值。在最近几十年中，世界上大部分地区的经济水平都在增长，这意味着个体选择价值观应该已经传播开来，特别是在高收入国家中。如图 5-4 所示，事实确实如此。在 58 个至少有十年的时间序列数据的国家及地区中，40 个国家及地区对这些规范的支持都上升了。在 24 个高收入国家及地区中，23 个都出现了增长。

图 6-1a 和 6-1b 显示了 84 个国家及地区在最新调查中表示不愿投身战场的民众的比例。它们的水平差别很大，从越南和卡塔尔低至 2%、土耳其和中国低至 3% 的比例，到日本高达 74% 的比例。第二次世界大战的轴心国集团德国、日本和意大利的民众属于世界上最不愿意投身战场的群组。

投身战场的意愿也随着发展水平的变化而变化。低收入国家[28]不愿投身战场的平均值是 20%，中等收入国家是 25%，而高收入国家平均有 37% 的民众不愿意投身战场。

这些发现表明，生存安全与投身战场的意愿有关，但它们的关系受到经济发展有利于个体选择价值观的趋势的调节。图 6-1 显示了民众投身战场的平均意愿是如何与个体选择价值观相关的。图 6-1a 显示了所有有数据的国家之间的关系，它表明个体选择价值观与不愿投身战场之间的总体相关（r = 0.44）相当强，并且与预测的方向一致。[29]

安道尔提供了个体选择价值观与战争意愿之间反比关系（inverse relationship）的重要测试案例。目前，安道尔的大部分的人口是为享受低税率而定居在那里的富裕的法国和西班牙公民。它是世界上人均收入最高的国家之一，并且没有潜在的军事威胁。相应地，在所有受调查的

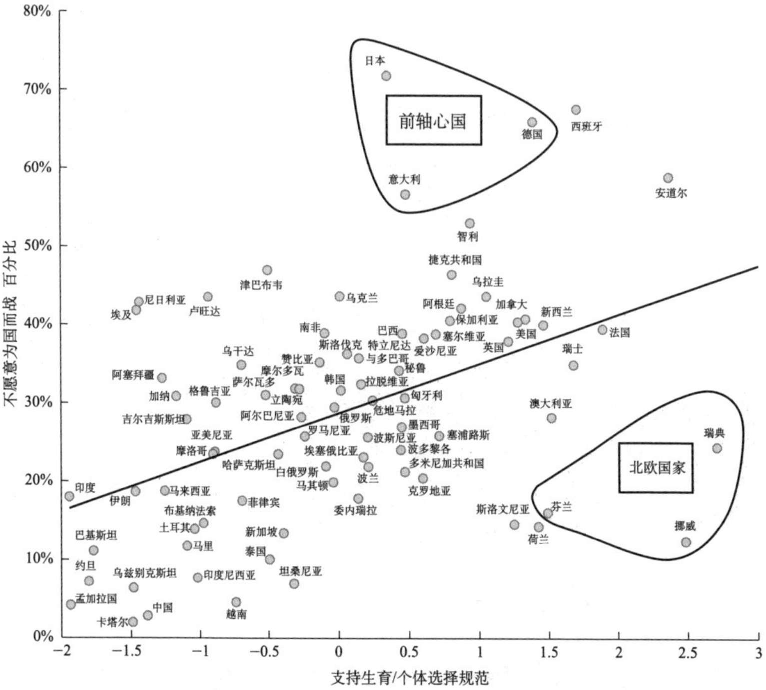

图 6-1a　个体选择与战争意愿（包含前轴心国和北欧国家） 109

说明：建立在每个国家最新调查的基础上，年份的中位数是 2007 年。r = 0.44，r^2 = 0.20，N = 84 个国家

国家的民众中，它的民众显示了最强烈的支持个体选择的倾向，并且战争意愿相当低。

图 6–1a 显示了两组连贯的离群值。第一组由德国、意大利和日本组成，它们实际的无战争意愿民众比例，比它们强烈的个体选择倾向所能预测的还要高。这反映了它们的民众从法西斯政权导致它们在第二次世界大战中灾难性失败的历史经验中吸取了教训。这使它们在自 1981 年以来的所有调查中，都表现出对军国主义的深恶痛绝。与之形成对比

110

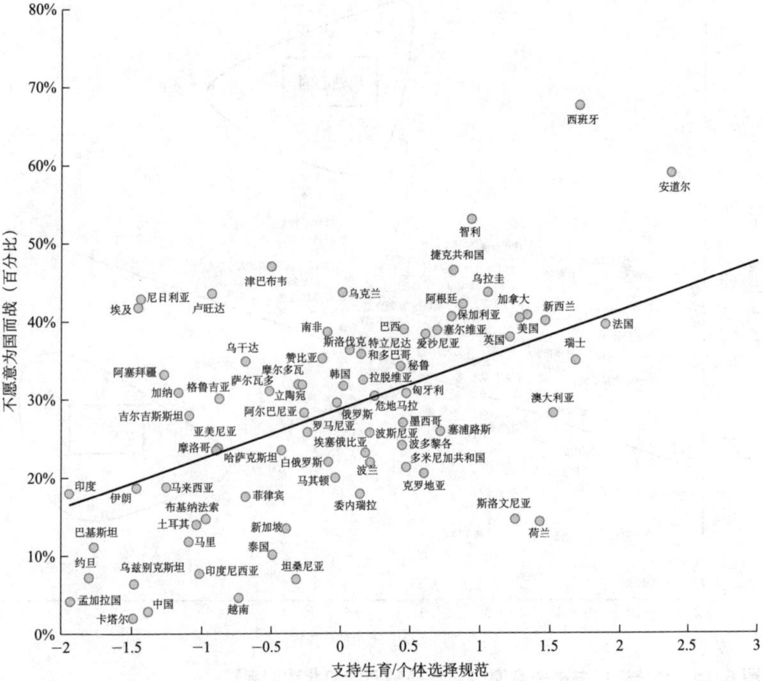

图 6–1b　个体选择与战争意愿（不包含前轴心国和北欧国家）

说明：$r = 0.55, r^2 = 0.31$

的一组离群值是北欧三国，即挪威、瑞典和芬兰。[30] 尽管它们都是世界上表现出最强烈的个体选择取向的国家之一，但是，它们国民的战争意愿远高于其个体选择倾向的预测。因为在这些国家，服兵役有着与其他国家大为不同的含义。

由于它们各自独特的历史经历，这两组国家都偏离了总体模式，这削弱了个体选择价值观与民众战争意愿之间的负相关关系的强度。因此，假如我们把这两组离群值从分析中移除，那么，个体选择价值观对战争意愿的影响就会变得更强。如图 6-1b 所示，个体选择规范与不愿意投身战场的总体相关系数升至 0.55。

我们的回归分析表明，生存安全的多变量指数解释了投身战场意愿的 26% 的方差。当从最低生存安全水平的国家移到最高生存安全水平的国家时，民众反对投身战场的意愿增长了 28 个百分点。[31] 而对前轴心国和北欧国家增加虚拟变量会带来额外的强大效应，它把可解释的 111
方差提升到 55 个百分点。把个体选择价值观加入回归分析使可解释的方差进一步提高到了 65%。另外，当我们把生存安全感从分析中移除，历史经验效应仍然很强且高度显著，个体选择价值观几乎完全吸收了生存安全感的和平效应。这与生存安全感在很大程度上是通过产生个体选择取向的文化来减少战争的意愿的假设是一致的。因此，这个模型只用两个解释变量，即对历史经验的学习和个体选择价值观，就解释了战争意愿的 65% 的跨国方差。

纵向证据

个体选择价值观在社会层面和个体层面都与低的战争意愿有关，但这并不表明两者是因果关系。为了获取因果解释，我们必须要确定在个体选择价值观与战争意愿之间存在动态关系。上一章的图 5–2 表明，在大多数国家中个体选择价值观都一直在上升。这意味着人们投身战场的意愿应该随着这些价值观的上升而下降。

图 6–2 所展示的，是我们发现的压倒性的事实证据。图 6–2 覆盖了所有时间跨度至少十年的 41 个国家及地区。[32] 它表明 36 个国家的民众的战争意愿下降了，2 个国家及地区没有变化，3 个国家有所增长。在有变化的国家中，92% 的国家的民众投身战场的意愿下降了，平均每十年下降 6 个百分点。

战争意愿出现最大**增长**的两个国家是意大利和法国。在整个战后时期，这两个国家都有反对加入北约的强大的共产主义政党，而北约被视为针对苏联的组织。1990 年后，两个共产主义政党都退出了政治舞台的中心，这导致这两国民众为国而战意愿的少量上升。

纵向证据[33] 表明，战争意愿是特定国家的相当稳定的特征。它会变化，但变化相当缓慢。与原始版本的民主和平论的观点不同，这里的分析显示，民主从时间 1 到时间 2 的增长并**没有**显著地降低时间 2 上战争的意愿。生存安全水平的上升也没有显示出显著的减少效应。个体选择价值观产生了最强的效应，即使把北欧国家纳入，也没有影响到
113 它的作用的显著性。[34] 当个体选择价值观从最低水平升至最高水平时，

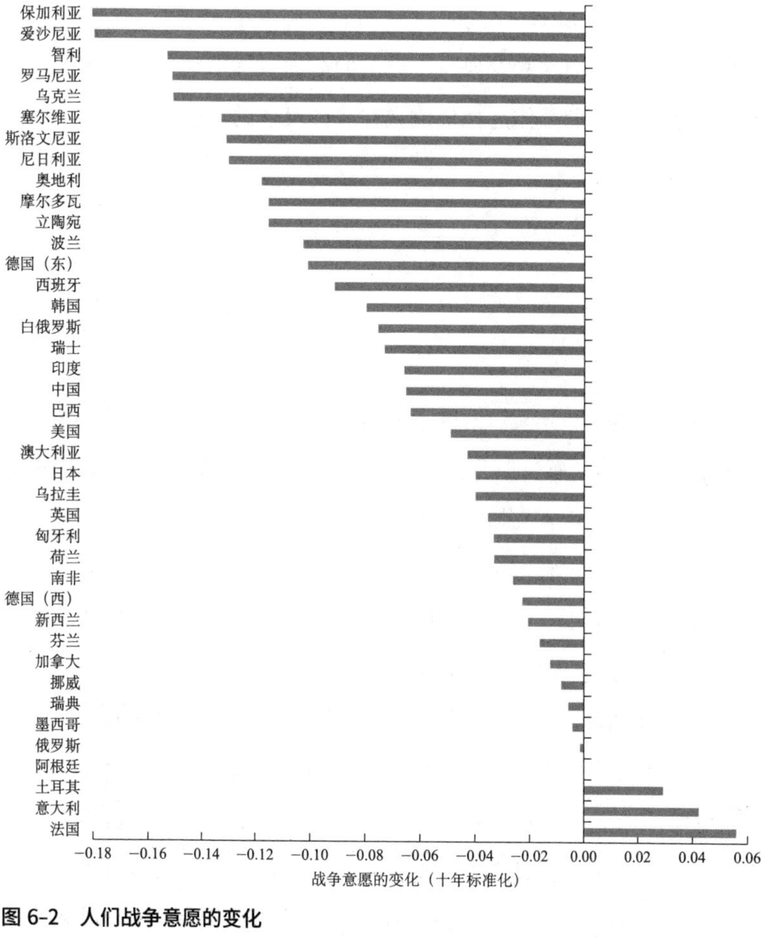

图 6-2　人们战争意愿的变化

说明：条形显示了从最早到最新调查中 41 个国家及地区愿意投身战场的人口的平均变化分值，每个国家或地区都包含了至少十年的时间序列数据（世界价值观调查 / 欧洲价值观调查，1981—2012 年）。由于变化测量的时长因国（地）而异，所以，所有变化都标准化为十年

民众的战争意愿从时间 1 到时间 2 下降了 55 个百分点。[35] 尽管只有有限的纵向证据，但这些发现与更广泛的截面数据的结果是一致的，两者共同表明上升的个体选择价值观在减少民众的战争意愿方面发挥了主要作用。

结　论

包含世界大部分人口的国家的截面证据、纵向证据和多层次证据都表明，生存安全感的上升会带来个体选择价值观的盛行。随着这些价值观的传播，人们与其他国家交战的意愿降低了。

没有完全的实验控制，人们不能证明因果关系。但是，来自世界各地的证据都表明，生存安全水平的上升推动了向个体选择价值观的兴起，降低了民众对人员伤亡的宽容，引发了战争意愿的下降。证据表明，在过去 30 年间这种趋势一直在保持，它强化了支持国际和平的因素。

从历史经验中吸取教训，也对文化的演化起到了推动作用。第二次世界大战留下了持久的遗产。从最早的调查到最新的调查都显示，只有一小部分德国人、日本人和意大利人声称他们将愿意为国而战。相反，北欧国家的军队扮演了特别的角色，因为这些国家的民众赋予了服兵役以维持和平的内涵。

这种趋势是可逆的。俄罗斯在克里米亚和乌克兰东部的军事行动引发了广泛的忧虑。这也迫使北欧政治领袖重新评估他们国家的军事力量的作用。但是，到目前为止，没有重要的西方领导人支持对俄罗斯进行军事打击，连鹰派也没有这样做。“长期和平”的规范在当前继续盛行。

注　释

1 Azar Gat, *War in Human Civilization*, Oxford: Oxford University Press, 2006, Introduction, p.7. 在一夫多妻制社会中尤其如此，富裕的年长男性垄断了女性的供给。

2 Michael W. Doyle, “Liberalism and world politics”, *American Political Science Review* 1986, 80(4), pp. 1151–1169.

3 Michael Mousseau, Håvard Hegre and John R. O’neal, “How the wealth of nations conditions the liberal peace”, *European Journal of International Relations* 2003, 9(2), pp. 277–314; Erik Gartzke, “The capitalist peace”, *American Journal of Political Science* 2007, 51(1), pp.166–191; Patrick J. McDonald, *The Invisible Hand of Peace: Capitalism, the War Machine, and International Relations Theory*, New York: Cambridge University Press, 2009.

4 Richard Rosecrance, *The Rise of the Trading State: Commerce and Conquest in the Modern World,* New York: Basic Books, 1986; John Mueller, *Retreat from Doomsday: The Obsolescence of Major War*, New York: Basic Books,1989.

5 John Mueller, *Retreat from Doomsday: The Obsolescence of Major War*.

6 Azar Gat, *War in Human Civilization*, Oxford: Oxford University Press, 2006.

7 Steven Pinker, *The Better Angels of Our Nature: Why Violence Has Declined*, New York: Viking Press, 2011.

8 Norman Angell, *The Great Illusion*, London: G.P. Putnam’s Sons, 1933/1909.

9 John R. Oneal and Bruce M. Russett, “The classical liberals were right”, *International Studies Quarterly* 1997, 41(2), pp.267–293; Håvard Hegre, John R. O’neal and Bruce Russett, “Trade does promote peace: New simultaneous estimates of the reciprocal effects of trade and conflict”, *Journal of Peace Research* 2010, 47(6), pp.763–774; Han Dorussen and Hugh Ward, “Trade networks and the Kantian peace”, *Journal of Peace Research* 2010, 47(1), pp. 29–42.

10 Erik Gartzke, “The capitalist peace”, *American Journal of Political Science* 2007, 51(1), pp.166–191; Michael Mousseau, Håvard Hegre and John R. O’neal, “How the wealth of nations conditions the liberal peace”, *European Journal of International Relations* 2003, 9(2), pp. 277–314; Patrick J. McDonald, *The Invisible Hand of Peace: Capitalism, the War Machine, and International Relations Theory*, New York: Cambridge University Press, 2009.

11 Allen Dafoe, "Statistical critiques of the democratic peace: Caveat emptor", *American Journal of Political Science* 2011, 55(2), pp. 247–262; Allen Dafoe and Bruce Russett, "Does capitalism account for the democratic peace? The evidence says no", in Gerald Schneider and Nils Petter Gleditsch, eds., *Assessing the Capitalist Peace* 2013, New York: Routledge, pp.110–126.

12 Azar Gat, "The democratic peace theory reframed: The impact of modernity", *World Politics* 58, 1: 73–100; Azar Gat, *War in Human Civilization*,Oxford: Oxford University Press, 2006.

13 Steven Pinker, *The Better Angels of Our Nature: Why Violence Has Declined*, New York: Viking Press, 2011.

14 Joshua S. Goldstein, *Winning the War on War: The Decline of Armed Conflict Worldwide*, New York: Plume, 2011.

15 Human Security Report Project, *Human Security Report 2012,* Vancouver: Human Security Press, 2012. Available at: http://www.hsrgroup.org/human-security-reports/2012/text.aspx.

16 Erica Chenoweth and Kathleen Gallagher Cunningham, "Understanding nonviolent resistance", *Journal of Peace Research* 2013, 50(3), pp. 271–276; Kurt Schock, "The practice and study of civil resistance", *Journal of Peace Research* 2013, 50(3), pp.277–290.

17 Matt Ridley, *The Rational Optimist: How Prosperity Evolves*, New York: Harper Perennial, 2011.

18 Human Development Report, *The Rise of the South: Human Progress in a Diverse World*, 2013.

19 Richard Estes, "The World Social Situation: Development Challenges at the Outset of a New Century", *Social Indicators Research* 2010(98), pp. 363–402.

20 Africa Progress Report, *Jobs, Justice, and Equity*, Geneva: Africa Progress Panel, 2012.

21 Christian Welzel, *Freedom Rising: Human Empowerment and the Quest for Emancipation.* p.4.

22 Samuel P. Huntington, *The Third Wave: Democratization in the Late 20th Century*, Norman, OK: University of Oklahoma Press, 1991; John Markoff and Amy White, "The global wave of democratization", in Christian W. Haerpfer, Patrick Bernhagen, Ronald F. Inglehart and Christian Welzel eds., *Democratization*, Oxford: Oxford University Press, 2009, pp. 55–73; Thomas Pegram, "Diffusion across Political Systems: The global Spread of National Human Rights Institutions", *Human Rights Quarterly* 2010, 32(3), pp. 729–760.

23 Jørgen Møelle and Svend-Erik Skaaning, "The third wave: Inside the numbers", *Journal of Democracy* 2013, 24(4), pp. 97–109.

24 Steven Pinker, *The Better Angels of Our Nature: Why Violence Has Declined*, New York: Viking Press, 2011.

25 Frans B. M. De Waal, "Bonobo sex and society", *Scientific American* 1995, 272(3), pp. 82–88.

26 Bi Puranen, *How Values Transform Military Culture–The Swedish Example*, Stockholm: Sweden, Values Research Institute, 2008; Bi Puranen, "European Values on Security and Defence: An Exploration of the Correlates of Willingness to Fight for One's Country", in Y.

Esmer, H. D. Klingemann and Bi Puranen, eds., *Religion, Democratic Values and Political Conflict* 2009, Uppsala: Uppsala University, pp.277–304.

27 同上。

28 建立在世界银行 2000 年分类的基础上。

29 伊拉克没有出现在这个图表上，因为缺乏它的个体选择指数的数据。但是，它的民众显示出了异常高的不愿为国家而战的意愿。这反映了逊尼派、什叶派及库尔德人之间的族群冲突。他们不愿意为了伊拉克而战，但他们非常愿意进行国内战争。

30 丹麦和冰岛的民众也显示了相当高的为各自国家而战的意愿，但是缺乏它们六个项目的个体选择规范的完整数据。

31 见 Ronald Inglehart, Bi Puranen and Christian Welzel, "Declining Willingness to Fight in Wars: The Individual-level component of the Long Peace", *Journal of Peace Research* 2015, 52(4), pp. 418–434。

32 包含一个附加处理变量，每个国家对变化的测量的时间跨度的长度不改变这里显示的结果。

33 见 Ronald Inglehart, Bi Puranen and Christian Welzel, "Declining Willingness to Fight in Wars: The Individual-level component of the Long Peace", *Journal of Peace Research* 2015, 52(4), pp. 418–434。

34 控制了提升的生活选择机会和增加的民主后，个体选择价值观的上升引发的递减效应仍然成立。但相反情况不成立。

35 假如人们调换了笔者与普拉能 (Puranen) 及韦尔策尔模型中个体选择价值观与为国而战的意愿的位置，使用战争意愿的下降去预测个体选择价值观的上升，那么就不能发现统计学意义上的显著效应。这表明，主要的作用方向是从个体选择价值观到战争的意愿，而非相反。

第七章

114

发展与民主*

引 言

近年来，民主化浪潮已经停歇，民主化的退潮开始出现。在 1987 年到 1995 年间，很多国家转向了民主制度，人们对民主的未来普遍感到乐观。但自那以后，民主在许多国家出现倒退。阿富汗和伊拉克试图建立民主的努力最终反而使国家陷入不安定状态。另外，由于第九章将讨论的原因，民主在许多高收入国家出现了混乱。这些趋势，以及日益增长的威权主义，使很多观察家认为民主已经到达了最高水位线，长期来看将会倒退。

这个结论是错误的。世界各国的基本国情展示了一幅更加复杂的现实图景。坏消息是认为民主制度可以在任何地方轻易地被建立起来这

---

* 本章以笔者与韦尔策尔的多项研究为基础。（Inglehart and Welzel, 2005; Inglehart and Welzel, 2009; Welzel and Inglehart, 2008; Inglehart and Welzel, 2010）

一看法是不现实的。尽管前景仍有希望，但仅当一定的社会和文化条件出现时，民主才最有可能建立起来并维持下去。美国政府试图在伊拉克建立民主制度的时候忽视了这个事实，没有考虑到会使其努力功亏一篑的文化鸿沟（cultural cleavages）。

115 但是，好消息是有助于民主化的条件可以发生改变，并且目前确实在改变。大量的证据表明，现代化过程推动了这些条件的形成。现代化随同于与工业化有关的社会变迁。它一旦启动，就常常会渗透到生活的各个方面，带来专业化、城市化、教育水平的提升、预期寿命的增长，以及经济的快速发展。这些因素改变了社会生活和政治制度，带来了民众政治参与水平的提高。从长期来看，它更有可能建立起民主制度。

民主化长期趋势总是以民主化浪潮和退潮的形式出现。在 20 世纪初期，只有少数国家是民主制度。以今天的标准来看，它们甚至不是“充分的民主”（full democracies）。在第一次世界大战后，民主国家的数量迅速出现大幅增长。第二次民主化浪潮出现在第二次世界大战后，第三次民主化浪潮出现在冷战结束后。每一次浪潮都伴随着退潮，20 世纪 30 年代法西斯主义的传播就是一个例子。而每次退潮都使人们普遍相信民主的传播已经终结，未来属于法西斯主义（或官僚制威权主义）。然而，在退潮时期，民主国家的数量也从未退至民主化浪潮之前，并且从长远来看，每次退潮都伴随着民主的重新传播。到 21 世纪初，大约 90 个国家可以被认为是民主国家。[1]

尽管很多新兴民主国家是“尚有不足的民主”，但是，总体趋势是显著的。从长期来看，与现代化有关的认知动员和价值观变迁往往能够带来民主制度。没有理由相信这不适用于当代的俄罗斯和中国。尽管俄罗斯在苏联解体后的很长一段时间内各方面都快速下滑，人均国内生产总值下降到以前最高点的40%，预期寿命也减少很多，但经济和人身安全水平的上升一直是俄罗斯的长期趋势。

尽管中国自1980年后出现了经济的快速增长，但它的民众并没有失去在20世纪60年代三年困难时期的记忆。如今，对大多数中国民众而言，繁荣最重要。中国领导人目前也意识到了经济发展往往使人们要求日益开放的、民主的政治体制，现代化对民主的推动作用正在变得日 116
益明确，从长期来看它不可能失效。

发展与民主

半个多世纪前，西摩·马丁·李普塞特（Seymour Martin Lipset）指出，富裕国家比贫穷国家更有可能成为民主国家。尽管这个观点在许多年来一直争议不断，但是它经受住了反复检验。为什么经济发展与民主的关系如此紧密呢？经济发展达到某个特定水平并不能自动带来民主制度，只有当它改变了人们的行为方式时民主制度才会出现。因此，李普塞特认为，经济催生民主是因为经济发展带来了塑造人们行为的特定的社会—文化变化。[2] 在当时，检验这一观点所需的经验数据尚不具备，因此他的观点仍然只是未得到证明的说法。[3] 但其实它有事实依据。

一个半世纪以前，卡尔·马克思提出，工业化带来了民主的承担者资产阶级的兴起。卡尔·多伊奇（Karl Deutsch）认为，城市化、工业化和大众识字率的上升让地理上分散的、不识字的农民变成越来越有能力影响政治的参与者。[4] 然而，代议制民主只是工业化可能产生的结果之一，除此之外，它既有可能带来法西斯主义，也有可能共产主义。[5]

经济发展与民主之间的因果关系方向一直在被质疑。富裕国家更有可能走向民主，究竟是因为民主能使国家变得富裕，还是因为发展有助于民主的出现呢？如今，因果顺序似乎很清楚，主要是经济发展带来民主化。在工业化的早期阶段，威权主义国家取得高经济增长率的可能性与民主国家一样。但是，在经济发展达到某种水平后，民主更有可能出现并运转下去。因此，大多数在 1990 年前后转向民主的国家都是中等收入国家，因为几乎所有高收入国家都已经是民主国家了，而低收入国家则极少发生改变。

117 发展与民主之间的强相关关系，反映了经济发展有利于民主的事实。**为什么**经济发展会引起民主化，这个问题一直在被激烈地讨论着。当一个国家取得了一定水平的国内生产总值时，并不是某种神秘的力量使民主制度自动出现。相反，**假如**经济发展改变了人们的价值观和行为，那么经济发展就会带来民主。经济发展有助于民主化的条件是：（1）创造了庞大的、善于表达的中产阶级；（2）转变了人们的价值观和动机，人们因而高度重视自由选择和言论自由。

如今，我们对特定国家发生了何种变迁，以及这种变迁进行到了什么程度有了比以前更好的分析方法。对价值观调查数据的多变量分析，使我们有可能理清经济、社会和文化变迁的相对影响。分析结果表明，只要经济发展带来了特定的结构改变（尤其是习惯于独立思考的、受教育程度较高的和善于表达的群体的兴起）和文化变迁（尤其是自我表现价值观的兴起），它就有助于民主的出现。[6]战争、经济萧条、制度变迁、精英决策和某些领导人也能影响事情的发展，但文化变迁是民主制度出现和维持的一个主要因素。

随着劳动力转移到需要他们在工作时独立思考的行业中，现代化带来了教育水平的不断提高，使人们在组织政治行动时更善于表达和更有技巧。伴随着知识社会的出现，人们开始习惯于在工作中运用他们的主动性和判断力，这使他们越来越有可能质疑等级制权威。

现代化也使人们在经济上更加安全。当大部分人在视生存为理所当然的环境中成长时，自我表现价值观也变得越来越普及。对自由和自主性的渴望是人类的普遍愿望。当生存不安全时，这一愿望可能会服从温饱和秩序的需要。但是，当生存变得安全时，这一愿望会越来越强烈。由此民主的基本动机，即人类对自由选择的普遍渴望，开始发挥越来越重要的作用。人们越来越强调政治上的自由选择，以及对公民自由、政治自由和民主制度的需求。 118

有效民主

在 1987 年到 1995 年间，民主制度在全世界范围内出现了爆炸性增长。在此过程中，精英们在战略上达成的协议发挥了重要作用，在冷战结束后的国际环境中为民主化开辟了道路。最初，有一种倾向视任何有竞争性选举的政权为民主政权。而事实上，许多新兴民主国家有着严重的腐败，没有能力提供使民主有效运转的法治。现在，越来越多的观察家强调“选举式民主”（electoral democracy）、“混合式民主”（hybrid democracy）、“威权式民主”（authoritarian democracy），以及其他形式的虚假民主的不足之处。在上述形式的民主中，大众偏好没有如同民主理论认为的那样对政府决议产生决定性的影响，而是在很大程度上被精英所忽视。因而，区分有效的与无效的民主非常重要。

民主的本质在于它赋权于普通公民。有效民主不仅反映了公民权利和政治权利出现在纸面上的程度，而且反映了官员们实际上对这些权利的尊重程度。因此，尽管波兰、匈牙利、保加利亚和罗马尼亚这些国家在建立民主制度后不久，在纸面上的民主上的调研得分就与历史悠久的西方民主国家的得分一样高，但是，这些国家内部腐败泛滥，对公民的诉求极少进行回应，并非有效民主。

假如人们采用最简约的选举民主的定义，那么民众的特征就是相对不重要的。几乎任何地方都可以进行选举。但是，民主构成的公认标准随着时间的推进变得越来越严格。当代议制民主首次出现时，还存在着选举权财产资格的限制，剥夺女性和奴隶的选举权也被认为是与民主不冲突的。今天没有人会接受这样的定义。研究民主的学者对狭义的民主选举定义提出了越来越多的批评。假如人们视民主化为政治权力转移到普
119 通公民手中的过程，那么，人们就需要对民主进行更广泛的定义。此时，人们就会发现普通公民的取向在民主化过程中发挥了至关重要的作用。

有效民主与高水平的社会发展有关。人们可以在任何地方建立选举民主，但是，假如民主没有把权力从精英转给民众，那么，民主就可能没有坚实的根基或是不能持久。在那些经济繁荣、民众普遍有参与习惯且重视自由的相当发达的国家中，有效民主最有可能会出现。

当经济发展增加了人们的资源，带来了认知动员和自我表现价值观时，民主就会出现。因为与生存相关的物质资源和人身安全是生存的最直接需求，所以当它们匮乏时，人们给予它们最高优先级。但是，随着繁荣的增加，人们越来越有可能强调自主性和自我表现价值观，重视选择自由权和决策参与权。社会经济的发展使人们更有可能**想要**民主制度，而认知动员使人们更有能力组织起来去**获得**它。

在回答民主是否可欲的这一调查问题时，即使在自我表现价值观很弱的国家，绝大多数人也都表示支持民主。但是，在这些国家中，自我表现价值的优先等级很低，民众参与政治的倾向也很弱，这使精英可以无所顾忌地无视民众偏好。来自本国以外的机构如世界银行的压力可能会推动精英接受民主制度，但是，假如他们没有受到来自内部的能影响政治制度有效运转的强烈压力，那么他们很可能会败坏这些制度，使民主制度失效。不管是在民主国家还是威权国家，经济发展往往会推动自我表现价值观的传播。

自我表现价值观的作用

尽管政治文化的文献总是假定某种民众态度有助于民主，但不久以前这个假定还仅仅是一种信念。有重要影响力的《公民文化》* 只研

* 指 Gabriel A. Almond, Sidney Verba, *The Civic Culture: Political Attitudes and Democracy in Five Nations* (Princeton: Princeton University Press, 1963)。中文版见 [美] 加布里埃尔·A. 阿尔蒙德、[美] 西德尼·维巴：《公民文化——五个国家的政治态度和民主制度》，张明澍译，商务印书馆，2014。——译者注

120 究调查了五个国家，因此，它不可能对个体层面上的态度与民主（它只存在于国家层面）之间的关系进行统计学意义上的显著性测试。如今，价值观调查覆盖了 100 多个国家，它使对“是否某些态度传播相当广泛的国家实际上比其他国家更民主”的测量成为可能。结果表明，某些民众态度与民主之间是强相关关系。

但是，对于判断何种态度对民主影响最大这个问题，表面效度（face-validity）并非可靠的指标。许多对民主的研究都基于这样一个隐含假设，即那些民众普遍表示支持民主的国家更有可能成为民主国家。这个假设看似很有道理，直到有人发现阿尔巴尼亚和阿塞拜疆表示支持民主的民众比例高于瑞典或者瑞士。目前大多数人都把对民主的支持挂在口头上。在舆论调查中，几乎所有国家的绝大多数民众都表示，民主是最好的政府形式。但这并不必然反映深层次的取向或是强大的动机。在某些情况下，它只是反映了社会对某种目标的期许。

民众层面上对民主的明确支持，与国家层面上的民主之间具有相当强的相关关系。但是，看起来令人吃惊的是，与口头上对民主的明确支持相比，自我表现价值观是民主的一个更强的预测指标，即使它的名称里没有包含民主的字眼。[7] 这种现象出现的原因是对民主的口头支持并不必然与构成自我表现价值观的人际信任、宽容其他团体和政治行动主义有关。而实证分析表明，这些对民主制度的出现和维持的重要性比口头支持大得多。相应地，自我表现价值观与民主制度的相关关系远强于对民主的口头支持与民主制度的相关关系。

这种关系成立的一个原因，是自我表现价值观有助于支持民主的民众行动。一方面，自我表现价值观很重视自由和自主性；另一方面，对民主的口头支持可能反映了许多其他的动机，如相信民主会带来繁荣。因此，与自我表现价值观相比，“是否民主制度比威权制度更可取”这一调查问题对于民主制度是否真正存在于国家层面的预测能力非常弱。

这些发现有助于我们理解为什么经济发展与民主有关。经济发展 121
带来了教育水平和知识部门就业率的上升，这使人们更有能力组织起来并提出有效要求。它也使人们更有安全感，这带来了自我表现价值观，而自我表现价值观给予选择自由以比较高的优先级。因为民主制度比威权制度提供了更大的自由选择空间，因此，持有自我表现价值观的人往往选择民主制度。精英不是在真空环境中选择是否采用民主制度。当民众变得越来越善于表达、组织良好并高度重视自由时，精英在这个问题上的选择就很少了。

当我们检验有效民主与民众的自我表现价值观之间的关系时，如图 7–1 所示，我们发现在 73 个国家及地区中存在着令人吃惊的强相关关系，相关系数高达 0.90。这个模式反映了强大的跨层次相关关系，它把重视自由选择的民众价值观与国家实际提供的自由的程度联系在了一起。

图 7–1 显示了有效民主指数与民众的自我表现价值观之间的关系。自我表现价值观在一个国家中出现的程度，解释了超过 80% 的自由民主被实现程度的跨国方差。这些发现表明，个体层面上的价值观与民主制度之间的关系的重要性一直在被低估。如今，大众偏好似乎在有效民主的出现上发挥了至关重要的作用。[8]

民众的自我表现价值观与民主制度之间存在着强相关关系，只有少数离群值，但这些离群值非常重要。越南显示的民主水平远低于它的民众价值观预测出来的水平。这个国家实行一党制，极大地增加了个人在经济领域的选择自由，并且在实验地方层面的民主。从长期来看，它们经济改革上的成功倾向于产生社会压力，促进民主化进程。

122

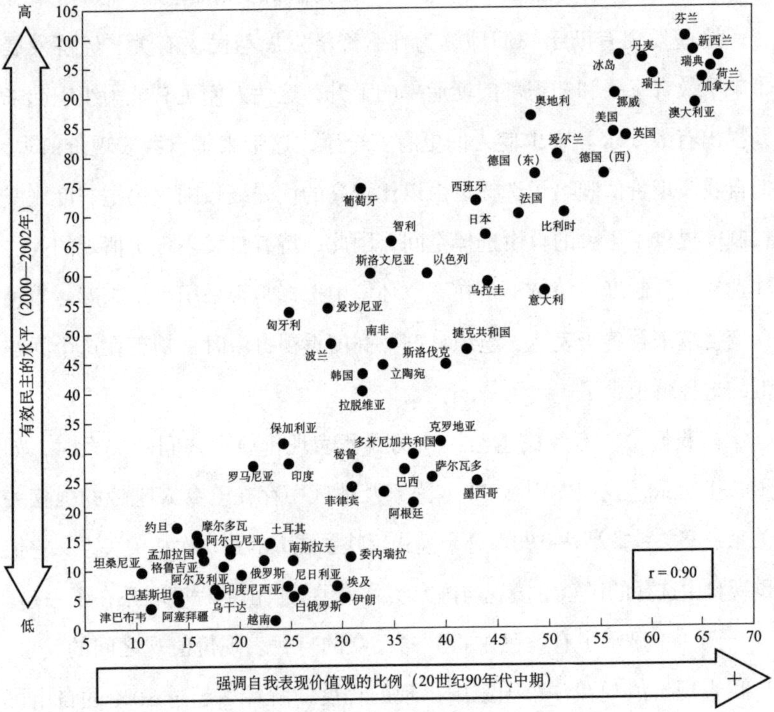

图 7-1　一个国家或地区 2000 年前后的有效民主与 20 世纪 90 年代中期的自我表现价值观的平均水平

资料来源：Inglehart and Welzel, 2005: 155

一些亚洲国家的威权统治者声称，这些国家与众不同的“亚洲价值观”使它们不适合民主制度。事实上，大多数亚洲国家在图 7-1 上所处的位置，也大概是它们的社会经济水平预测的位置。日本在自我表现价值观维度上和民主水平上都与长期建立民主的西方国家处在同一行列。韩国在两个维度上的位置都与其他新兴民主国家如智利和乌拉圭相似。受儒家文化影响的国家的民众要比“亚洲价值观”学派宣称的更加支持民主。

另一方面，在我们有数据的穆斯林占多数的国家，不到 30% 的民众重视自我表现价值观。民主的目标对这些国家的民众有吸引力，但是，他们的宽容和信任水平以及他们对自我表现价值观的重视度都达不 123
到已建立的民主国家的标准。我们没有在伊斯兰国家与世界其他部分之间发现不可逾越的鸿沟。伊斯兰国家的信仰体系也大致落在它们的社会经济发展水平预测的位置。它们中最发达的国家土耳其，与其他新近转向民主的国家如菲律宾、南非、波兰、韩国和斯洛文尼亚一起处在接近“转变区”的位置。伊朗是个重要的例外，因为它的民主水平低于其民众价值观预测的水平。在所有伊斯兰国家中，伊朗显示了最强的来自民众的自由化压力。这种张力使我们期待民众对民主支持的上升可能会最终帮助伊朗的自由化力量压过神权统治，使国家走上自由民主的道路。在最近的全国选举中，绝大多数伊朗民众投票支持政府寻求与西方民主国家建立更紧密的联系。然而，他们朝向这个方向的努力被控制着军队和警察的未经选举的神权精英们阻止了。

民主的政治文化与民主的政治制度谁最先出现呢？人们重视自我表现价值观的程度与民主制度的兴盛紧密相关。但是，谁促使了谁的出现呢？先前的研究表明，社会经济的发展引起了民主，而不是反过来。于是，布克哈特和刘易斯-贝克（Burkhart and Lewis-Beck, 1994）采用了 131 个国家及地区的经验数据，对社会经济发展与民主之间的因果关系方向进行了分析。他们的结论表明，社会经济发展引起了民主，但是民主并没带来社会经济发展。赫利维尔（Helliwell, 1993）得出了相似的结论。让我们对这些发现进行更进一步的研究。

自我表现价值观的影响

人们在实证分析中发现，在自我表现价值观与有效民主之间存在着特别强的相关关系。然而，是自我表现价值观引起了民主，还是民主推动了自我表现价值观的出现呢？证据表明，因果关系方向主要是从自
124 我表现价值观到民主。[9]一个很明显的迹象是自我表现价值观的出现不需要民主制度就位。在1990年的民主化浪潮出现之前的数年，自我表现价值观就已经通过代际价值观变迁出现在西方民主国家和许多威权国家。[10]到1990年，生活在东德和捷克斯洛伐克这两个世界民主指标得分最低的国家中的民众已经发展出了高水平的自我表现价值观。因为这两个国家在社会主义阵营中处于经济最发达的国家的行列，有着高度发达的教育体系和社会福利制度，以及高水平的自我表现价值观。因此，在苏联军事干预的威胁消失后，它们很快转向了民主。

当大部分人在视生存为理所当然的环境下成长时，自我表现价值观就会出现。随着社会的发展，即使在威权的政治体制下，这种价值观也往往会出现。人们在经济和人身方面变得越来越安全，也能够越来越明确地表达自身的诉求。他们寻求更多的选择自由，用来决定如何消费时间和金钱，相信什么，以及与什么人交往和交流。即使是压制性政权

也发现很难控制这些趋势，因为它们与现代化紧密相连，压制它们会阻碍更有效的知识部门的出现。在所有现代化增加了人们的生存安全感的国家中，自我表现价值观似乎都会出现。

在知识社会，人们越来越习惯于在日常生活中运用他们的主动性和判断力。他们变得越来越有可能质疑等级制权威，因为对自由选择和自主性的追求具有普遍性。当生存安全无法保证的时候，这些追求可能屈服于温饱和秩序的需要。但当生存变得更加安全时，它们会越来越被重视。在过去 200 年内出现的特定的民主制度在很大程度上是西方历史的产物。然而，民主的基本动机，即人类对自由选择的普遍渴望，是特定环境的自然产物。在这个环境中，生存安全感的上升带来了自我表现价值观的传播。

精英几乎总是试图保有权力。因此，只有当人们为了民主制度抗争时，民主制度才会出现。从 18 世纪的自由革命到 20 世纪晚期的民主化浪潮都是这样。民众的动机和价值观在过去发挥了重要作用，它们以后将会发挥越来越重要的作用。自我表现价值观给自由和自我表现赋予 125
了内在价值，在最近几十年，这些价值已经传播到世界大部分国家。那么，这意味着威权体制将不可避免地崩溃吗？答案是这样的情况并不会自动发生。对自我表现价值观的日益重视削弱了威权政体的合法性，但只要顽固的威权精英控制着军队和秘密警察，他们就常常能压制支持民主的力量。

但是，现代化往往带来认知动员和对自我表现价值观的日益重视。越来越多的人有动力去争取民主制度，并且行动愈来愈有效。压制的成本和风险与日俱增。最后，随着代际更替，精英本身可能变得没那么独裁和专制，因为精英中年轻群体成长于日益重视自我表现价值观的环境。虽然社会变迁不是决定论性质的，但是现代化使民主制度出现的概率越来越大。

对趋向民主与背离民主的解释

让我们从另一个角度检验自我表现价值观有助于民主的观点。这一观点建立在政治文化方法的核心前提即一致性理论上。杰出的社会科学家认为，政体类型的稳定性有赖于政治制度与民众价值观的一致。[11]他们指出，政治制度必须与公民的价值取向一致，否则政治制度将会缺乏合法性，它们的稳定性会比较低。民众价值观与政治制度的不一致越大，政体就越不稳定。假如这种观点是正确的，那么趋向与背离民主的变化应该反映了制度与文化之间的不一致。两者之间的不一致越大，接下来的改变也将越大。[12]假如改变发生，那么在文化与制度之间差距最大的国家发生的变化应该是最大的。政体变迁调整了文化与制度之间的不一致。

人们可以认为政治制度与自我表现价值观之间的关系反映了自由的供给与需求之间的关系。因为民主制度使公民自由和政治自由制度
126 化了，所以它提供了高度的自由供给。因为自我表现价值观强调选择自由，所以它创造了对自由的文化需求。这意味着存在两种形式的一致：（1）假如一个威权国家的民众重视生存价值观而非自我表现价值观，那么这个威权国家的制度与文化是一致的；（2）假如一个民主国家的民

众十分重视自我表现价值观，拥有与这个国家的制度所能供给的自由相一致的对自由的强烈需求，那么这个民主国家的制度与文化也是一致的。

相反，假如威权国家的公民非常重视自我表现价值观，那么趋向民主的进步将会降低这种文化与制度之间的不一致，结果是制度与根本的文化需求之间更契合了。同样，一个民主水平高但是民众对自我表现价值观的重视程度低的国家，会出现制度对自由的供给过剩。我们预测这个国家将会发生**背离**民主的变化。

在 20 世纪 80 年代末和 90 年代初的第三次民主化浪潮中，几十个国家从威权政体转向了民主政体。这为分析文化价值观与民主制度之间的互动关系提供了机会。

民主的制度供给与对民主的文化需求之间的不一致程度可以通过供给减去需求得出。为了测量第三次浪潮前的不一致水平，我们使用 1981 年到 1986 年间的民主水平作为转换前的民主水平，它表示对民主的供给。为了计算对民主的文化需求，我们使用 1990 年前后测量到的自我表现价值观作为转变之前的价值观的水平。[13]

一个国家的自我表现价值观超过其民主水平越多，未满足的需求就越大。在图 7–2 所显示的分析中，–1 表示最**缺乏**对“更多民主”的需求，而 +1 表示对“更多民主”的需求最大。我们的样本包含了许多稳定的西方民主国家，它们的民主水平从检测开始之日起就一直很稳定。因为在这 16 个民主国家，民主的供给与对民主的需求处于平衡状态，所以它们处在不一致量表的零点。在衡量从 20 世纪 80 年代早期到 90 年代晚期有效民主水平**变化**程度的垂直维度上，它们也处在零点。因为在这些国家民主的供给与对民主的需求处在平衡状态，所以它们没有显示出变化。

127

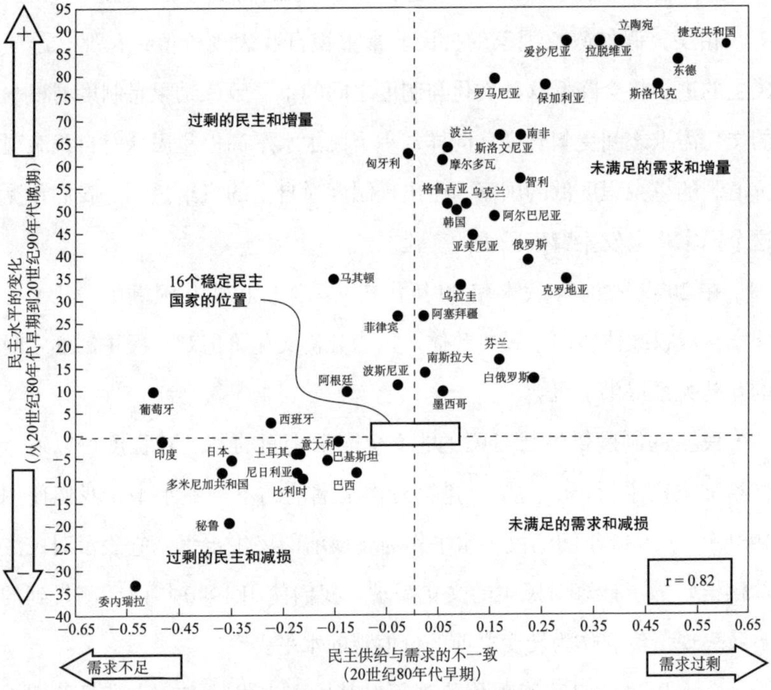

图 7–2　从 20 世纪 80 年代早期到 20 世纪 90 年代晚期有效民主水平的变化与 20 世纪 80 年代早期未满足的民主需求（或过剩的民主供给）

资料来源：Inglehart and Welzel, 2005: 189（编按：图中国家名称以最新标准为准）

图 7–2 水平方向上的数值反映了对民主的需求超过或少于民主的供给的程度。我们假设一个国家在 20 世纪 80 年代早期在这个量表上的得分，将预测它接下来发生的趋向民主或背离民主的方向和程度：有着未满足需求的国家应该会向着“更多民主”的方向前进；而民主的供给多于其文化需求的国家应该会向着“**更少**民主”的方向转变。另外，

那些对应水平轴数值最大的国家，向民主转变的步伐应该最大。

如图 7-2 所示，这些预测是正确的。与显示了自我表现价值观水平与民主水平的关系的图 7-1 不同，这个图表分析了民众价值观与民主 128
水平的不一致程度对 20 世纪 80 年代中期到 20 世纪 90 年代中期民主水平的变化的影响。[14] 图 7-2 表明，在 1986 年前后，对民主的文化需求超过民主的制度供给越多，在接下来的 1987 年到 2002 年的民主化转变就越大。反过来也成立：对民主的文化需求越小于民主的制度供给，背离民主的变化就越大。

我们把水平轴上的得分解释为民众对民主未满足的需求。它产生了政治张力，当阻碍因素在 1990 年前后被消除，这种张力就被释放了出来。如数据证明的那样，未满足的需求最大的国家，在接下来趋向民主的转变中转变的幅度也最大。

自我表现价值观引起了民主水平的变化。这些价值观通过长期的代际变迁出现，而民主制度常常在长期的制度阻碍后突然出现。相应地，自我表现价值观在民主取得突破性进展时的水平，而不是近期水平的变化，决定了接下来趋向民主的变化的程度。图 7-2 的分析并未采用分析变化的常用的方法，但是在分析包含临界值和阻断因子（blocking factors）的过程时，这种方法是适合的。分析结果表明，一个国家在 1990 年时未满足的需求，解释了从 20 世纪 80 年代中期到 90 年代中期的民主水平的 67% 的变化。

但是，究竟是自我表现价值观带来了民主，还是民主带来了自我表现价值观呢？看起来似乎主要是前者，因为自我表现价值观的出现不需要民主制度的就位。价值观调查的时间序列数据显示，在 1988—

1992年的民主化浪潮之前的数年，自我表现价值观已经通过代际价值观变迁出现在西欧民主国家和许多威权国家。到1990年，尽管东德、捷克斯洛伐克、爱沙尼亚、拉脱维亚和立陶宛的民众生活在强大的威权政体下，但是他们已经发展出了高水平的自我表现价值观。这反映了他们生活在原社会主义国家中经济最发达的国家中的事实。这些国家有着
129 高度的繁荣、高水平的教育和发达的社会福利制度。在1990年之前的几十年中，自我表现价值观一直在传播，这使人们越来越有可能直接干预政治。因此，在戈尔巴乔夫撤回了苏联的军事干预后，数量空前的民众参与到示威活动中，这推动了1988年到1992年的民主化浪潮的到来。只要顽固的威权精英控制了军队和警察，他们就可以压制支持民主的力量。但是，即使是威权政体也发现这样做代价很大，因为它往往需要阻止有效的知识部门的出现。

对自由的需求超过其供给的国家，要远多于对自由的需求少于其供给的国家。但是，曾有一些国家处在后一种类别中，如委内瑞拉和秘鲁，这些国家确实显示了民主水平的下降。

民众对民主的需求与国家对民主的供给需要保持平衡，这一强大的趋势主导着总体模式。它解释了第三次民主化浪潮中民主水平变化的67%的方差。这个互动模型不仅显示了民主的静态水平，还解释了民主水平的变化。

130 人们几乎不可能把图7-2描述的关系解释为民主制度对自我表现价值观的影响。我们也看到，自我表现价值观的变化在长时期内稳定增长。1990年前后测量到的自我表现价值观的水平已经积累了很多年，它存在的时间早于民主化发生的时间。1990年前后发生的民主化不可

能创造出存在于 20 世纪 80 年代的自我表现价值观水平。因果箭头只可能从累积的自我表现价值观指向突然的国家层面的变化：民主的供给向与社会对自由的根本需求更趋一致的方向前进。

这证实了笔者与韦尔策尔之前的一个观点，[15]即在控制其他变量后，自我表现价值观与自由民主之间的关系主要是价值观影响民主。在人们控制自我表现价值观的“时间自相关”（temporal autocorrelation）[16]后，先前的民主水平没有显示出对自我表现价值观的影响。但即使在控制了民主的“时间自相关”后，自我表现价值观仍然对民主水平有重大影响。

尽管精英协商在代议制民主刚刚出现时发挥着至关重要的作用，并且目前仍然起着重要作用，但当普通民众具备了能够对精英实施有效压力的价值观和技能时，有效民主就越来越有可能会出现。现代化不仅引起了民众对自我表现价值观的日益重视，也引起了社会动员（social mobilization）和认知动员（cognitive mobilization）。这两种变化增加了人们对民主的需求，并且使人们能够有效地组织起来去获取民主。接下来让我们更详细地讨论认知动员因子。

社会动员和认知动员：政治技能的动态平衡

在早期诸如部落或城市国家等面对面的政治社群中，政治沟通是通过口耳相传进行的，它处理的是发生在人们身边的事情。几乎每个人都有参与政治的必需技能，所以政治相对民主，政治决定通常是在每个成年男性都能表达意见的议事会里进行。

131 管理着数百万人而非几千人的庞大的政治共同体出现后，参与政治需要特定的技能，如识字。口耳相传的沟通方式不再适合，书面信息的交流能够跨越遥远的距离。人类不再有能力记忆诸如数以千计的乡村的税收或是它们所能够负担的兵役的细节，这些都需要书面记录。并且，个人忠诚链条不再足以凝聚大的帝国，合法性神话或是意识形态必须被广为宣传。

庞大的政治共同体拥有非常大规模的人口和资源基础，这使它有能力消灭小的竞争者。但是它需要付出代价。它需要有特定才能的精英去协调整个系统。由此，在不识字的、没有受过远距离政治参与技能的特殊训练的普罗大众，与处理国家政治事务的少部分精英之间的鸿沟出现了。在农业大国，规模庞大的农民群体几乎与政治参与无关。

工业化为缩小精英与民众之间的距离创造了可能。居住于小乡村的人们经历城市化、识字，并接触了大众传媒之后，获得了参与国家政治事务而非仅限于他们小乡村事务所需的技能。[17] 多伊奇分析了社会动员的过程，指出当人们脱离身体和智识的隔离状态，古老的传统，以及原来的职业和居住地时，社会动员就会出现。[18] 他们逐渐融入现代组织和广泛的通信网络，这拓宽了他们的交流范围，使他们与国家政治有了越来越多的接触。

就社会动员的外在可见的形式而言，发达工业国家早已走过了这个阶段，如城市化、工业化、大众识字率提升、平民兵役制以及普选制。但是，该过程的核心，即与庞大的政治共同体相符的技能的传播，仍在继续。认知动员指的就是该过程的这个方面。尽管正规教育只是认知动员的一个组成部分，但它是最好的现成指标（尽管拥有一份需要独立思考的工作也同等重要）。

如图 7–3 所示，在过去的半个世纪里，发达工业国家中接受高等教育的 18—25 岁人口所占的比例得到显著提高。在 1960 年，美国、德国和日本只有 16% 的 18—25 岁的人进入高等教育机构学习。近些年，这个数字稳步上升。到 2010 年，这个年龄组超过半数的人都接受了高等教育。这只是人们获取技能程度的一个指标，这些技能使他们有能力交流和组织有效的政治行动。受过教育的人更有可能产生“主观政治能力

132

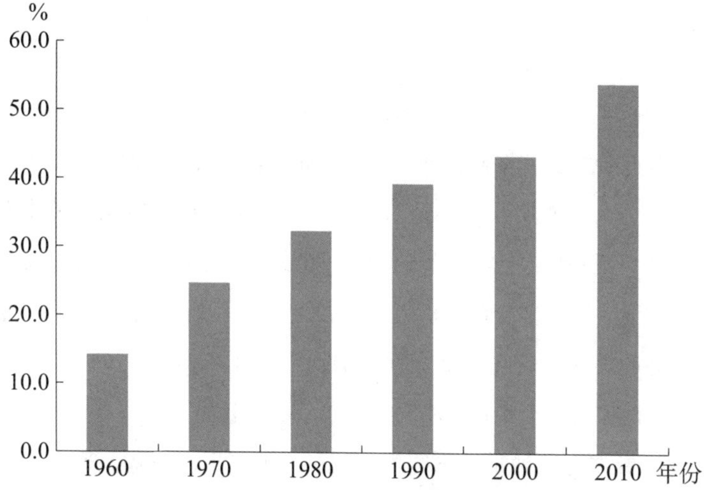

图 7–3　美国、德国和日本接受高等教育的大学年龄的人口的平均比例（1960—2010 年）

说明：纵列显示的是三个国家的平均百分比，等比重加权

资料来源：美国的数据来自国家教育统计中心（National Center of Education Statistics），2012；Snyder, 1993；以及美国人口普查局（US Census Bureau），2012。日本的数据来自文部科学省（Ministrg of Education，Culture，Sports，Science and Technology-Japan），2012。德国的数据来自 Kehm, 1999 以及德国联邦统计局（Statisches Bundesant），2012。相关年龄组的规模以联合国经济和社会事务部（UN Department of Economic and Social Affairs）2012 年的数据为基础

感”（subjective political competence），进而参与到政治中去。[19] 大量的其他研究也发现，有更高社会经济地位的人更有可能参与政治。但是，这是由认知动员引起，还是其社会地位本身使然呢？换句话说，受过高等教育的人更有可能在政治上有更多发言权，这到底是因为他们有更有
133 效的满足自身需求的技能呢，还是因为他们有更好的社会人脉和更多的财富，从而可以使官员们更多地考虑他们的利益呢？

认为财富和人脉无关紧要的想法是很天真的。但是，技能和信息也很重要。根据定义，在社会经济地位上总是有三分之一的人处在上层，三分之一的人处在中层，剩下三分之一的人处在下层。但是，普通民众的受教育程度和获取信息的水平都已经显著增长，这改变了精英与民众之间政治技能的平衡，增加了公民提出有效的政治需求的能力。

经济发展往往会扩大中产阶级的规模，引起正规组织成员比例的上升。教育是一个人社会地位的指标，也是其沟通技能的指标。两者的区别很重要。因为多变量分析表明，诸如教育或政治信息这类认知变量远比诸如收入或职业这类社会阶级指标更能预测政治参与的水平。[20] 沟通技能看起来比社会地位本身更有助于政治参与。

政治参与有两种根本不同的过程，一种基于旧模式，另一种基于新模式。[21] 在 19 世纪晚期和 20 世纪早期，诸如工会、教会和大众型政党等动员民众政治参与的组织都是等级制组织，一小部分领袖或工头领导了大规模的守纪律的民众。在普遍义务教育刚刚扎根，普通公民只有低水平的政治技能的时代，这些组织有效地带领了广大刚刚赢得政治权利的公民去投票。这些精英主导（elite-directing）的组织虽然能够动员大量成员，但是它们往往只能带来相对低水平的参与，一般来说就是简

单的投票行为。

新精英主导模式比旧模式更加精准地表达了个人偏好。它以问题为导向，建立在**专门组织**而非既有的官僚制组织的基础之上。它的目标在于影响特定的政策变迁，而非简单地支持特定群体的代表。这种参与模式需要相当高水平的技能。

因此，假如我们把一个人所受的正规教育作为政治技能的指标，那么我们就会发现，识字似乎对投票来说就已经足够。大多数西方国家 134
的公民在几代以前就达到了这个分界线。虽然仅能识字可能对产生高投票率来说已经足够了，但是，高等教育水平则与更加积极的政治行动，例如签署请愿书或是参与示威，有着紧密的关系。基于此，高水平的政治**技能**远比教育或社会阶级更能预测积极参与的水平。[22]

知识社会的兴起也增加了公民参与政治的潜力。在知识社会，一个人的工作经验提高了其与政治参与相关的技能。传统的生产线工人生产物质产品，他们在等级制的环境里工作，只需要（和被允许）极少的自主判断。而在服务和信息部门工作的员工处理与人和观念有关的事务，他们在非常强调创新的环境中工作，需要发挥自主性以作出自己的判断。在旧模式中进行创新在本质上是不可能的。信息和服务部门的工作人员习惯于在较少等级的结构中工作，也相对更有可能拥有参与政治决策的技能和倾向。

强大的组织网络可以帮助弱势群体获得更高的参与率，环境因素也很重要。但从长期来看，技能水平提升更加重要。政治上激动人心的时期往往会变得平淡无奇，从长远来看，大部分人会失去兴趣。但是，认知动员的长期效应，即个体层面的政治参与技能的提升，往往在逐渐累积。认知动员在慢慢提高民众政治参与的基线。

后工业社会的出现带来了社会和文化变迁，增加了民主出现的可能性。如果民众没有受过高等教育，也没有在工作和政治生活中日益习惯于独立思考，知识社会就不能有效地运转起来。另外，经济安全水平的上升使人们越来越强调自我表现价值观。这种价值观给予自由选择更高的优先级，推动了政治行动。在经济发展超越了某个临界点后，阻止民主化就变得困难起来，因为压制民众对更加开放的社会的需求会付出越来越高的代价，并且会危害经济效率。因此，现代化在其更发达的阶段带来了社会变迁和文化变迁，而这些变迁往往会带来民主制度。

135 再分配与民主

一些影响很大的文献认为，假如经济再分配的成本不是太高，那么民主就是精英赐予的。这种研究在很大程度上忽视了认知动员和变化的民众价值观的影响。

在经验上，我们发现，不同国家的民众对实现民主制的重视程度存在非常大的差别，他们组织有效需求的能力也相差甚远。经济发展极大地增加了人们的物质和认知资源，使他们有能力准备更加强有力的集体行动，对精英施加越来越大的有效压力。[23] 另外，对民主最有需求的不是那些一无所有的人。相反，当人们拥有了相当丰富的经济和认知资源、从强调生存价值观转向强调自我表现价值观时，他们才会为争取民主制度付出最大的努力。

相应地，威权政体的存在不是用精英选择压制民众这么简简单单就能解释的问题。它反映了精英与民众之间力量的平衡，这种平衡会随着时间而改变。1990 年前后出现的大规模的民主化运动，在很大程度上体现了有效的民众动员。它受到了强调自我表现价值观的人们的推动，这些人越来越善于表达，并且有能力组织民众运动。现代化最重要的效应不是使精英更能接受民主，而是增加了普通公民的能力，让他们更有意愿为了民主而奋斗。

阿西莫格鲁等人对收入与民主的关系的分析，深刻地解释了为什么富国比穷国更有可能成为民主国家。[24] 在大量历史数据的基础上，阿西莫格鲁和他的同事往前追溯几百年，去探究财富的增加是否早于民主的增加。当他们把分析整整往前追溯了 500 年时，他们才发现在收入的变化与民主制度的变化之间存在着正相关关系。而当他们控制了固定国家效应时，这种相关关系就变弱或消失了。他们得出结论说，经济发展与民主的兴起都有着强的路径依赖；并且，在五个世纪之前，某些欧洲国家和它们的殖民地就开启了有助于民主和经济发展的发展模式，而 136
其他国家则走上了政治压迫和不利于经济发展的路径。

他们的分析指出，固定国家效应有着决定性的作用。但是，他们几乎没有阐明这些重要效应的本质。这些效应的持久性表明它们是深层的文化和制度因子，这与帕特南所揭示的意大利北部与南部的政治文化差异相似。事实上，帕特南揭示的这些差异也可以归因于已经持续了数个世纪的模式。[25] 帕特南的发现也表明深层的文化和制度因子发挥了重要作用。

阿西莫格鲁、罗宾逊和他们的同事是正确的。经济发展本身并不带来民主，只有与某些文化和制度的因子相结合，它才能带来民主。但是，这些因子并不是某些欧洲国家和移民国家独有的因子。价值观调查的证据表明，在最近数年里，这些文化和制度因子已经在世界上许多地区广泛传播。

阿西莫格鲁和罗宾逊的模型把民众对民主的渴望看作常量，这不能解释为何民主会出现。他们留下了显而易见但却难以解释的问题：在20世纪开端，世界上只有少数几个民主国家；但是，到了20世纪末期，世界上已经有许多民主国家。假如经济发展没有带来这个变化，是什么引起了这个变化呢？他们的模型指出，某些国家在经济发展和民主方面长期以来处于领先地位，但他们并没有解释是什么引起了民主的大幅度增长。我认为，根本原因是经济和社会的现代化，它们带来了价值观和社会结构的变化，这些变化使民主越来越有可能出现。

演化的现代化理论表明，同时许多国家的数据也证实，对自我表现价值观的强调在最近几十年上升了，这增强了民众对民主的需求。1990年前后，国际格局的变化为几十个国家的民主化开辟了道路。[26]给定国家向更高水平的民主前进的程度，反映了当机会之窗打开时，这些国家未满足的民主需求的程度。

阿西莫格鲁等人不认为民众价值观和技能对民主化有自主的影响，
137 民众抗议运动只被他们简单地假定为当经济不平等加剧时会发生的事情。这些假设与早期历史数据的拟合度较高，当时大部分人是不识字的农民。但是，它们不足以解释最近一次民主化浪潮。政治动机一直在发生大的改变，后工业化国家民众参与示威活动的倾向是1974年的两倍多。[27]因此，在1987—1995年的民主化浪潮中，从首尔和马尼拉到莫斯科和东柏林，都有空前数量的人参与了要求民主化的示威活动中。另外，这次斗争的主要目标不是经济再分配，而是政治自由。在很大程度上，社会主义阵营的民主化**不是**出于要求更大经济平等的民众压力。相反，它把权力从非常重视经济平等的精英手中，转到**更少**强调经济平等的群体中。

民主不仅仅是出于对经济再分配的渴望。为了实现自由民主而进行的斗争带来了民主，这些斗争的目的已经远远超出了投票权的范围。在人类的大部分历史时期，专制和独裁盛行。这不仅是因为精英选择压制民众，也是因为直到现代以前，民众都缺乏建立有效民主制度所需的组织技能和资源，而获得它们在过去并不是民众的首要目标。为了理解民主如何出现，仅仅关注精英是不够的，人们在研究时必须越来越多地重视民众层面的发展。

结　论

现代化理论包含正反两方面的含义。它认为，生存安全水平的提高有助于民主的传播，而生存安全水平的下降有相反的效应。如第九章所示，在过去30年中，与处于金字塔顶端的十分之一的人口相比，高收入国家中很大一部分人经历了实际收入的下降，以及相对收入的急剧下降。在很多欧洲国家，这激发了排外的威权民粹主义政党的兴起。这也导致美国选举出了用“美国人民的敌人”来攻击大众传媒，并试图恐吓拒不 138
执行其命令的“所谓的法官”的总统，威胁到了新闻自由和司法独立。

目前民主国家的数量在减少。问题是，“它是民主的终结，还是与之前经历的退潮类似的暂时的减少呢？”长期的趋势是很明显的。自从工业革命以来，世界一直在变得更富裕和更安全，战争和国内暴力的比例都在下降。即使在今天，尽管高收入国家正在经历威权主义的反弹，但是整个世界也在变得更加富裕。此次威权主义的反弹不是因为客观的匮乏（它们的经济资源丰富并且仍在增长），它在很大程度上是由突然加剧的经济不平等导致的，而这归根结底是一个政治问题。假如这个问题得到扭转，那么从长期来看民主的传播会复兴。

经济发展与有效民主的兴起紧密相关，因为它往往带来自我表现价值观和民众动员水平的提高。现代化是建立在工业化基础之上的进程。工业化带来了教育水平的提高、现代职业结构的形式，以及生存安全水平的上升，这些最终推动民众越来越重视民主。

演化的现代化理论对美国的外交政策同时具有鼓励和警示意义。伊拉克提供了前车之鉴。与民主化几乎可以在任何地方被建立起来这一充满吸引力的观点相反，我们的理论指出，民主在某些条件下比在其他条件下更有可能被建立起来并运转下去。某些因素导致了美国在伊拉克轻松建立民主的期望落空，因素之一是萨达姆的政策加剧了深层族群分裂。在萨达姆政权倒台之后，美国犯的一个致命错误，是没有让伊拉克民众的人身安全感增加。当人们感到安全时，人际信任和宽容就会流行起来。民主不可能在被不信任和不宽容撕裂的社会中存活。在最近的几次调查中，伊拉克民众的仇外情绪是所有国家中最浓厚的。[28]

演化的现代化理论对美国的外交政策也有积极意义。在大量证据的基础上，它得出了经济发展是民主变迁的基本动力的结论。这表明美国政府应该竭尽所能去推动发展。例如，假如美国希望把民主带给古巴，那么孤立它只会起到反作用。解除禁运、促进经济发展、培养社会 139
参与以及建立同世界的联系更有可能会见效。任何发展过程都不是决定论性质的，但经验证据表明，生存安全水平的上升和对自我表现价值观的日益重视往往能摧毁威权政体。

同样，尽管许多观察家一直在被中国的经济复苏所震惊，但是，从长期来看这有积极意义。从民众的取向来看，中国正在向智利、波兰、韩国等国家转向民主时的自我表现价值观水平接近。从长期来看，中国的日益繁荣对美国的国家利益有益。更广义地讲，现代化理论表明美国应该欢迎和鼓励全世界的经济发展。

注　释

1　对民主化长期趋势的扩展分析，见 Christian Welzel, Ronald Inglehart, Patrick Bernhagen and Christian Haerpfer, “The New Pessimism about Democracy”, in Welzel, Bernhagen, Inglehart and Haerpfer, eds., *Democratization* (2nd edn.), New York: Oxford University Press, 2018。

2　Seymour Martin Lipset, “Some Social Requisites of Democracy: Economic Development and Political Legitimacy”, *American Political Science Review* 1959, 53(1), pp. 69-105.

3　最近，阿西莫格鲁和罗宾逊采用现有的经济计量方法，也得出了经济发展和民主都反映了深层的制度 / 文化因素的结论。（Daron Acemoglu and James A. Robinson, *Economic Origins of Dictatorship and Democracy*, New York: Cambridge University Press, 2006.）

4　Karl W. Deutsch, “Social Mobilization and Political Development”, *American Political Science Review* 1961, 55(3), pp. 493-514.

5　Barrington Moore, *The Social Origins of Dictatorship and Democracy*, Boston: Beacon Press, 1966.

6　见 Inglehart and Welzel *Modernization, Cultural Change and Democracy: The Human Development Sequence*, New York: Cambridge University Press, Chapters 7 and 8。

7　Daniel Kaufmann, Aart Kraay and Massimo Mastruzzi, “Government Matters III: Governance Indicators for 1996–2002”, No. 3106, The World Bank, 2003.

8 Ronald Inglehart and Christian Welzel, "What Insights Can Multi-Country Surveys Provide about People and Societies?", APSA Comparative Politics Newsletter (summer, 2004),15(2), pp.14–18.

9 这个观点更广泛的经验证据见 Ronald Inglehart and Christian Welzel, *Modernization, Cultural Change and Democracy: The Human Development Sequence*。

10 Ronald Inglehart and Christian Welzel, *Modernization, Cultural Change and Democracy: The Human Development Sequence*, Chapters 8 and 9.

11 Harry Eckstein, *A Theory of Stable Democracy* (No. 10), Center of International Studies, Woodrow Wilson School of Public and International Affairs, Princeton University.

12 这个推论适用于国家主导的政体变迁，不适用于外部强加的政体变迁。

13 因为民主和自我表现价值观是用不同的量表衡量的，所以我们把它们转换为可比较的量表，以计算民主与自我表现价值观的差异。首先，我们对两个变量进行标准化处理，将它们的量表标准化为它们的经验最大值，设定为 1.0。然后，我们从民主中减掉自我表现价值观，产生出从-1 到 +1 的不一致区间，其中 -1 代表自由民主最大化而自我表现价值观完全缺失的情况，而 +1 表示相反的情况。

14 韦尔策尔修改了这个分析。图 7—2 的早期版本出现在 Ronald Inglehart and Christian Welzel, *Modernization, Cultural Change and Democracy: The Human Development Sequence*, New York: Cambridge University Press, 2005, p. 189。

15 Ronald Inglehart and Christian Welzel, *Modernization, Cultural Change and Democracy: The Human Development Sequence*.

16 时间自相关，指的是特定变量在时间 1 上的水平是时间 2 上水平的强大的预测因子的趋势。例如，一个国家在 2014 年的人口是其 2015 年人口的强大的预测因子。

17 对这些变化的有见地的分析见 Daniel Lerner, *The Passing of Traditional Society: Modernizing the Middle East*, New York: Free Press, 1958。

18 见 Karl W. Deutsch, "Social Mobilization and Political Development", American Political Science Review 55, 1961(3), pp. 493–514; and Karl W. Deutsch, *Nationalism and Social Communication.* Cambridge, MA: MIT Press, 1966。

19 见 Gabriel A. Almond and Sidney Verba, *The Civic Culture: Political Attitudes and Democracy in Five Nations*, Newbury Park, CA: Sage Publications, 1963; Lester W. cf. Milbrath and Madan Lal Goel, *Political Participation: How and Why Do People Get Involved in Politics?* Boston: Rand McNally College Publishing Co., 1977; Sidney Verba, Norman H. Nie and Jae-on Kim, *Participation and Political Equality: A Seven Nation Comparison*, Chicago: University of Chicago Press, 1978; Samuel H. Barnes and Max Kaase, eds., *Political Action: Mass Participation in Five Western Democracies*, Beverly Hills, CA: Sage Publications, 1979.

20 Ronald Inglehart, *The Silent Revolution: Changing Values and Political Styles among Western Publics*.

21 上书中提出了这个论点。

22 Samuel H. Barnes and Max Kaase, eds., *Political Action: Mass Participation in Five Western*

Democracies. 书中利用五个国家的证据证明了这一点。

23 亚里士多德在 2500 年前提出民主制是中产阶级社会的典型政体。这个观点由达尔在 1971 年重新表述（Robert A. Dahl, *Polyarchy*, New Haven: Yale University Press, 1971），并在穆勒和万哈宁的经验分析中被证明（Edward N. Muller, "Democracy, economic development, and income inequality", *American Sociological Review* 1988[53], pp. 50–68; Tatu Vanhanen, *Democratization: A Comparative Analysis of 170 Countries*, New York: Routledge, 2003）。

24 Daron Acemoglu and James A. Robinson, *Economic Origins of Dictatorship and Democracy*; Daron Acemoglu, Simon Johnson, James A. Robinson and Pierre Yared, "Income and Democracy", *American Economic Review* 2008, 98(3), pp. 808–842; and Daron Acemoglu and James A. Robinson, "De Facto Political Power and Institutional Persistence", *The American Economic Review* 2006a, 96(2), pp. 326–330.

25 Robert D. Putnam, *Making Democracy Work: Civic Traditions in Modern Italy*, Princeton, NJ: Princeton University Press, 1993.

26 冷战的结束去除了最重要的阻碍因素，但这被诸如韩国取得的高水平的发展这样的条件所补充。

27 证据见 Ronald Inglehart and Christian Welzel, *Modernization, Cultural Change and Democracy: The Human Development Sequence*, pp.118–126 and 224–227。

28 Ronald Inglehart, Mansoor Moaddel and Mark Tessler, "Xenophobia and In-Group Solidarity in Iraq: A Natural Experiment on the Impact of Insecurity", *Perspectives on Politics* 2006, 4(3), pp. 495–506.

第八章 140

幸福感基础的变化 *

引　言

社会通过文化变迁调整自身的生存策略。文化变迁的过程仿佛是演化的力量在有意识地寻求人类幸福的最大化。

在农业社会，经济增长少、社会流动性差，人们的选择极其有限。宗教通过降低人们的期望，许给他们死后向上流动的可能，从而让人们感觉更幸福。但是，现代化社会带来了有益于幸福的变化，因为它们在生活方式的选择上赋予人们更广的范围。当前，尽管在大多数国家**内部**，信仰宗教的人比不信仰宗教的人感觉更幸福，但生活于现代化且世俗化的国家中的人，比生活在较少现代化且宗教化的国家中的人感觉更幸福。使幸福感最大化的现代策略似乎比传统策略更有效。

---

* 本章以笔者及笔者与福阿，彼得森和韦尔策尔的多项研究为基础。（Inglehart, Foa, Peterson and Welzel, 2008; Inglehart, 2010; Inglehart, 1997）

那么，人们的幸福感**能**被最大化吗？在不久以前，大部分人还都认为幸福感围绕着固定的基点上下波动，而如果这个基点是由基因决定的，那么不管个体还是国家都不能永久地增加其幸福感。最近的证据削弱了这种观点。来自 1981 年到 2014 年的有代表性的全国样本调查的数
141 据显示，在具有大规模时序数据的国家及地区中，绝大多数国家的幸福感都是上升的。原因是什么呢？

大量的经验证据表明，一个国家允许其民众自由选择的程度对幸福感有重大影响。从 1981 年到 2007 年，经济发展、民主化和社会宽容水平的上升提高了大多数国家的民众在经济、政治和社会生活方面的自由选择度，这带来了幸福感和生活满意度的增长。

全球视角下的发展、自由与幸福感

心理学家、经济学家、生物学家、社会学家和政治科学家已经对人类幸福感进行了经年累月的调查。“幸福感保持稳定”这一观点曾被广泛接受。不久以前，一项有影响力的研究表明，不管是繁荣的增长还是严重的不幸都不能永久地影响幸福感。它指出，经过一段时间的调整，个体的幸福感会恢复到基线水平。这就是“快乐水车”（hedonic treadmill）悖论。[1] 也就是说，当一个国家总体上变得富裕时，人们的相对收益与损失会互相抵消，民众的幸福感不会出现总体上的增加。[2]

另外，幸福感与生理因素紧密相连。[3] 对基因因素的研究表明，幸福感在很大程度上是可遗传的。[4] 个体在幸福感上的差异可能或多或少

是永久性的。[5]一个被广泛接受的观点认为，幸福感围绕着固定基点上下波动。[6]如果这个基点是由生理因素决定的，那么不管是个人努力还是国家政策都不能带来幸福感的永久改变。

与这种观点一致，许多证据表明，在很长一段时间内，相关国家的主观幸福感水平的平均值往往十分稳定。[7]社会比较理论对这种稳定性进行了解释。它认为，人们在收入提高后幸福感仍保持不变，是因为人们的参照物改变了。假如幸福感是由一个人在社会中的**相对**地位决定的，那么，即使国家的总体经济发展了，也只有那些收益高于涨幅平均线的人才能感受到幸福感的增加，而这些增加的幸福感会被那些收益低于涨幅平均线的人的幸福感的降低抵消。[8]

对“国家的幸福感水平保持不变”这一观点最有力的支持来自美 142
国，它提供了最长时间、最详细的时间序列数据。从 1946 年至今，成百上千的调查测量了美国民众的幸福感和生活满意度。调查数据显示，从那时起，美国民众的幸福感和生活满意度都呈现出持平的趋势。给定国家的幸福感水平看起来不像是随着时间在变化，因此，经济发展带来幸福感增长的观点受到广泛的反对。

幸福感能够变化吗？

但是，最近的研究表明，一些人的主观幸福感随着时间的推移发生了改变。[9]因此，个人并不必然陷于“快乐水车”的悖论中。

那么国家呢？个人幸福感可以变化，并不必然意味着给定国家的幸福感能发生变化。如果不同人的相对收益与损失互相抵消，那么国家的主观幸福感水平总体上不会出现向上或向下的明显变化。

然而，国家层面间的比较显示，不同国家根据其繁荣程度，在幸福感和生活满意度上存在着很大差异。1990 年，我分析了从富裕到非常贫穷的 24 个国家的数据，发现在人均国内生产总值与生活满意度之间存在着相关联系，相关系数是 0.67。我对此的解释是，经济发展**有助于**幸福感的上升。[10] 但我在当时收集的纵向证据尚不足以对这种解释提供非常有力的支撑。尽管数据表明富裕国家的幸福感水平明显高于贫穷国家，但当时学者认为，这只是反映了独特的文化差异。

现在我们有了非常有力的证据。价值观调查对包含世界大部分人口的许多国家进行了有代表性的全国样本调查，追踪了从 1981 年到 2014 年这些国家的幸福感和生活满意度的变化。大量的时间序列证据表明，国家的幸福感水平能够，并且**确实**出现了大幅度的上升或者下降，而国家的繁荣程度有助于解释这些幸福感水平的变化。

143 理论框架：人类发展与幸福感

判定一个国家的幸福感水平是否已经发生变化很重要，而理解这些变化**为什么**会发生更重要。我认为，文化变迁的过程仿佛是演化的力量有意识地采用了一种能使人类的幸福感最大化的策略。

脱离生存线上的匮乏能够带来主观幸福感的显著增长。但是，当超越临界点后，经济发展就不能带来主观幸福感的显著增长了。此时，温饱不再是大多数人主要关心的事项，生存开始成为理所当然之事。大量的后物质主义者开始出现，对他们来说，进一步的经济收益不能带来主观幸福感的明显增长。事实上，假如人们（或者国家）按照理性行事，那么我们预计这将带来生存策略的变化。

图 8-1 显示了这是如何发生的。当经济发展处在低水平时，即使较小的经济收益也能带来卡路里摄入、衣服、住所、医疗以及预期寿命方面的高回报。对于处在生存线上的人或国家而言，个人给予经济收益最大化的价值以最高优先级，或者国家给予经济发展的价值以最高优先级，这是一种有效的生存策略。但是，最终会达到一个临界点，之后进 144

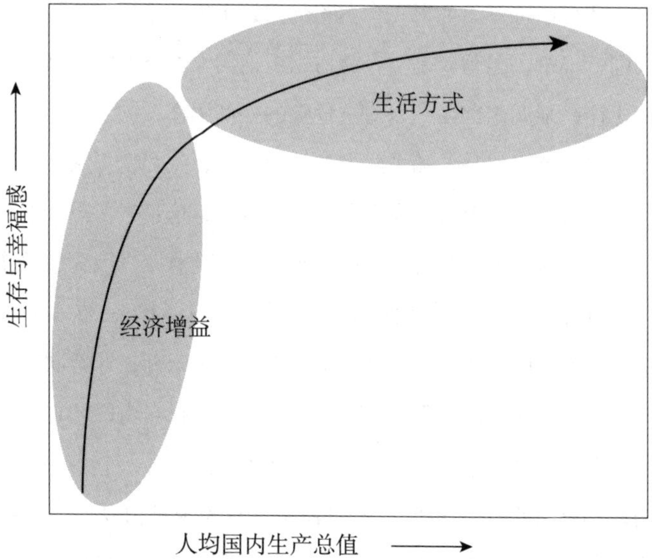

图 8-1　经济发展引起生存策略的变化
资料来源：Inglehart, 1997: 65

一步的经济增长能带来的预期寿命和主观幸福感方面回报的是很少的。目前大量跨国差异仍然存在，但在临界点之后，生活的非经济方面开始对人们的寿命和生活品质产生更大的影响。这里的理性策略是越来越重视非经济目标，而不是持续强调经济增长。

这个策略实际上是可行的。我们将会看到，经济发展往往带来自我表现价值观的转变，而自我表现价值观鼓励性别平等、提高对同性恋者和其他外部团体的宽容，以及民主化。这些都往往增加了一个国家的幸福感水平和生活满意度。

这些国家层面的变化反映了个体层面价值观的变化。人们从强调经济和人身安全优先，转向自我表现价值观优先。自我表现价值观重视言论自由和自由选择。如果一个国家仍然处于生存线附近，该国国民的选择范围就很窄，因为仅是生存就占用了他们大部分的时间和精力。他们的文化往往强调内部团结以对抗危险的外部团体，同时也要求成员严格遵守团体规范。但是，随着经济的持续增长，生存变得更加安全。人们的价值观从生存价值观转向自我表现价值观，这带来了更加宽容、开放的世界观。这种世界观有益于幸福感和生活满意度，因为它给予人们在选择如何度过自己的一生时以更大的自由。这对于女性和同性恋者尤为重要，因为她们的生活选择在不久以前还被限制在非常狭窄的范围内。但是，如同我们即将看到的那样，宽容和选择自由的增加也往往给整个社会带来更高水平的生活满意度和幸福感。

当人们从强调生存价值观转向强调自我表现价值观时，他们就从间接地追求幸福，即通过使经济收益最大化来达到这个目标，转向更加直接地追求幸福，即通过最大化生活中各个领域的自由选择来达到这个

目标。一个人对生活的自由选择感和控制感与幸福感有密切关系[11]，并 145
且这种关系似乎是普遍性的。在所有的文化区域中，幸福感都与个人的自由感有关。[12]

人们改变了追求幸福的方式，并不必然意味着他们将会获得幸福。但是，自从 1981 年以来，自我表现价值观得到了越来越广泛的传播。它有利于民主化，也使人们越来越支持性别平等和诸如同性恋者这样的外部团体。这些变化有益于增强人类的幸福感。[13]

生活于民主国家的人们往往比生活于专制国家的人们要幸福得多。[14]因为民主提供了更广的自由选择范围，而这有益于主观幸福感。[15]社会宽容也拓宽了人们的选择范围，加强了他们的幸福感。相应地，对性别平等的支持和对外部团体的宽容与幸福感有密切关系。这不是因为宽容的人更幸福，而是因为宽容的社会让每个人都生活在较小的压力之下。[16]

1990 年前后，几十个国家经历了民主化转变，强化了言论自由、旅行自由和政治中的选择自由。另外，自 1981 年以来，在价值观调查监测的大部分国家，对性别平等和宽容外部团体的支持都出现了显著的增长。[17]除上述变化外，在过去几十年中，包含世界一半人口的低收入国家经历了历史上最快的经济发展，这让它们脱离了挣扎在生存线上的贫困境地。总体而言，最近几十年的社会变化增加了贫穷国家的经济资源，以及中等收入和高收入国家的政治自由和社会自由。对生活于所有类型的国家中的人们而言，这使他们在决定如何度过自己一生的问题上有了更大的选择自由。我假设这些变化有助于整个国家幸福感水平的提升。

实证检验：增加的选择自由提升了幸福感和生活满意度吗?

自1981年至今的几轮价值观调查都包含了两个被广泛使用的主观
146 幸福感的测量指标，即（a）幸福感和（b）总体生活满意度。幸福感与生活满意度受到不同因素的影响，但两者在国家层面上有强相关关系，相关系数是0.81。对生活满意度的测量是通过询问受访者对自己生活的总体满意程度来实现的，采用了10级量表，值域从1（**一点儿也不满意**）到10（**非常满意**）。幸福感的测量是通过询问受访者的幸福程度来实现的，答案包括四个选项，分别是**非常幸福、相当幸福、不太幸福以及一点儿也不幸福**。这些选项作为对主观幸福感的测量已经得到广泛的验证。

从一开始至今，世界价值观调查团队就一直担心跨文化的等价性（equivalency）问题。这个问题十分关键，但并非不可解决。几十年来，研究者一直在开发和改善诸如反向翻译（back-translation）这类解决等价性难题的翻译技术，也一直在确定哪些问题适用于特定的文化情境，由于这类问题缺少有意义的等价对象导致相关的比较分析没有效果。例如，对于是否接受女性在公共场合佩戴头巾这一问题，法国的保守派是负面回应，土耳其的保守派是正面回应，而不了解这一问题背景的国家非常困惑。因此，我们认为对这一问题的回答不具有等价性。但是，在预测验和一轮又一轮的调查中，世界价值观调查团队通过对一个选项的内涵和人口相关因素的分析，已经确定了一系列在世界各地具有可比性，但用语不完全相同的关键概念。在我们调查的所有国家中，幸福感和生活满意度的概念似乎都有意义。几乎所有人都回答了这两个问题，他们的回答与主观幸福感的其他指标，如对家庭和工作的满意度[18]相关，也与外部验证标准，如本国的平均预期寿命或民主水平相关，两个相关呈现出一致的模式。幸福的含义在各处并不相同。在低收入国家，它与收入的相关度更强。而在高收入国家，它与社会宽容的相关度更强。但是，两种含义存在许多共同点，这使有效对比成为可能。尽管人们对于复杂的政策问题常常不回答，或是给出的回答在逻辑上不一致，但他们明明白白地知道他们是幸福的还是不幸福的。几乎每个人都能回答这些问题，因而不应答水平（non-response levels）极低。

基于收集到的幸福感和生活满意度的数据，我们构建了主观幸福感指数，给每个变量赋予了相同的权重。[19]与它的两个组成部分相比，147
主观幸福感指数为给定国家的主观幸福感水平提供了更广泛的指标。我们在六十多个国家及地区检验了这个指数以及它的每个组成部分的趋势，这些国家及地区都至少有两次相隔十年以上的调查数据。我们分析了 21 年内发生的平均变化，相当于每个国家都产生了四次以上调研的测量数据。

由于我们假定拥有自由选择和对自身生活的控制感对幸福感有重大影响，所以我们也测量了这个变量的变化。[20]为了测量经济因素和民主化的影响，我们采用了世界银行数据库（World Bank database）提供的相关国家的人均国内生产总值（通过购买力平价估算）和经济增长率，以及第四代政体研究项目（Polity IV project）对民主的测量。[21]

发　现

早在20世纪90年代，价值观调查的截面证据就已经指出经济发展有益于主观幸福感水平的提高。[22]但是，在很长一段时间内，我们没有足够的数据去检验主观幸福感水平的变化。美国除外，它的数据显示其主观幸福感水平变化微小。因此，经济的增长有助于幸福感的提升这个观点并未被普遍接受。接下来的分析检验了“经济发展以及其他促进自由选择的因素，诸如增长的社会宽容和民主化，确实提升了主观幸福感水平”这一假设。

在过去几十年中，世界上大部分地区出现了空前的经济发展，民主得到了传播。同时，富裕的民主国家的民众经历了社会规范的重大变迁。性别平等的提升和对外部团体宽容的增长，扩大了超过半数民众的自由选择范围，并为每个人都创造了更加宽容的社会环境。这表明这些国家的主观幸福感水平应该上升了。

在检验证据之前，我们先检验在世界大部分人口中经济发展与主观幸福感之间的截面数据关系。我们将使用比以前更广泛的、覆盖了1981年到2014年的数据库，去检验许多国家随着时间推移发生的实际变化。

148 ## 经济发展与幸福感：截面关系

图8-2显示了包含世界90%人口的95个国家及地区的生活满意

度与人均国内生产总值之间的关系。[23] 为了使可信度（reliability）最大化，这个表是根据 1981 年到 2014 年所有价值观调查的数据绘制而成。这些国家和地区的生活满意度的平均得分与 2000 年的人均国内生产总值被绘制在一张图表之上。图 8–2 的曲线显示了人均国内生产总值与生

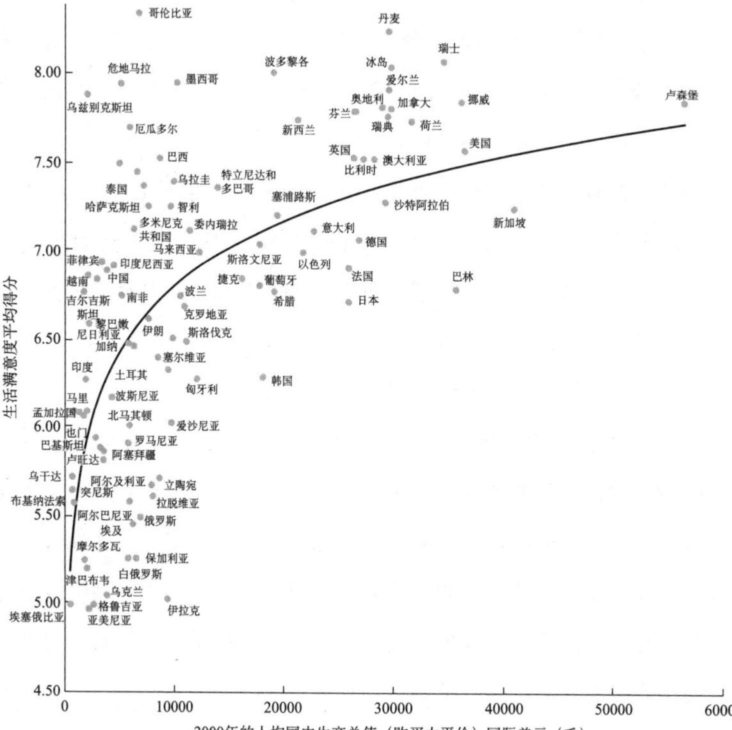

图 8–2　生活满意度与经济发展

说明：给定国家的生活满意度的平均得分，数据来自 1981—2014 年的世界价值观调查 / 欧洲价值观调查。（编按：图中国家名称以最新标准为准）经济数据采用的是世界银行 2000 年通过购买力平价估算出的人均国内生产总值

对数曲线（r = 0.60）

活满意度之间关系的对数回归线（logarithmic regression line）。[24] 假如
149 每个国家和地区的生活满意度都完全由其经济发展水平决定，那么所有国家和地区都会落在这条线上。大多数国家和地区都离这条回归线相当近，但它是收益递减曲线。如假设所言，在量表低端，即使很小的经济收益也能带来较大的主观幸福感收益。但是，随后曲线在富裕国家趋于平缓。在量表高端，进一步的经济收益带来极少的，甚至不能带来主观幸福感的增长。一个国家的国内生产总值与其生活满意度水平的相关系数是 0.60，这是一个相当强的相关，但是远未达到一对一的关系。它表明，经济发展对主观幸福感有重要影响，但这只是部分影响。在量表高端，不同国家在生活满意度方面仍然存在很大差异，但这些差异似乎反映了一个人所生活的国家的类型，而不是经济因素。这说明，对于一个贫穷的国家来说，最有效的最大化幸福感的方式是经济增长。但是，在高收入国家，幸福感的最大化则需要不同的策略。

与现代化有关的文化变迁可以被看作从使人的生存机会最大化向使人的幸福感最大化的转变。其中，前者通过给予经济和人身安全以最高优先级来实现，后者则通过文化变迁和社会变迁来实现。这种转变在策略上看起来是可行的。强调自我表现价值观的人比强调生存价值观的人具有更高水平的幸福感和生活满意度，而生活在民主国家的人比生活在威权国家的人具有更高水平的幸福感。

展示经济发展与自述的幸福感之间关系的图表显示了相似的曲线模式。当经济发展水平从赤贫国家水平向富裕国家水平移动时，幸福感水平先是快速上升，然后渐趋平缓。在最富裕的国家，进一步的经济增长与更高水平的幸福之间只有微弱的关系。

对于极度贫困的人来讲，经济收益对幸福感有重大影响。在生存线上，幸福几乎可以被定义为得到足够的食物。当经济发展水平从极度贫穷的国家如津巴布韦或是埃塞俄比亚，移向其他贫穷但非赤贫的国家时，幸福感曲线急剧上升。但是，当到达塞浦路斯或是斯洛文尼亚的水平时，曲线趋于水平。尽管卢森堡的富裕程度是丹麦的两倍，但是丹麦人比卢森堡人更幸福。在这个水平上，生活满意度的差异反映了其他因素而非人均国内生产总值。

高收入国家民众的幸福感水平远高于低收入国家民众，在生活满 150
意度上也是如此。在丹麦，52% 的人表示对自己的生活非常满意（在 10 级量表上选择了 9 或 10），45% 的人表示非常幸福。在亚美尼亚，只有 5% 的人对他们的生活非常满意，仅有 6% 的人感觉非常幸福。与在大多数国家**内部**的较小差别相比，跨国差别是巨大的。

两种国家类型中的经济发展与幸福感

图 8–3 再次展示了经济发展与主观幸福感之间的关系。这幅图显示了两个独特的国家群体的轮廓，即（1）原社会主义国家，以及（2）拉丁美洲国家。它清楚地表明，在经济发展达到一定水平后，一些类型的国家似乎在使其公民的主观幸福感最大化方面做得比其他国家更好。尽管这两个国家群体具有大体相似的收入水平，但是，拉丁美洲国家的民众始终显示了比原社会主义国家民众高得多的生活满意度和幸福感水平。所有 12 个拉丁美洲国家都处于回归线上方，表明其实际主观幸福感水

平要高于其经济水平所预测的幸福感水平。相反，几乎所有原社会主义国家的实际主观幸福感水平都低于其经济水平所预测的幸福感水平。俄罗斯和其他几个原苏联加盟共和国确实显示了比印度、孟加拉国、尼日

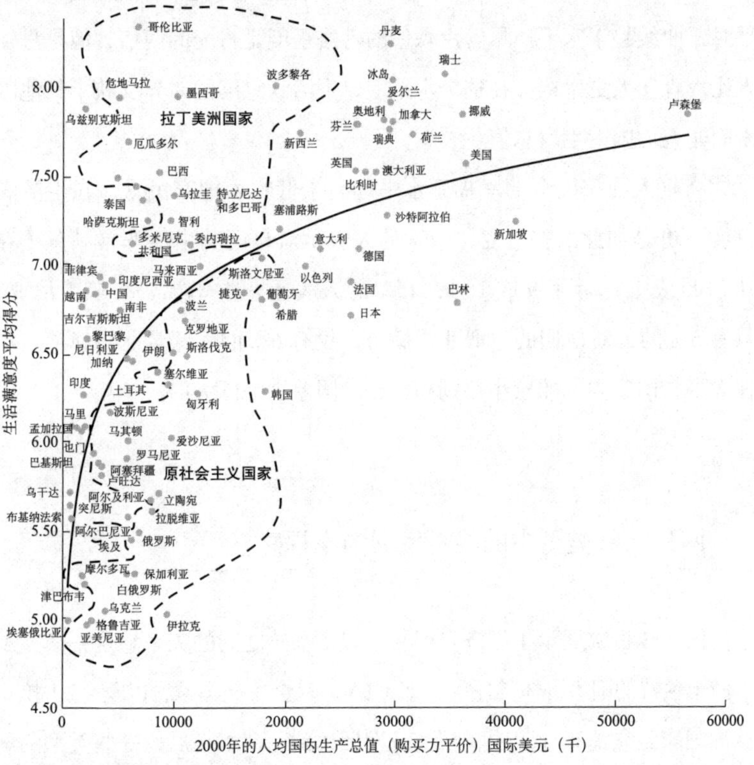

151 **图 8-3　生活满意度与经济发展，绘出了“原社会主义国家”和“拉丁美洲国家”这两个独特的群组的轮廓**

说明：给定国家和地区的生活满意度的平均得分，数据来自 1981—2014 年的世界价值观调查 / 欧洲价值观调查。（编按：图中国家名称以最新标准为准）经济数据采用的是世界银行 2000 年通过购买力平价估算出的人均国内生产总值

对数曲线（r = 0.60）

利亚、马里、乌干达或布基纳法索这些穷得多的国家还要低的主观幸福感水平。

生活满意度与幸福感显示了相似的类型。在主观幸福感的两个指标上，拉丁美洲国家的表现都超出预期，而原社会主义国家的表现则低于预期。在拉丁美洲国家，平均 45% 的人认为自己非常幸福，42% 的人对自己生活的总体评价是非常满意。而在原社会主义国家，只有 12% 的人认为自己非常幸福，仅有 14% 的人对自己的生活非常满意。

社会主义国家并不必然与低水平的主观幸福感相连。作为社会主义国家的中国和越南经济增长率高，民众的幸福感水平远高于原苏联加盟共和国。政治、经济和信仰体系的崩塌似乎大幅削减了苏联和东欧原社会主义国家国民的主观幸福感。

这里，信仰体系发挥着重要的作用。尽管长期以来宗教在这些国家中的影响都很弱，但是共产主义信仰曾经一度取代宗教的角色。在长达几十年的时间里，这些国家的国民都相信共产主义是未来的浪潮。152
“共产主义正在建立一个更好的社会”这一信念曾经给了许多人生活的目的。共产主义信仰的消解在原社会主义国家留下了精神真空，而在拉丁美洲，对神和国家的传统信念仍然很强大。

对有益于主观幸福感的因素的回归分析显示，过去或当前时间点上高水平的宗教性预示着将来某个时间点上相对高水平的主观幸福感，[25] 原因是宗教提供了可预测性和安全感，尤其是在经济安全水平低的国家。[26] 对大多数原社会主义国家而言，马克思主义被抛弃留下了意识形态的真空，也导致了民众的幸福感的下降。当前，日益壮大的宗教正在填补这个真空。

这些分析还表明，即使我们控制了经济发展的水平，社会的宽容程度也会对主观幸福感产生影响。不宽容的社会规范严格限制了人们的生活选择，降低了民众的主观幸福感水平。对性别平等、同性恋者和信仰其他宗教的人士的宽容，对主观幸福感有显著影响。对人宽容会让自己产生幸福感，而宽容的社会环境有益于每个人的幸福感。[27]

尽管主观幸福感与国家自豪感之间存在强相关关系，但它看重与宗教的相关性。因此，当宗教性被纳入分析时，国家自豪感只显示了极其微小的影响。不发达国家比发达国家拥有更强的宗教性和国家自豪感，这部分地弥补了经济发展水平低下的不足。因此，拉丁美洲国家与原社会主义国家之间的差异，可能部分反映了一个事实，即几乎所有拉丁美洲民众都有很强的宗教信仰和国家自豪感，而原社会主义国家的民众则没有这些特征。

民主与幸福感之间存在强相关关系。我们的主观幸福感指数与重大的民主化浪潮来临之前的 1978 年的民主水平之间存在强相关关系，相关系数是 0.74。民主国家的民众生活得比威权国家的民众幸福得多。[28]

现代化理论认为，过去 30 年的变化引起幸福感增强的主要原因是，
153 变化带来了更大的选择自由。在此方面，拉丁美洲也比原社会主义国家得分高得多。45% 的拉丁美洲人表示他们有“很多选择”（在 10 级量表上选择了 9 或 10），而在原社会主义国家平均只有 21% 的人选择了同样的分值。

上升的幸福感和生活满意度：时间序列证据

现代化演化理论和上面检验的截面证据表明，当一个国家变得经济上更安全、更民主以及更宽容时，它的民众在如何度过自己一生的选择上自由度会增加。相应地，它的民众的主观幸福感水平会上升。与这种预期一致，在 1981 年到 2014 年间，有着大规模时序数据的 62 个国家及地区中的绝大多数国家及地区的生活满意度和幸福感水平都上升了。

因此，正如图 8–4 和图 8–5 所示，在这个时间段内 84% 的国家的幸福感增强了，65% 的国家及地区的生活满意度上升了。从 1981 年到 2014 年，主观幸福感呈现出了压倒性的上升趋势。

幸福感的上升趋势跨越了从低收入到高收入国家的范围，也跨越了不同的文化区域。许多增长相当可观。在图 8–4 处在中间位置的国家，从最早到最新的调查中表示自己“非常幸福”的民众的比例上升了 8 个百分点。这些增量反映的是随机差异的可能性可以忽略不计。（有位学者认为，幸福感和生活满意度的普遍上升，是因为在关于幸福的问题上调查员的操作指南发生了某种变化。如附录一所示，经验证据驳倒了他的观点。）[29]

幸福感与生活满意度紧密相关，生活满意度的提高也往往伴随着幸福感的增长。但是，它们反映了主观幸福感的不同方面。生活满意度与财务方面的满意度以及国家的经济水平关系更密切，而幸福感则与情感因素关系更密切。这有助于解释为何最近几年幸福感增长的趋

154

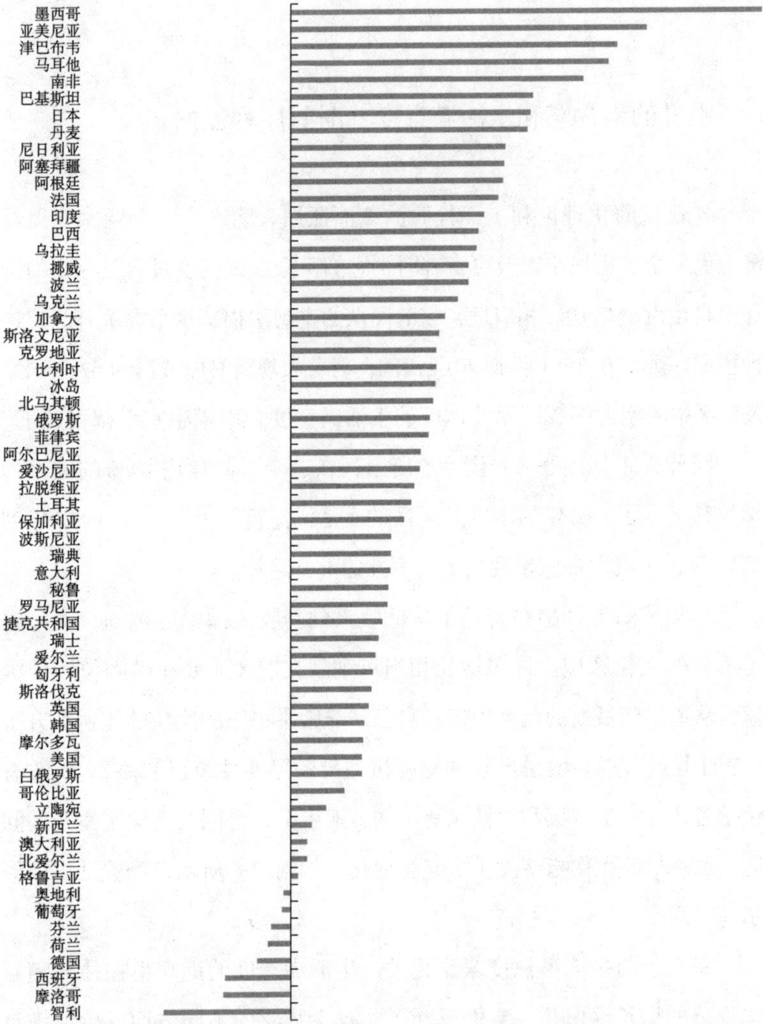

图 8-4 从最早到最新调查中表示他们总体上“非常幸福”的比例的变化

资料来源：1981 年到 2014 年进行的世界价值观调查和欧洲价值观研究，包括了所有至少有十年时间序列数据的国家。（编按：图中国家名称以最新标准为准）时间跨度的中位数是 20 年

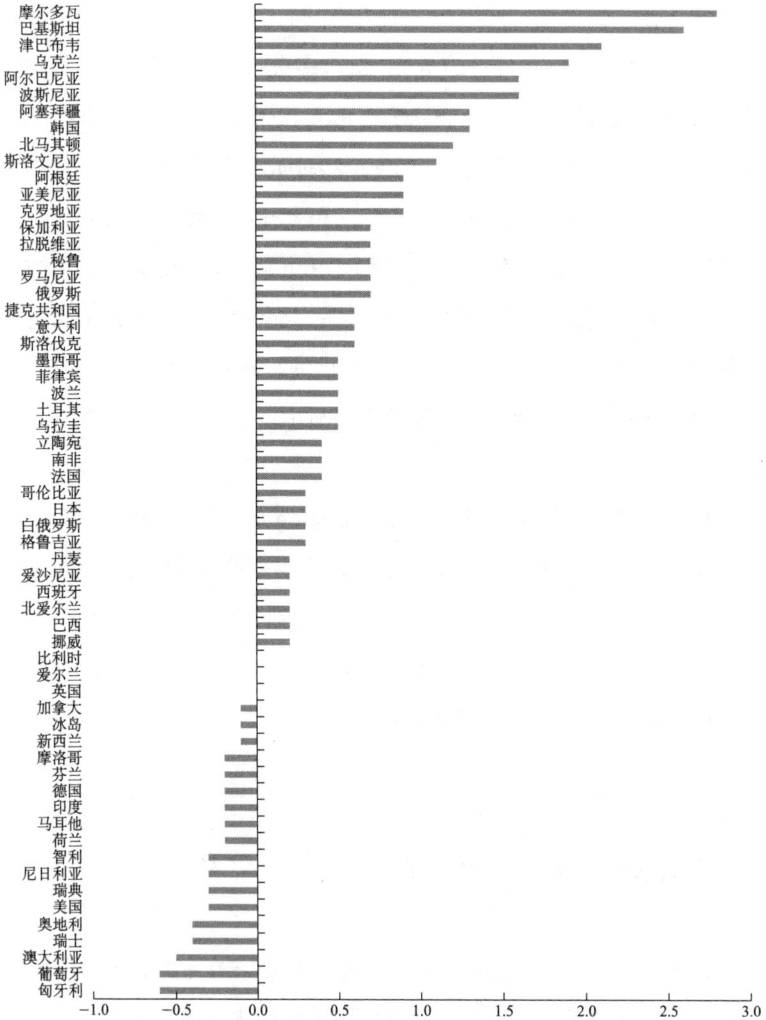

图 8-5　从最早到最新调查中生活满意度平均分的变化

资料来源：1981 年到 2014 年进行的世界价值观调查和欧洲价值观研究，包括了所有至少有十年时间序列数据的国家。（编按：图中国家名称以最新标准为准）时间跨度的中位数是 20 年

势强于生活满意度提高的趋势。因为当民主化带来了自由的广泛传播时，它并不必然伴随着经济的增长。如大多数原社会主义国家，民主化伴随着经济的衰退，这导致民众的生活满意度的下降，但民众的幸福感则上升了。另外，对性别平等的支持和对同性恋的宽容一直在快速增长（如第五章所示）。但是，在过去的 30 年中，富裕国家的收入不平等加剧了，大多数人的实际收入下降了（第九章将会证明）。我们预测，性别平等和对同性恋的宽容的不断发展，对幸福感的影响大于对生活满意度的影响，而经济下降对生活满意度的影响大于对幸福感的影响。与这个预测一致，幸福感在世界范围内显示了比生活满意度更持续的增长。

最后，我们预测大衰退（Great Recession）对幸福感和生活满意度都造成了负面的影响。[30] 图 8-6 采用了 12 个国家的数据对这个预测进行
156 了检验，所采用的最新价值观调查数据时间区间为 1984—2012 年。
157 结果表明，幸福感和生活满意度在 2005 年前后在这些国家达到峰值，在 2008 年后的调查中都下降了。

为何这些趋势未被注意到？

为何主观幸福感的长期上升这一重要现象未被注意到呢？我们认为有三方面的原因。首先，大多数早期证据都来自富裕国家，它们已经进入了经济发展收益递减的阶段，显示出极小的变化。这支持了国家的幸福感水平不会改变的观点。其次，关键的社会变迁，即全球经济增

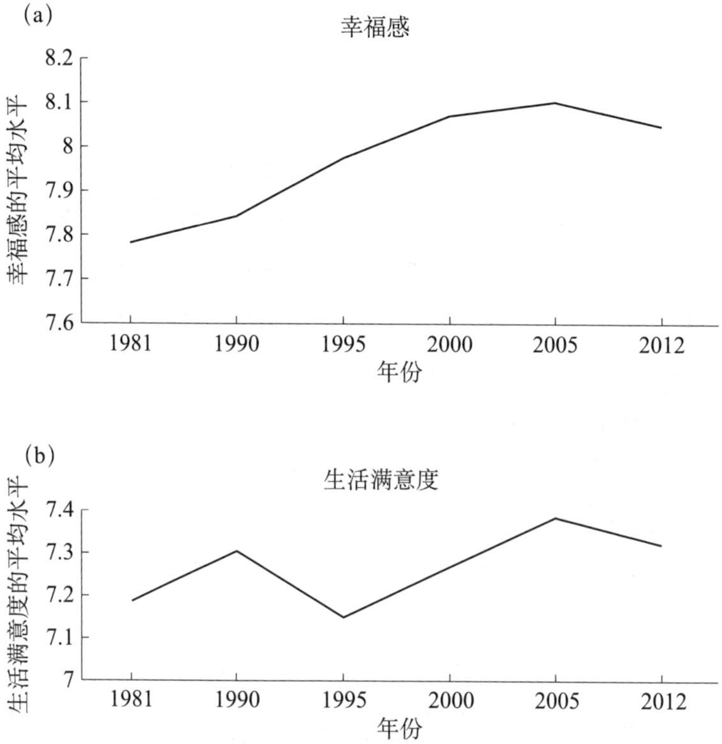

图 8-6（a、b） 12 个国家的生活满意度和幸福感趋势（1981—2012 年）

资料来源：根据所有 12 个国家在 1981—1983 年进行的第一轮价值观调查和在 2010—2014 年进行的第六轮价值观调查的数据，计算了阿根廷、澳大利亚、芬兰、德国、日本、韩国、墨西哥、荷兰、南非、西班牙、瑞典和美国每年的平均得分。对生活满意度的测量采用的是 10 级量表。其中，1= 非常不满意，10= 非常满意。对幸福感的测量采用的是 4 级量表。其中，1= 非常幸福，4= 一点儿也不幸福。为了使两个量表具有可比性，反转了幸福感量表的极性，并使其得分乘以 2.5

长、民主的广泛传播、对多样性的宽容的增长，以及自由感的上升，都是较晚近的现象，因而在相当少的国家中进行的早期调查没有反映出这些变迁。最后，对主观幸福感的决定因素进行的跨国调查，关注的往往是生活满意度而非幸福感，而前者往往显示出更强的趋势。

最常被引用的时间序列数据显示，美国幸福感水平增长停滞开始于 1946 年，该年的水平可能是美国历史上的最高水平。自第二次世界大战后，美国一直是世界上最强大和最富裕的国家。另外，美国民众很有可能获得了与第二次世界大战中正义战胜邪恶的历史性胜利有关的欢娱感。假如调查是在 20 世纪 30 年代的大萧条时进行的，它们很可能会显示比 1946 年低得多的主观幸福感水平。但是，即使人们驳回这种可能性，美国也不属于主观幸福感水平调查的典型国家。

幸福感在大多数国家出现了增长的结论，得到了来自 26 个国家的额外证据的支持。世界幸福感数据库（World Database of Happiness）提供了这些国家幸福感的时间序列数据，对它们的调查开始于 1946 年。[31] 此外，最近价值观调查的数据也补充支持了上述结论。在这 26 个国家中，19 个国家的幸福感水平上升了。一些国家和地区，如印度、爱尔兰、墨西哥、波多黎各和韩国，显示了大幅上升的趋势。其他显示了上升趋势的国家有阿根廷、加拿大、中国、丹麦、芬兰、法国、意大利、
158 日本、卢森堡、荷兰、波兰、南非、西班牙和瑞典。3 个非常富裕的国家，即美国、瑞士和挪威，从最早到最新的调查中都显示了持平的趋势，但这 3 个国家的幸福感水平都非常高。只有 4 个国家（奥地利、比利时、英国和联邦德国）显示了下降的趋势。这与经济发展和幸福感之间的关系遵循收益递减曲线的假设一致，除一个国家之外的所有低收入或中等收入的国家在时间序列开始时都显示了加速上升的趋势，所有的高收入国家都显示了持平的或下降的趋势。

在某些条件下，国家的幸福感和生活满意度水平会出现大规模的

和持久的变迁，这与主观幸福感水平是由固定的节点或基因因素决定的观点不相容。苏联的解体提供了特别明显的例证。[32]

主观幸福感与国家的解体：俄罗斯的案例

在 1982 年，俄罗斯民众的幸福感和生活满意度的排名与它的经济发展水平所预测的一致。但是，随着经济、政治和信仰体系的崩塌，俄罗斯的主观幸福感下降到前所未有的水平。它在 1995—1999 年间下降到非常低的水平，大多数俄罗斯人表示他们不幸福，对生活总体上不满意。这是不寻常的。因为在这个现象被观察到之前，发表的文章一直都在解释为什么几乎所有国家的民众在有关幸福感和生活满意度的问题上总是给出正面的回应。[33]

大多数主观幸福感的下降出现在1991年苏联解体之前。1999年后，俄罗斯的主观幸福感得到相当大的恢复。但是，它 2011 年的生活满意度仍然低于其 1982 年的水平。与主观幸福感水平是由固定的基点决定的理论不同，苏联的解体与主观幸福感的明显又持久的下降有关。

基因因素可能解释了主观幸福感在特定国家内部、特定时间点上发生的一大部分变化。但是，基因因素不可能解释俄罗斯的主观幸福感水平发生的大规模且持久的变化。在俄罗斯，生活满意度几乎下降了 159
整整两个量表级别，表示自己“非常幸福”的人所占的比例下降了整整 28 个百分点。另外，这些变化持续了 30 年，显示了理论上可预测的双向变化：首先，随着苏联解体，主观幸福感水平出现了大幅度的下降；

17年后，主观幸福感水平出现与经济和政治恢复有关的上升。它也与宗教性和民族主义的增长有关，宗教和民族主义似乎正在填补抛弃马克思主义意识形态后留下的真空。俄罗斯的主观幸福感水平的大幅下降不仅反映了苏联解体后的经济困难和政治动荡，也与马克思主义在该国被全盘否定和放弃有关，这一信仰体系曾经给予许多俄罗斯人生活的意义。

在整个人类历史长河中，存在着两种减少不幸福感的策略。第一种是降低人们的期望，使人们接受苦难的不可避免性。这个策略被世界上几乎所有的主要宗教所采用。第二种是扩大人们的物质的、政治的和社会的选择范围。这个策略被称为现代化。经济发展和信仰体系都有助于塑造人们的主观幸福感。人类演化以寻求有用的策略，而一个强大的信仰体系，不论它是宗教的或是世俗的，都与相当高水平的主观幸福感有关。

到目前为止，信仰体系一直对主观幸福感发挥着重要作用，因为有信仰的人往往比无信仰的人感到更幸福。[34]尽管苏联时间的宗教政策非常严厉，但是，马克思主义作为一种意识形态，曾经成为许多人的信仰。在长达几十年的时间里，俄罗斯人都认为共产主义是未来的浪潮。“共产主义正在建立一个更好的社会”曾经是许多人的生活信念。

在勃列日涅夫时代，从1964年到1982年，苏联社会的信仰体系进一步紊乱恶化。曾经活力十足的苏联经济陷入经济的、技术的和智识的困境。很明显，建立一个平等的、没有阶级的社会的革命理想已经让位于由享有特权的、以维持自己长久统治为目的的“新阶级”统治的国家，这个“新阶级”由当时已经变质的苏联共产党领导。苏联代表了未来浪潮的信念让位于道德沦丧、旷工和酗酒。当戈尔巴乔夫在1985年掌权时，他试图扭转局面，但是越来越多的迹象表明，戈尔巴乔夫的“改革”反而加剧了危机。到1991年苏联解体时，苏联抛弃马克思主义 160
意识形态的事实已经很明显了。

俄罗斯的国家形象也受到了损害。苏联曾经与美国并称为世界上两个超级大国，这很可能给许多俄罗斯人带来自豪感和满意度。1991年，苏联分裂为15个国家，这损害了俄罗斯人的国家自豪感。在拉丁美洲，72%的民众表示他们为自己的国籍感到骄傲，而在苏联和东欧国家，只有44%的人做了同样的回答。在拉丁美洲，对神和国家的传统信仰仍然很强大，[35]而在苏联和东欧国家里，共产主义信仰的消解似乎留下了真空，民族主义和宗教开始涌入。

在这些地区，大多数民众所显示出的主观幸福感水平都低于由他们的经济水平所预测的幸福感水平。我们认为情况并非总是如此。他们特别低的幸福感水平反映了他们的经济体系、社会体系、政治体系以及信仰体系在他们国家的瓦解。

为了验证这个观点，让我们来检验俄罗斯的生活满意度和幸福感的起落。为了有效地进行检验，我们需要作出一个重要假定。即如果分析共产主义在苏联被抛弃带来的影响，我们需要测量此前与之后苏联的主观幸福感。但是，共产党掌权时，几乎没有社会主义国家参加跨国调查，只有匈牙利是个例外。在1982年的首次价值观调查中，它是唯一参加调查的社会主义国家。当时在苏联内部进行有代表性的全国样本调查是不可能的，于是苏联科学院的学者认为苏联的一个行政区，即坦波夫州，是俄罗斯共和国的代表，之后，他们在那里进行了价值观调查。学者提出的坦波夫州代表俄罗斯的观点十分重要，因为我们要使用坦波夫州的结果去估计俄罗斯在时间序列的第一个时间点上的水平。尽管我们也有苏联解体前一年即 1990 年针对俄罗斯的调查数据，但把坦波夫州作为整个俄罗斯的代表，使我们能够检验从 1982 年到 2011 年的更长的时间序列数据。为了检验坦波夫州能否代表整个俄罗斯，我们在 1995 年和 2011 年对坦波夫州进行了额外的调查。正如我们将看到的那样，在这两个时间点上，坦波夫州的结果都与同一时间在俄罗斯进行的
161 有代表性的全国样本调查的结果非常接近。我们苏联科学院的同行认为坦波夫州代表了整个俄罗斯的观点似乎是正确的。

我们采用回归分析来确定有益于主观幸福感的因素。分析的结果表明，即使在控制了一个国家的繁荣程度和其他因素后，苏联和东欧国家治理下的生活经验仍然对生活满意度有统计学意义上的显著的负面影响。这似乎部分地反映了马克思主义被抛弃后留下的真空。如在此之前的图 4–3（见第 97 页）所示，宗教性在原社会主义国家比其他任何地方增长得都快，就像它正在填充真空。人们在生活中感受到的选择自由的程度，对一个国家的生活满意度水平有重大影响。当我们把选择自由考虑进来时，宗教性和国家治理模式的影响都急剧下降。这表明，原社会主义国家得分低的一个原因，是它们的民众对自己生活的控制感很弱。相反，宗教很重要，因为它使人们感受到自己的生活正安全地处于更高力量的控制下。

图 8–7 显示了俄罗斯从 1982 年到 2011 年生活满意度的轨迹（使用坦波夫州作为俄罗斯在 1982 年的代表）。起初，俄罗斯民众的主观幸福感处在经济水平预测的点上，略高于越南（仍是社会主义国家）。

到 20 世纪 60 年代和 70 年代，俄罗斯的幸福感水平很有可能更高，因为 1982 年时俄罗斯已经经历了酗酒、旷工的加剧，以及男性预期寿命的下降。在接下来的数年中，随着苏联解体和共产主义信仰体系的被抛弃，俄罗斯的生活满意度下降到前所未有的低水平。

俄罗斯民众经历了重大的社会和经济冲击。他们的人均收入下跌了 43%，失业率从接近零上升到接近 14% 的最高值。[36] 除此之外，俄罗斯还经历了腐败、经济不平等，以及有组织的犯罪的爆发。男性的预期寿命从苏联时期接近 65 岁的高点，降到 1995 年不足 58 岁的低点，这

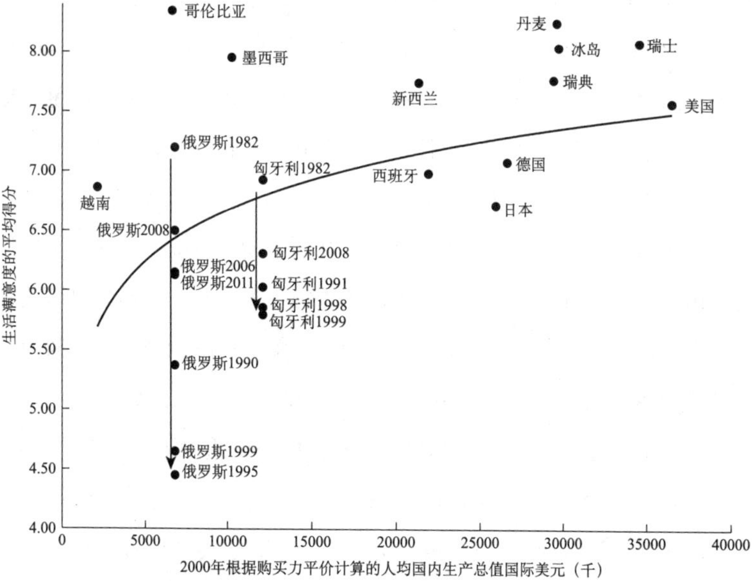

162

图 8-7　共产主义信仰体系的消解与生活满意度水平的变化（1981—2011 年）

说明：生活满意度的平均得分来自所示年份的世界价值观调查，经济数据采用的世界银行在 2000 年通过购买力平价计算出的人均国内生产总值（编按：图中国家名称以最新标准为准）

比撒哈拉以南非洲的大多数国家还要低。[37]

俄罗斯民众1982年的生活满意度的平均得分是7.13分（在10级量表上），1990年（就在苏联解体之前）降至5.37分，1995年直落到前所未有的低分4.45分。生活满意度的平均得分在1999年回升到4.65分，当时绝大多数的俄罗斯民众的生活满意度仍处在量表值域的中点以下。当普京在2000年掌权时，他重建社会秩序，提升油价，从而带来了经济的繁荣。生活满意度的平均得分在2006年上升到了6.15分，在2008年到达高点6.5分，然后在2011年退到了6.13分，仍然低于1982年的水平。因此，俄罗斯的生活满意度的下降远非暂时现象。

匈牙利是除俄罗斯外唯一可能在东欧剧变前进行价值观调查的社会主义国家。匈牙利向市场—民主制转变的后果远没有俄罗斯严重。它的经济的下滑和国内秩序的解体都相对温和，并且匈牙利人在东欧剧变之后仍然保留了其国家认同。到2003年，匈牙利已经足够繁荣和民主，得以加入欧盟。尽管如此，匈牙利的生活满意度的下降也与东欧剧变相关。1982年，匈牙利的生活满意度的平均得分是6.93分，与当时坦波夫
163 州的水平接近，稍高于中国的水平。但是，随着东欧剧变，匈牙利的生活满意度在1991年下降到6.03分，到1999年进一步下跌到5.69分。在2008年它的得分得到恢复，回升到6.3分，但仍然低于其1982年的水平。

我们缺乏其他原社会主义国家的完整数据，而这些数据能证明社会信仰体系的消解导致国家的生活满意度的下降。令人吃惊的是，原社会主义国家亚美尼亚、格鲁吉亚、乌克兰、白俄罗斯、保加利亚、阿尔巴尼亚、拉脱维亚、立陶宛、爱沙尼亚、北马其顿、罗马尼亚和阿塞拜疆的主观幸福感水平都远低于由其经济水平预测出的幸福感水平。这看

起来似乎不可能是因为生活在这些文化多元化国家中的民众，有表达不满意的独特的文化倾向。我们怀疑这种低水平的生活满意度反映了与东欧剧变有关的创伤性经历。

同样，由于缺乏伊拉克、埃塞俄比亚和津巴布韦的长期的时间序列数据，因此我们不能证明它们的民众总是具有如图 8-2 所示的极低的主观幸福感水平。但是，这是令人难以置信的，因为这些国家当时正在经历经济的、社会的和政治的灾难。很有可能伊拉克人、埃塞俄比亚人和津巴布韦人处在世界上最“不满意”的人群的行列，因为他们对生活满意度有着独特的文化理解。但似乎他们的不满意，更有可能是由他们国家的生活环境变得令人厌烦、残酷及匮乏导致的。

重大的事件如东欧剧变，可以持久地影响整个国家的主观幸福感水平。像这类主观幸福感水平的大幅下降并不经常发生，但是当它们发生时，便产生深远的影响。在 1991 年苏联解体之前，主观幸福感水平已经急剧下降。同样，在 20 世纪 80 年代比利时国家分裂，以族群为基础的联邦重组之前，主观幸福感水平的急剧下降已经发生了。[38]

图 8-8 把俄罗斯的生活满意度的变化放入了比较的情景中，它显示了俄罗斯的生活满意度的平均水平，以及作为对比的两个高收入的稳定民主国家瑞典和美国的平均水平。在 1981 年到 2011 年这 30 年中，瑞典和美国的民众显示了稳定的高水平的生活满意度，在 10 级量表上得到了大约 7.5 分。而俄罗斯民众在 1982 年的得分已经明显低于瑞典和美国，为 7.13 分。1995 年的得分更跌至 4.45 分，2011 年的得分回升到 6.13 分，仍然低于 1982 年的水平。

如图 8-8 所示，在 1995 年和 2011 年再次对坦波夫州进行的调查显

164

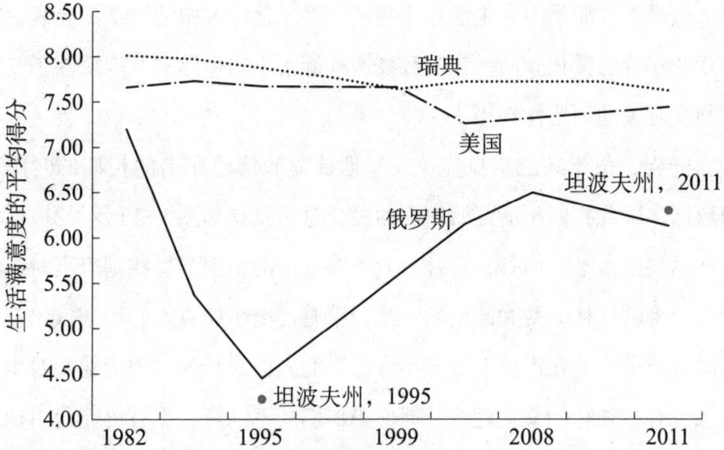

图 8-8 俄罗斯、美国和瑞典的生活满意度水平的变化（1982—2011 年）

说明：生活满意度的平均得分来自世界价值观调查

示，它的生活满意度水平与俄罗斯在同年的水平非常接近。这支持了给定年份的坦波夫州的生活满意度水平代表了俄罗斯水平的观点。在美国和瑞典发现的稳定的高水平，反映了在高收入的民主国家发现的典型模式，此前的大多数研究都是在这些国家进行的。但是，在俄罗斯和匈牙利观察到的剧烈波动，表明生活满意度远不及固定基点理论或社会比较理论所指出的那样稳定。

信仰体系的作用：作为幸福感来源的宗教与自由选择的对比

有大量的证据表明，信仰宗教的人比不信仰宗教的人更幸福。然而，证据主要来自发达的民主国家。[39] 那么，这对整个世界来说都是成立的吗？图 8-9 显示了 100 多个处于不同经济发展水平的国家及地区的主观幸福感与宗教之间的相关性。纵轴处于零点上，表示在此线上的国家的宗教与生活满意度不相关。这条线右侧的国家显示出正相关，而这条线左侧的国家显示出负相关。在绝大多数国家及地区，我们发现了正相关关系，表明信仰宗教的人往往比不信仰宗教的人更幸福。79 个国

165

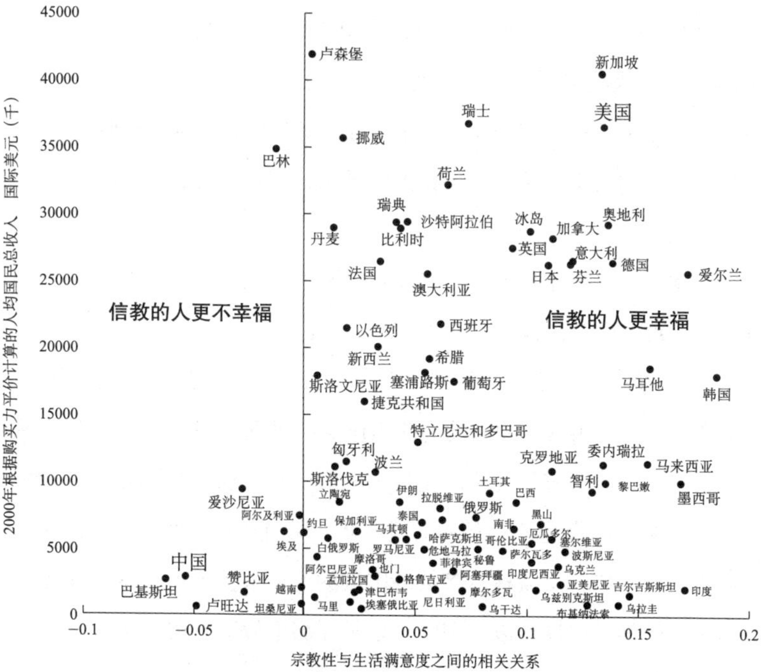

图 8-9　宗教性与生活满意度之间的相关关系

说明：生活满意度和宗教性的得分来自 1981—2014 年的世界价值观调查。经济数据采用的世界银行在 2000 年根据购买力平价计算的人均国民总收入

家及地区的宗教与生活满意度之间存在着统计学意义上的显著正相关关系，6个国家显示统计学意义上的显著负相关关系，23个国家显示没有统计学意义上的显著相关关系。在显示出显著相关关系的国家中，93%的国家显示在宗教性与生活满意度之间存在着正相关关系。

有着世界20%人口的中国，是最重要的例外，它在宗教性与生活
166 满意度的关系上显示了统计学意义上的显著负相关。1990年，我们在中国进行测量宗教性的首次调查，结果显示只有极小部分（1.2%）的人认为宗教在他们的生活中很重要，在10级量表上选择了9或10。2012年，4.7%的人给出了9或10的评分。中国的信教人士所占的比例极低，但在十几年中这一比例增长到几乎是原来的四倍。其他大多数在宗教与生活满意度的关系上显示出负相关的国家，都是有着低水平的生活满意度的低收入国家。[40]

在第四章，我们检验了所有至少提供了15年时间序列数据的国家，在1981年到2014年间对宗教重视程度的变化（时间跨度的中位数是23.5年）。与第四章提到一个观点相反，我们没有发现宗教的全球复兴。[41] 恰恰相反，大多数高收入国家的民众对宗教的重视程度**下降**了。但是，一些国家的民众确实显示出对宗教重视程度的增加，其中增长最大的几个国家是俄罗斯、白俄罗斯、保加利亚、罗马尼亚、乌克兰和斯洛伐克。尽管穆斯林占多数的国家的绝对宗教**水平**最高，但是宗教方面最大的**增长**出现在以上国家，宗教在那里似乎正在填补意识形态的缺失。

上升的选择自由感带来了上升的幸福感吗？对主观幸福感水平变化原因的分析

现代化理论认为，过去30年的变化带来了幸福感上升的一个主要原因是，变化带来对自我表现价值观的日益重视，而自我表现价值观强调选择自由。

三个关键的中介因素预测了价值观调查期间一个国家的选择自由感上升或下降的程度。首先，经济的强势增长会提升人们的选择自由 167 感。经济匮乏严重限制选择的范围，而资源的增长则给予人们更多的选择。其次，民主化与经济发展同等重要。经历了民主水平上升的国家的民众，也经历了选择自由感的上升。事实上，**每个**在这个阶段从威权统治转向民主的国家，选择自由感都上升了。最后，看起来令人吃惊的是，社会宽容的增长比经济发展或是民主化对人们的选择自由感的影响更大。

随着国家变得越来越富裕，生存威胁逐渐消退，人们对性别平等和社会多样性变得更加宽容。有关女性角色、族群多样性以及更加开放的社会规范，使人们在如何度过自己一生的问题上有了更广的选择范围。在过去的四分之一个世纪，民众对多样性的宽容出现非常大的增长。例如，在两个时间点上都有调查数据的国家，表示同性恋决不正当的受访者所占的比例从1981年的33%，降至2011年前后的15%。在大多数国家中，对女性的歧视态度显示了相似的下降趋势。

随着国家变得越来越富裕，收入对一个人的主观幸福感的影响递减，而个人自由的影响递增。当人们只能满足自己的基本所需时，经济因素才是他们幸福感和生活满意度的主要决定因素。但是，在生存安全水平更高的国家，人们给予自由选择和自我表现价值观以更高优先级，这在提高幸福感方面发挥了越来越重要的作用。

现代化演化理论认为，过去 30 年的变化带来幸福感上升的主要原因是，变化带来更大的选择自由。当我们分析每个国家从最早到最新调查中主观幸福感的**变化**时，我们发现选择自由感的变化是目前为止主观幸福感上升或下降的最重要影响因素。在价值观调查中，具有大量时间序列数据的国家中，79% 的国家的民众都认为自己的选择自由感和对自身生活的控制感增加了。几乎所有经历了自由感上升的国家，也都经
168 历了主观幸福感的提高。这表明，最近几十年的变化主要是通过增加自由选择来提升幸福感，这与现代化演化理论的观点是一致的。

图 8-10 总结了路径分析（path analysis）的结果。路径分析是分析因果序列的统计技术。[42] 这是一个动态的模型，它表明在控制了模型中的其他变量的影响后，一个变量的**变化**在何种程度上影响到另一个变量的**变化**。它对因果关系的检验能力比上面的截面研究要强大得多。它分析了在 56 个国家及地区 [43] 观察到的变化，这些国家都有很大的时间跨度（包括 1990 年之前和之后，平均超过 20 年）的数据。图中箭头的宽度表明每个因素的相对影响。

正如此图所示，人均国内生产总值和民主水平的上升带来了选择自由感在统计学意义上的显著增长。但是社会自由化（由对外部团体的上升的宽容水平得出）与选择自由感的上升有更强的相关趋势。反过来，选择自由感的上升是目前为止影响主观幸福感水平上升的最强因

素。主观幸福感水平是通过对幸福感和生活满意度指数的测量得出的。尽管社会自由化程度的加强对主观幸福感水平有少量的直接影响，但经济发展和民主化几乎完全是通过增加选择自由感对主观幸福感水平产生影响（如连接它们的箭头所示）。

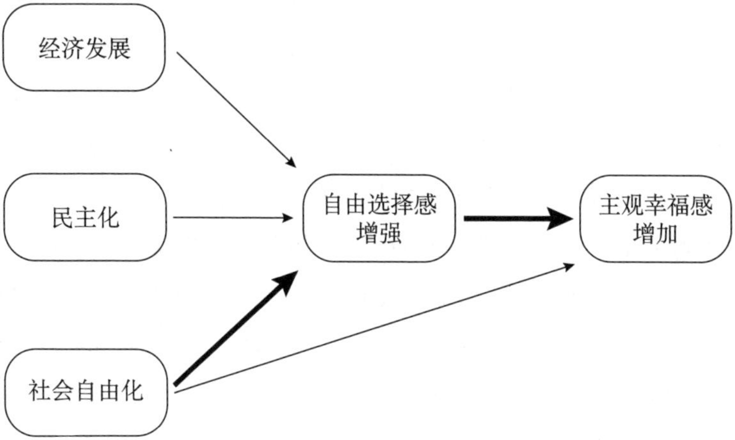

图 8-10　促进主观幸福感增长的因素，由 56 个国家及地区从最早到最新调查的数据得出

说明：建立在 Inglehart et al., 2008: 280 的图表基础上

一个国家在这个时期取得的经济发展、民主化以及社会自由化的 169
收益，解释了这个国家在选择自由感方面 44% 的增长。这些收益，连同增长的自由选择感，解释了一个国家 62% 的主观幸福感的增长。

尽管宗教性与主观幸福感之间存在着显著的截面联系，但是，它对我们在此处分析的主观幸福感的变化并未产生显著影响。尽管信仰宗教的人往往比不信仰宗教的人更幸福，但是，对宗教的日益增长的重视与幸福感的上升没有关系。上面的检验证据表明，宗教性的上升往往出现在民众出现不幸福感的国家。

我们的发现支持了研究幸福感不应该仅仅关注经济增长的观点。[44]经济增长对主观幸福感有重大的影响，然而，它是所检验的最弱的影响因素。

生活在高收入国家的民众有着相当高水平的主观幸福感的主要原因，是他们在如何度过自己的人生的问题上有相当大的选择自由。从1989年至今，几十个国家变得更加民主了，几乎所有高收入和中等收入的国家都更加支持性别平等以及更宽容地对待外部团体。这些都增加了人们的选择自由。在有时间序列数据的绝大多数国家中，表示有自由选择和对自己生活的有控制感的民众比例自1981年以来都出现增长。但是，“快乐水车”悖论和社会比较模型否定这些事实，认为它们并不相关。它们认为低排名国家会一直处在低位。但是，正如我们已经看到的那样，从1981年到2014年，主观幸福感水平在绝大多数国家都上升了。

然而，我们不认为主观幸福感会一直上升，原因是我们检验的时间段集合了各种有利条件。许多低收入和中等收入国家的经济出现了前所未有的高速增长。虽然富裕国家的经济发展速度相对缓慢，但是它们
170 经历了高速的社会自由化进程，民众对性别平等和同性恋的强硬反对还不及1981年的一半多。也正是在这个时期，几十个国家经历了民主化进程，但这往往是一次性事件。出现在1981年到2007年间的强势的经济增长和社会自由化进程，似乎不可能再在未来出现。

结 论

这里展示的发现表明，整个国家的主观幸福感水平并不像基因决定论、固定基点理论和社会比较理论所认为的那样，能够保持持久的稳定。我们并不认为上述理论提出的因素是与事实无关的，相反，大量的证据表明它们确实有影响，并且在任何给定的稳定的高收入国家中，它们都可以解释相当长一段时间内发生的事情。但是，当国家发生诸如政治的、经济的和信仰体系的崩溃这类大事件时，整个国家的幸福感和生活满意度水平可能出现巨大变化。

我们的发现表明，“快乐水车”模型应该被修正而非被抛弃。最近的研究提供了有说服力的证据，说明基因因素对主观幸福感有重大影响。同时，大量有说服力的证据也表明人们会适应变化，因而主观幸福感水平往往围绕着固定的基点上下波动。但是，正如我在之前指出的那样，这些因素并不能解释事实的全貌。只有当其他因素保持稳定时，“快乐水车”模式才是普遍的趋势。它也许能解释某些时期，如美国自第二次世界大战以来经历的长期繁荣和稳定的民主那段时期，幸福感发生的大多数变化。但是，它不能解释由东欧剧变导致的生活满意度的大幅下降，以及在 1981 年到 2014 年间大多数国家经历的幸福感的上升。

历史的、文化的和制度的因素都可能对主观幸福感产生重大影响。但这些因素对于特定单一国家而言，属于常量，因而在过去的研究中很少受到关注。同样，几乎所有检验基因因素对主观幸福感的影响的研究，都是在单个国家进行的，并且监测时间相当短，主观幸福感在相当 171

窄的范围内波动。在这个范围内，基因因素能够解释大多数的方差。但是，一个国家的经济制度、政治制度和信仰体系有助于塑造其民众的主观幸福感。当我们从一个国家移向另一个国家时，或者长时间追踪特定国家时，我们发现了基因因素所不能解释的大量差异。

信仰体系似乎对整个国家的主观幸福感产生重大影响。在低收入国家，经济因素似乎对主观幸福感有很强的影响。但是，在更高发展水平的国家出现了文化的演化，由此，人们开始日益重视自我表现和自由选择。[45]成功的现代化带来了高度繁荣，以及向自我表现价值观的转变。自我表现价值观有益于社会团结、宽容和民主，这往往会产生高水平的主观幸福感。在这个意义上，从生存价值观向自我表现价值观的转变是文化演化的一个成功例证。

现代化并不必然增加一个国家的总体幸福感水平。主观幸福感受很多因素影响，仅靠经济发展并不能保证幸福感会增强。然而，生活满意度与国家的人均国内生产总值之间的相关系数是 0.60，这表明发展往往会带来幸福感的上升。但是，这两者之间的关系是概率性的而非决定论性质的。并且，当人们从生存线上的贫困转向初步的经济安全时，所产生的幸福感收益最大。在更高的经济发展水平上，自由和社会宽容对幸福感产生的影响更大。但是，历史证据表明，从狩猎和采集社会向农业社会的过渡并非如此。狩猎者和采集者与早期农业社会的人相比往往个子更高、营养更好，并且有更大的自主性。

人工智能社会的出现导致了不平等的急剧上升，可能最终会降低总体幸福感水平。但是，从 1980 年到 2014 年，与经济发展和自由化有关的各种幸运组合，提升了大多数国家民众的幸福感。

在现代化出现之前，传统社会应对人类生存压力和寻求生命意义的压力的方式已经形成。因此，在幸福感水平相当低的贫穷国家中，宗教最强大。它有益于增强这些国家民众的幸福感。信仰与自由都有可能 172
有助于幸福感的提升，在某种程度上它们可以互相替代。但是，没有理由认为，一个国家不能同时获得高水平的自主性和有益于幸福感的信仰体系。

这可能解释了许多拉丁美洲国家获得高于其经济水平所预测的主观幸福感水平的原因。在最近几十年，大多数拉丁美洲国家已经建立民主制度，并且在性别平等和对同性恋的宽容领域经历了十分快速的社会自由化。与此同时，它们还保留着相当高水平的宗教信仰和国家自豪感。这种平衡，使得它们从传统的和现代的幸福策略中都有获益。

这些发现对社会科学家和政策制定者都有重要启示。它们表明人的幸福感不是固定不变的，而是会受到信仰体系和社会政策影响的。 173

注　释

1　见 Philip Brickman and Donald T. Campbell, “Hedonic Relativism and Planning the Good Society”, in M. Appley, ed., *Adaptation-level Theory* 1981, New York: Academic Press, pp.287–305; Diener, Ed., Eunkook M. Suh, Richard E. Lucas and Heidi L. Smith, “Subjective Well-being: Three Decades of Progress”, *Psychological Bulletin*, 1999, 125(2), pp. 276–302; Daniel Kahneman, Alan B. Krueger, David A. Schkade, Norbert Schwarz and Arthur A. Stone, “A Survey Method for Characterizing Daily Life Experience: The Day Reconstruction Method”, *Science* 2004, 306(5702), pp. 1776–1180。

2　Richard A. Easterlin, “Does Economic Growth Improve the Human Lot?”, in P. A. David and M. Reder, eds., *Nations, Households, and Economic Growth*, New York: Academic Press, 1974, pp. 98–125; Charles Kenny, “Does Development Make You Happy? Subjective Well-being and Economic Growth in Developing Countries", *Social Indicators Research* 2005, 73(2), pp. 199–219.

3 Richard P. Ebstein, Olga Novick, Roberto Umansky et al., "Dopamine D4 Receptor (D4DR) Exon III Polymorphism Associated with the Human Personality Trait of Novelty Seeking", *Nature Genetics* 1996, 12(1), pp. 78–80; Dean H. Hamer, "The Heritability of Happiness", *Nature Genetics*, 1996, 14(2), pp. 125–126.

4 David Lykken and Auke Tellegen, "Happiness is a Stochastic Phenomenon", *Psychological Science* 1996, 7(3), pp. 186–189; Sonja Lyubomirsky, Kennon M. Sheldon, and David Schkade, "Pursuing Happiness: The Architecture of Sustainable Change", *Review of General Psychology* 2005, 9(2), pp. 111–131; Michael Minkov and Michael Harris Bond, "A Genetic Component to National Differences in Happiness", *Journal of Happiness Studies* 2016, pp.1–20.

5 Diener and Richard Lucas, "Personality and Subjective Well-being", in Daniel Kahneman, Edward Diener and Norbert Schwartz, eds., *Well-being: The Foundations of Hedonic Psychology*, New York: Russell Sage Foundation, 1999, pp. 213–229.

6 Bruce Headey and Alexander Wearing, "Personality, Life Events, and Subjective Well-being: Toward a Dynamic Equilibrium Model", *Journal of Personality and Social Psychology* 1989, 57(4), pp. 731–739; Randy J. Larsen, "Toward a Science of Mood Regulation", *Psychological Inquiry* 2000, 11(3), pp. 129–141; Donald E. Williams and J. Kevin Thompson, "Biology and Behavior: A Set-point Hypothesis of Psychological Functioning", *Behavior Modification* 1993, 17(1), pp. 43–57.

7 Ronald Inglehart, *Cultural Shift in Advanced Industrial Society*; Edward Diener and Shigehiro Oishi, "Money and Happiness: Income and Subjective Wellbeing across Nations", in Edward Diener and Eunkook M. Suh, eds., *Culture and Subjective Well-being*, Cambridge, MA: MIT Press, 2000, pp.185–218; Ronald Inglehart and Hans-Dieter Klingemann, "Genes, Culture, Democracy, and Happiness", in Ed Diener and Eunkook M. Suh, eds., *Culture and Subjective Well-being*, Cambridge, MA: MIT Press, 2000, pp. 165–183; Richard Easterlin, "Feeding the Illusion of Growth and Happiness: A Reply to Hagerty and Veenhoven" , *Social Indicators Research* 2005, 74,(3), pp. 429–443; and Daniel Kahneman and Alan B. Krueger, "Developments in the Measurement of Subjective Wellbeing", *Journal of Economic Perspectives* 2006, 20(1), pp. 3–24.

8 Richard A. Easterlin, "Does Economic Growth Improve the Human Lot?", in P. A. David and M. Reder eds., *Nations, Households, and Economic Growth*, pp.98–125; Richard A. Easterlin, "Explaining Happiness", *Proceedings of the National Academy of the Sciences* 2003, 100(19), pp.11176–11183.

9 Ed. Diener, Richard E. Lucas and Christie N. Scollon, "Beyond the Hedonic Treadmill: Revising the Adaptation Theory of Well-being", *American Psychologist* 2006. 61(4), pp. 305–314; Frank Fujita and Ed. Diener, "Life Satisfaction Set Point: Stability and Change", *Journal of Personality and Social Psychology* 2005, 88(1), pp.158–164. 同样，对婚姻状况变化对生活满意度的影响的 15 年的纵向研究表明，平均而言，个人会回到其满意度的基线水平。

但是，相当多数量的人停留在最初的基线水平上方，而其他人处在基线下方。Richard E. Lucas, Andrew E. Clark, Yannis Georgellis, and Ed Diener, "Re-examining Adaptation and the Set Point Model of Happiness: Reactions to Changes in Marital Status", *Journal of Personality and Social Psychology* 2005, 84(3), pp. 527–539.

10 Ronald Inglehart, *Cultural Shift in Advanced Industrial Society*, Introduction.

11 Wendy Johnson and Rober F. Krueger, "How Money Buys Happiness: Genetic and Environmental Processes Linking Finances and Life Satisfaction", *Journal of Personality and Social Psychology* 2006, 90(4), pp.680–691.

12 Ronald Inglehart and Christian Welzel, *Modernization, Cultural Change and Democracy: The Human Development Sequence*, p.140; Amartya Sen, *Development as Freedom*, New York: Alfred Knopf, 2001.

13 Ronald Inglehart and Christian Welzel, *Modernization, Cultural Change and Democracy: The Human Development Sequence*.

14 Ronald Inglehart, *Cultural Shift in Advanced Industrial Society*; Robert J. Barro, "Determinants of Democracy", *Journal of Political Economy* 1999, 107(S6), pp.158–183; Bruno S. Frey and Alois Stutzer, "Happiness Prospers in Democracy", *Journal of Happiness Studies* 2000, 1(1), pp.79–102; Ronald Inglehart and Hans-Dieter Klingemann, "Genes, Culture, Democracy, and Happiness", in Ed. Diener and Eunkook M. Suh, eds., *Culture and Subjective Well-being*, pp.165–183.

15 Max Haller and Markus Hadler, "Happiness as an Expression of Freedom and Self-determination: A Comparative Multilevel Analysis", in W. Glatzer, S. von Below and M. Stoffregen, eds., *Challenges for Quality of Life in the Contemporary World*, Dordrecht, The Netherlands: Kluwer Academic Publishers, 2004, pp.207–229; Ronald Inglehart and Christian Welzel, *Modernization, Cultural Change and Democracy: The Human Development Sequence*; Jan Ott, "Did the Market Depress Happiness in the US? " *Journal of Happiness Studies* 2001, 2(4), pp. 433–443; Ruut Veenhoven, "Freedom and Happiness: A Comparative Study in Fourty-four Nations in the Early 1990s", in Ed. Diener and Eunkook M. Suh, eds., *Culture and Subjective Well-being*, pp. 257–288; Heinz Welsch, "Freedom and Rationality as Predictors of Cross-National Happiness Patterns: The Role of Income as a Mediating Value", *Journal of Happiness Studies* 2003, 4(3), pp.295–321.

16 Ronald Inglehart and Christian Welzel, *Modernization, Cultural Change and Democracy: The Human Development Sequence*. Peggy Schyns, "Cross-national Differences in Happiness: Economic and Cultural Factors Explored", *Social Indicators Research* 1998, 42(1/2). pp.3–26.

17 Ronald Inglehart and Christian Welzel, *Modernization, Cultural Change and Democracy: The Human Development Sequence*.

18 Frank M. Andrews and Stephen B. Withey, *Social Indicators of Well-being*, New York: Plenum, 1976.

19 因为对生活满意度的测量采用的是 10 级量表，对幸福感的测量采用的是 4 级量表，并且两个问题的极性相反，因此主观幸福感指数是按照如下公式构建的：主观幸福感 =

生活满意度-2.5×幸福感。假如所有人都感觉非常幸福和非常满意，那么这个国家会得到最高分7.5分。假如民众的幸福感与不幸福感，对生活的满意度与不满意度是均衡的，那么这个国家会得到零分。假如大多数人都感觉不满意、不幸福，那么这个国家将会得到负分。

20 为了检验这点，受访者被问及他们在何种程度上感受到了自由选择和对自己的生活的控制，采用的量表的值域从1（一点儿也没有）到10（大量）。受访者也指出了在何种程度上他们认为同性恋是正当的，采用的量表的值域从1（决不）到10（总是）。这些调查中的许多项涉及宗教性，但是，被问到的最敏感的指标是："在你的生活中上帝有多重要？"这个问题采用了10级量表。受访者也被问到"作为（国籍）人你有多自豪？"

21 Center for Systemic Peace, *Polity IV Annual Time Series, 1800–2014*, 2014. Available at: http://www.systemicpeace.ord/inscrdata.html （accessed November 19, 2017）

22 Ronald Inglehart, *Modernization and Postmodernization: Cultural, Economic and Political Change in 43 Societies*; Michael R. Hagerty and Ruut Veenhoven, "Wealth and Happiness Revisited-Growing National Income Does Go with Greater Happiness", *Social Indicators Research* 2003, 64(1), pp. 1–27.

23 对生活满意度的调查是通过询问受访者对自己的总体生活有多满意进行的，采用的量表的值域从1（**一点儿也不满意**）到10（**非常满意**）。对幸福感的调查是通过询问受访者有多幸福进行的，答案分为四个类别：**非常幸福**，**相当幸福**，**不太幸福**以及**一点儿也不幸福**。经济数据来自世界银行。

24 人们可以通过对人均国内生产总值的对数转换把曲线变成直线，但这仅仅是承认经济发展与幸福感之间的关系遵循了收益递减曲线的另一种方式。经济发展效应几乎总是显示收益递减，因此经济学家们习惯上使用经济测量的对数转换。这并没有改变根本的事实。

25 Ronald Inglehart, R. Foa, Christopher Peterson and Christian Welzel, "Development, Freedom and Rising Happiness: A Global Perspective, 1981–2007", *Perspectives on Psychological Science* 2008, 3(4), pp.264–285.

26 Ronald Inglehart and Pippa Norris, *Rising Tide: Gender Equality in Global Perspective*.

27 在表示同性恋决不正当的人群中，25%的人认为自己非常幸福；在表示同性恋总是正当的人群中，31%的人认为自己非常幸福。

28 正如人们所料，在1990年前后，当大量感觉不幸福的国家突然转向民主时，主观幸福感与民主之间的相关关系减弱了。

29 这个观点涉及了长期以来的一些技术上的争议；详情见附录一中的"伊斯特林悖论"。

30 笔者、福阿、彼得森及韦尔策尔在2008年提出了这个预测，当时尚没有数据可以对之加以检验。

31 幸福感数据以及世界幸福感数据库的信息见：http://worlddatabaseofhappiness.eur.nl/ (accessed October 29, 2017)。

32 主观幸福感的大幅下降并不经常发生，但是当它发生时就会带来严重后果。尽管苏联在1991年的解体有着额外的负面效应，但是主观幸福感的下降发生在解体之前。同样，比利时的主观幸福感的大幅下降发生在它在20世纪80年代的分裂以及重组成一个建立在族群分裂基础之上的联邦之前。（Ronald Inglehart and Hans-Dieter Klingemann, "Genes, Culture, Democracy, and Happiness", in Ed. Diener and Eunkook M. Suh, eds., *Culture and Subjective Well-being*, pp.165–183.）

33 Robert A. Cummins and Helen Nistico, "Maintaining life satisfaction: The role of positive cognitive bias", *Journal of happiness studies* 2002, 3(1), pp. 37–69.

34 G. Ellison Christopher, David A. Gay and Thomas A. Glass, "Does Religious Commitment Contribute to Individual Life Satisfaction?" *Social Forces* 1989, 68(1), pp. 100–123; C. Lim and Putnam, "Religion, Social Networks, and Life Satisfaction", *American Sociological Review* 2010(75), pp. 914–933.

35 在拉丁美洲国家，68% 的民众认为上帝在他们的生活中十分重要（在 10 级量表中选择了 10），而在原社会主义国家只有 29% 的人作出了同样的选择。

36 International Labor Organization, *Laborstat*, 2012. Available at: http://laborsta.ilo.org/ (accessed October 28, 2017)

37 World Bank, *World Development Indicators*, 2012. Available at: http://data.worldbank.org/data- catalog/world-development-indicators. (accessed October 29, 2017)

38 Ronald Inglehart and Hans-Dieter Klingemann, "Genes, Culture, Democracy, and Happiness", in Ed. Diener and Eunkook M. Suh, eds., *Culture and Subjective Well-being*, pp.165–183.

39 G. Ellison Christopher, David A. Gay and Thomas A. Glass, "Does Religious Commitment Contribute to Individual Life Satisfaction?", *Social Forces* 1989, 68(1), pp. 100–123; Lim, Chaeyoon and Robert D. Putnam, "Religion, Social Networks, and Life Satisfaction", *American Sociological Review* 2010, 75, pp. 914–933.

40 巴林是高收入国家中唯一的例外。但是，它的收入主要来自石油出口，并且财富分配非常不平等。

41 Scott M. Thomas, *The Global Resurgence of Religion and the Transformation of International Relations: The Struggle for the Soul of the Twenty-first Century*, New York: Palgrave, MacMillan, 2005; Scott M. Thomas, "Outwitting the Developed Countries? Existential Insecurity and the Global Resurgence of Religion", *Journal of International Affairs*, 2007, 61(1), p. 21.

42 这个表建立在英格尔哈特，福阿，彼得森和韦尔策尔的路径分析基础之上。(Ronald Inglehart, R. Foa, Christopher Peterson and Christian Welzel, "Development, Freedom and Rising Happiness: A Global Perspective, 1981–2007", *Perspectives on Psychological Science*, p.280.)

43 比起图 8-4 和 8-5 中检验的 62 个国家及地区，这是一个较小的数字，因为它只纳入了那些拥有图 8-10 中所有变量的数据的国家。

44 Richard A. Easterlin, "Feeding the Illusion of Growth and Happiness: A Reply to Hagerty and Veenhoven", *Social Indicators Research* 2005, 74 (3), pp. 429–443.

45 Ronald Inglehart, *Modernization and Postmodernization: Cultural, Economic and Political Change in 43 Societies*. Ronald Inglehart and Christian Welzel, *Modernization, Cultural Change and Democracy: The Human Development Sequence*.

第九章

颠覆“静悄悄的革命”：特朗普和威权民粹主义政党的兴起*

引　言

能够把生存当作理所当然之事，这会使人们对新观念更加开放，对外部群体更加宽容。对生存缺乏安全感则有相反效应，它会引发威权主义的反弹。威权主义的反弹主要表现在人们紧密地团结在强势领导人身后，形成强有力的内部团结，严格遵守共同体规范，以及排斥外部群体。第二次世界大战后的30年里，发达民主国家享受着前所未有的高水平的生存安全感，这带来了包括绿党的兴起和民主的传播在内的大规模的文化变迁。自1975年至今，经济持续增长，但是在高收入国家，几乎所有的收益都汇聚到社会上层的手中。而大多数人，特别是受教育

---

* 本章以笔者以及笔者与诺里斯的研究为基础。（Inglehart, 1997; Inglehart and Norris, 2017）

程度较低的人，则经历了生存安全感的急剧下降，这刺激了对排外的民粹主义威权运动的支持，导致诸如英国脱欧、法国国民阵线崛起和唐纳德·特朗普接管共和党这样的事件的发生。这种现象引发了两个问题：（1）是什么激发高收入国家的民众去支持排外的威权主义运动？（2）为何在这些国家，投票支持排外主义的比例比几十年前高得多？这两个问题有着不同的答案。

174 对排外的威权民粹主义运动的支持是由对文化变迁的抵制推动的。从一开始，较年轻的后物质主义群体中就有许多人支持环保主义政党，而较年长的、较少安全感的人则支持排外的威权主义政党，两方之间存在着持久的代际价值观冲突。然而，在过去 30 年中，强大的阶段效应使越来越多的人开始支持排外性政党。一大部分人经历了实际收入和工作安全感的下降，以及大量移民和难民的涌入引发的各种问题。文化反冲（cultural backlash）解释了为何人们支持排外的威权民粹主义运动，而生存安全感的下降解释了为何对这些运动的支持比 30 年前声势更大。

从静悄悄的革命到威权主义的反弹

40 多年前，《静悄悄的革命》一文*提出，在视生存为理所当然的环境中成长起来的人，对新观念持更加开放的态度，对外部群体也更加

* 此处指 Ronald Inglehart, “The Silent Revolution in Europe: Intergenerational Change in Post-Industrial Societies”, *American Political Science Review* 1971, 65(4), pp. 991–1017。——译者注

宽容。历史事实是有目共睹的。在第二次世界大战后，发达民主国家出现前所未有的高水平的生存安全感，它引发朝向后物质主义价值观的代际变迁，同时也使人们更加重视言论自由、民主化、环境保护、性别平等，还有对同性恋者、残障人士及外国人群体的宽容。[1]

不安全感具有相反效应。在人类社会的大部分时期，人们都在生存线上挣扎。在极度匮乏的情况下，排外是一项现实的选择。假如一个部落所拥有的土地生产出来的粮食仅够满足自身的生存需要，那么，当另一个部落迁入这块土地时，就会引发一场生死决斗。这种不安全感刺激了排外的威权主义的反弹。相反，第二次世界大战后出现的高水平的生存安全感，给了个人自由选择和宽容对待外部群体更大的空间。

在战后时期，发达国家的民众享有了和平、前所未有的繁荣和完善的社会福利体系，这使生存比以往任何时期都要安全。战后出生的群体在视生存为理所当然的环境中成长，这带来朝向后物质主义价值观的代际变迁。[2] 生存是人们的中心目标。当生存变得不安全时，它就会主导人们的总体生活策略。相反，当人们视生存为理所当然之事时，它就为新规范打开通道。这些新规范涵盖了从性取向到民主制度等方方面面的内容。与强调经济和人身安全的价值观不同，后物质主义价值观不墨 175
守成规，对新观念更加开放，威权主义色彩淡，对外部群体更加宽容。但这些价值观依赖于高水平的经济和人身安全感。它们不会出现在低收入国家，而在高收入国家较年轻的和更有安全感的群体中最流行。[3]

在第二次世界大战后的 30 年中，发达民主国家享有高速的经济增长以及高水平的经济和人身安全感，这带来广泛的文化变迁，也推动了绿党的兴起和民主的传播。

战后30年的前所未有的高水平生存安全感，引起了性别平等水平的上升、对外部群体宽容程度的增加，以及对环境保护和个人自主性的进一步重视。最近几十年，虽然这些国家的经济仍然在增长，但几乎所有的财富都聚集到处于顶端的10%的人手中，而受教育程度较低的群体经历了实际收入的减少和相对地位的大幅下降。与此同时，大规模的移民也刺激着民众支持民粹主义威权政党。

在某种程度上，后物质主义是自身的掘墓人。从一开始，根本性的文化变迁的出现就已经引发了较年长的和较少安全感的阶层的反对，他们因熟悉的价值观被侵蚀而感到威胁。因此，皮耶罗·伊格纳齐（Piero Ignazi）把欧洲极右政党的兴起描述为“静悄悄的革命的颠覆”（Silent Counter-revolution）。[4] 这些文化变迁所引发的物质主义者的反应导致了排外性政党如法国国民阵线的出现。这带来的政治后果是社会阶级选举指数（social class voting）的下降，代表工人阶级的左派政党被削弱。而在20世纪大部分时期，左派政党都在执行再分配政策。此外，后物质主义者把新的、非经济类议题引入政治舞台，削弱了经典的区分左—右派的经济类议题的重要性，把民众的关注点从再分配导向文化议题，这又进一步为不平等的加剧铺平了道路。[5]

40年前，《静悄悄的革命》一书 * 中探讨了战后时期盛行的高度的经济繁荣和完善的社会福利体系带来的影响。你正在阅读的这本书对高度发达国家正在迈入的新阶段即人工智能社会的影响进行了探讨。虽然这

---

* 此处指 Ronald Inglehart, *The Silent Revolution: Changing Values and Political Styles among Western Publics* (Princeton: Princeton University Press, 1977)。中文版见英格尔哈特：《静悄悄的革命：西方民众变动中的价值与政治方式》，叶娟丽译，上海人民出版社，2017。——译者注

个新的发展阶段提供了大好机会，但是，这种赢者通吃的经济模式将会急速加剧业已存在的不平等。如果没有合适的政府政策对之加以调节，那么它将会削弱自战后时期开始出现的民主制度和文化开放。

文化反冲与排外的民粹主义威权政党的兴起 176

朝向后物质主义价值观的代际变迁引发了对主张和平、环境保护、人权、民主化和性别平等的运动的支持。这些运动最早在 1968 年前后高收入国家的政坛中亮相。当时战后一代刚刚成长到有能力对政治产生影响的时候，他们便开启了学生抗议时代。[6] 随着较年轻的群体逐渐取代人口中较年长的群体，这种文化变迁一直在改变着后工业国家。

《静悄悄的革命》书中曾作出如下预测：当后物质主义者人数众多时，他们会将新的、非经济类议题引入政治，社会阶级冲突会下降。虽然后物质主义者集中在更加安全的和受教育程度较高的阶层中，但是他们相当支持社会变迁。尽管后物质主义者来自传统上支持保守派政党的更具安全感的阶层，但现在他们却偏向那些支持政治变迁和文化变迁的政党。

从一开始，这种变迁就触发了较年长的群体和安全感较差的群体的文化反冲，他们因熟悉的价值观被侵蚀而感到威胁。在 20 多年前，我就已经描述了文化变迁正在如何激发民众对排外的民粹主义政党的支持，展示了一幅与当今密切相关的图景。

物质主义/后物质主义的维度已经成为西欧主要的、新的政治极化轴线的基础。在20世纪80年代，环保主义政党出现在联邦德国、荷兰、比利时、奥地利和瑞士。在20世纪90年代，环保主义政党又在瑞典和法国取得突破，并且在英国开始获得显著支持。在每一种情况下，这些政党得到持有后物质主义价值观的选民的支持，在比例上远远超过其他选民。如同图9-1所示，当我们从物质主义者的一端移到后物质主义者的一端时，有意为本国环保主义政党投票的比例大幅上升……可能投票给环保主义政党的后物质主义者是的物质主义者的5到12倍。

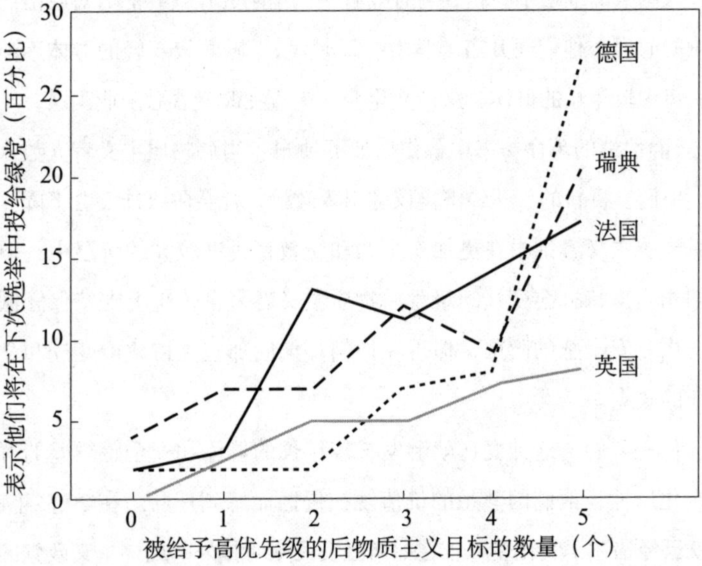

图9-1　在有环保主义政党的四个国家中，投票给环保主义政党的意向与后物质主义价值观

资料来源：Inglehart, 1997: 243（原图8.2）

联邦德国是环保主义政党获得突破的第一个主要工业国家。1983年，绿党已经足够强大，超过了德国议会5%的门槛，进入了联邦德国议会。但在最近，绿党一直在与共和党（*Republikaner*）对抗，后者以文化保守主义和排外主义为特征。在1994年的全国大选中，绿党获得了7%的投票，而共和党被指责是纳粹的继承人，仅得到2%的选票，不足以赢得议会代表席位。尽管如此，排外的势力已经对德国政治产生了足够大的影响，它推动现有政党转变自身政策定位，以吸引共和党的选民。这些努力包括对德国宪法的修订：1993年，保障政治难民的自由权利的条款被废除了，这样做的目的是减少外国人的流入，而这项决定得到了德国议会的三分之二多数的支持。 177

绿党在德国的兴起产生了重要影响，因为绿党不仅仅是一个生态党，它致力于建立的社会从根本上不同于目前占主导的工业国家模式。绿党积极地支持范围广泛的后现代事业，内容从单边裁军到妇女解放、保障同性恋者、身体残障者以及移民的公民权利。[7] 178

如图9–2所示，绿党与共和党处于新政治维度（New Politics dimension）的两极。共和党不把自己称为“反环保党”，同样地，绿党也不把自己称为“支持移民党”，但它们在这些议题与其他关键议题上持有相对立的立场。在这两极中，一极反映了“静悄悄的革命”的动力，另一极则展示了威权主义的反弹，这种反弹激发了对排外的威权主义政党的支持。

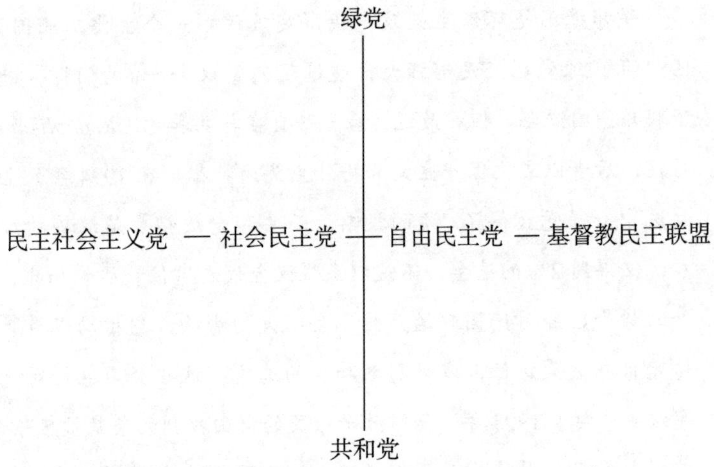

图 9-2　德国政党在基于社会阶级的左—右派维度与后现代的政治维度上的分布

资料来源：Inglehart, 1997: 245

将老牌政党排列在传统的左—右派轴线上，这一划分方式始于社
179 会阶级冲突主导政治分化时期。在这一轴线上（图 9-2 的水平维度），民主社会主义党（原社会主义政党）在最左端，向右依次是社会民主党、自由民主党，基督教民主联盟处于最右端。尽管大多数人认为绿党处于此轴线的左端，但实际上它处在一种新的政治划分维度上。传统上，左派政党植根于工人阶级选民，支持收入再分配政策。而后物质主义的左派与传统左派对比鲜明，它的支持者主要来自中产阶级选民，对传统左派的经典议题仅有微弱的兴趣。并且，后物质主义者强烈支持重大的政治变迁和文化变迁。这些变迁经常使左派的、传统的工人阶级选民感到恐慌，它激发了排外的威权主义政党的兴起。同样，一些重量级的学者和评论家以“极右政党”（Extreme Right）或“激进右派政党”（Radical

Right parties）来称呼排外性威权政党。这表明这类政党更像是传统的保守派政党。这会让人产生误解，因为传统的右派在很大程度上是从社会中较富裕的阶层里吸收支持，它最优先关注减税和减少政府监管。而民粹主义威权政党则主要从受教育程度较低的阶层中吸收支持，它主要关注排外主义和对快速文化变迁的抵制。

图 9–2 的垂直维度显示了后物质主义价值观与排外的威权主义价值观的两极分化。在新政治轴线的其中一极，我们发现对族群多样性和性别平等的开放态度；在另一极，我们发现对威权的和排外的价值观的重视。

如图 9–3 所示，从一开始，五个发达工业国家中 70% 的物质主义者就支持反向平权运动（reverse affirmative action）的政策，认为"当工作机会缺乏时，雇主应该优先雇用本国公民而非移民"。仅有 25% 的后物质主义者支持给予本土出生的公民以优先权。[8] 同样，在被问及他们是否愿意与移民或外籍雇工为邻时，不愿意与外国人为邻的物质主义者是后物质主义者的 6 倍。

新的政治分化轴线也出现在包括法国、丹麦、瑞典、瑞士、荷兰、意大利和奥地利在内的许多其他国家中。新政党的成功，部分地依赖于它们在国家制度限制下塑造其吸引力的能力。例如，两党制的 180
政治体系往往扼杀新政党。[9] 但在 2016 年，新政治运动（New Politics movements）在美国取得重大进展。尽管美国是两党制，但新政治运动激发了两个主要政党**内部**的重大反叛。受到较年长的、较少安全感的选民支持的特朗普，赢得了共和党的总统候选人提名，而受到较年轻的、受教育程度较高的选民支持的伯尼·桑德斯（Bernie Sanders），是民主党的颇具竞争力的提名候选人。

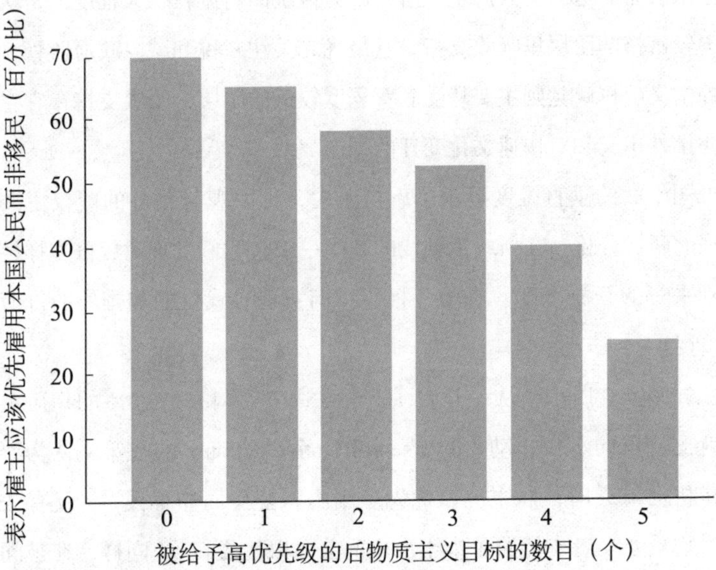

图 9-3　支持在工作机会缺乏时优先雇用本国公民而非移民的比例（在美国、英国、法国、联邦德国和瑞典）

资料来源：Inglehart, 1997: 247

为何排外的威权主义较 30 年前强大得多?

民粹主义威权政党的对后物质主义的反冲并非新现象，它已经存在了几十年。新现象是，这些曾经处于边缘的政党，如今威胁要接管主要国家的政府。

排外的民粹主义威权政党的兴起提出了两个关键问题：（1）“是什

么激发人们去支持排外的威权主义运动？”（2）“为何投票支持排外的威权主义运动的比例比几十年前高得多？”如同我们已经表明的那样，这两个问题的答案并不相同。

后物质主义和自我表现价值观的兴起，引起文化变迁的反冲，激 181
发了民众对这些政党的支持，它们的作用大于经济因素。民粹主义支持率上升的直接原因是某些群体感到焦虑，这种焦虑来自普遍的文化变迁和外国人的涌入对他们自幼熟稔的生活方式的侵蚀。尽管它们往往被称为“极右政党”，[10] 但是，这些政党主要的共同主旨是反对移民和文化变迁。[11] 一些权威人士认为，这些政党应该被称为反移民政党而不是极右政党，因为这是它们的共同特征。[12] 其他一些著名作家和评论家建议将这些政党命名为“传统—威权—民族主义政党”（traditional-authoritarian-nationalist parties）。[13] 我选择使用“威权民粹主义政党”（authoritarian populist parties）这一标签。这个领域的领导人物赫尔伯特·基茨舍尔特（Herbert Kitschelt）总结道：“有观点认为激进右翼纯粹是‘新的社会裂痕’中居住在内城地区的低技能、低资质的工人对政治的怨愤（the politics of resentment），也有观点将它的兴起机械地归因于欧洲失业率和工作不安全感的上升。我们应该对这些观点保持怀疑。”[14] 另外一位权威专家卡斯·穆德（Cas Mudde）对纯粹以经济因素来解释这些政党兴起的观点也持有同样的怀疑态度。[15]

诸如收入和失业率这样的经济因素对民众投票支持威权民粹主义的行为只有非常弱的预测力。[16] 2016 年美国大选的出口民调显示，最关心经济问题的人大多把票投给了希拉里，而认为移民问题是最关键问题的人则把票投给了特朗普。[17]

在特朗普成为总统后，对他的支持仍然主要建立在代际文化鸿沟的基础上，而非经济因素的基础上。如图 9-4a 所示，2017 年 3 月，在美国不足 30 岁的群体中只有 20% 的人对特朗普持支持态度，而在 65

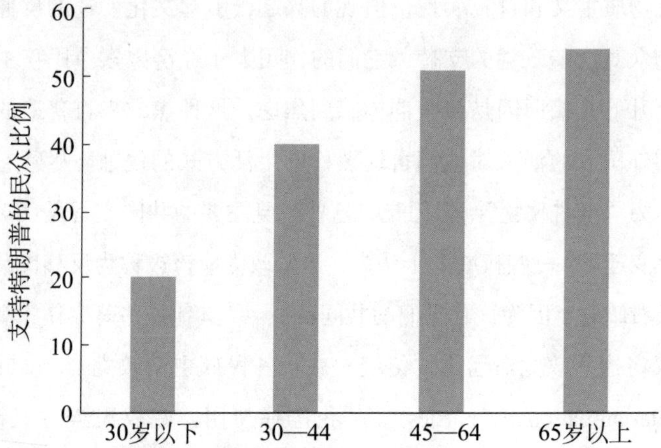

182 **图 9-4a　2017 年不同年龄群体对特朗普的支持率**

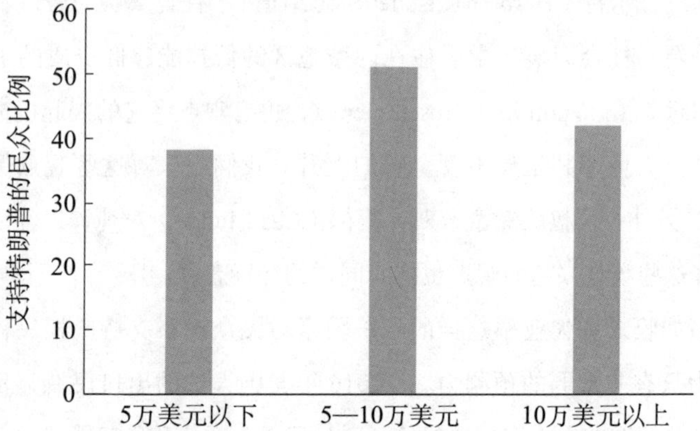

图 9-4b　2017 年不同收入阶层对特朗普的支持率

资料来源： Economist/YOUGOV survey, March 13–14, 2017

岁及其以上的群体中，对他的支持率高达52%。较年长的群体对特朗普的支持率是较年轻的群体的两倍多。收入指标对支持特朗普的行为的预测力非常弱。如图9–4b所示，那些家庭收入在5万美元以下的人支持特朗普的可能性只略低于那些家庭收入在10万美元以上的人。对特朗普的支持率与收入之间的关系呈现出曲线。

对覆盖32个国家的欧洲社会调查的数据的分析显示，对威权民粹主义的最强支持并非来自低收入的劳动者，而是来自小业主。[18] 在受检 183
验的五个经济因素中，只有就业状态一项是支持排外的威权民粹主义政党的显著预测指标。而包括“反移民”的态度和威权主义价值观在内的五个文化因素都是预测这些政党支持率的强有力的指标。威权民粹主义的支持者主要集中在较年长的群体、受教育程度较低的群体、男性、信教者以及多数族裔中，这些群体都持有传统的文化价值观。尽管年轻人的失业率更高，但较年长的投票者比较年轻的投票者更有可能支持这些政党。另外，尽管女性更有可能做一些低收入的工作，但男性比女性更有可能支持威权民粹主义政党。

在过去30年中，排外的威权民粹主义政党的支持者主要来自较年长的、更倾向于物质主义价值观的选民。但在30年前，德国的共和党和法国的国民阵线都是相当小的政党。在2017年的全国大选中，德国另类选择党（Alternative for Germany）（原共和党的后继者）的支持率接近13%，成为德国第三大党。[19] 同年，法国国民阵线的领袖成为法国总统大选的两大热门候选人之一。如果其他条件不变，那么人们可以期待随着较年轻的、更倾向于后物质主义的群体取代人口中较年长的群体，这些政党获得的支持就会减弱。但是，当研究与代际变迁有关的问题时，人们不但要考虑年龄群体效应，而且必须把当前条件或阶段效应考虑进来。让我们来看看这是如何运作的。

有史以来最大的群组分析项目之一，追踪了西欧六国民众的价值观从物质主义向后物质主义的转变，访问了数十万的调查对象，分析了从 1970 年到 2009 年几乎每年都进行的调查的数据。（第二章详细地展示了这些分析）图 9–5 展示了分析结果的简化版本。从最开始，较年轻的群体就明显地比较年长的群体更倾向于后物质主义，目前仍是如此。群组分析显示，在将近 40 年后，给定年龄群体的后物质主义倾向与 40 年前大体持平，他们并没有随着年龄的增长而变得更倾向于物质主

184

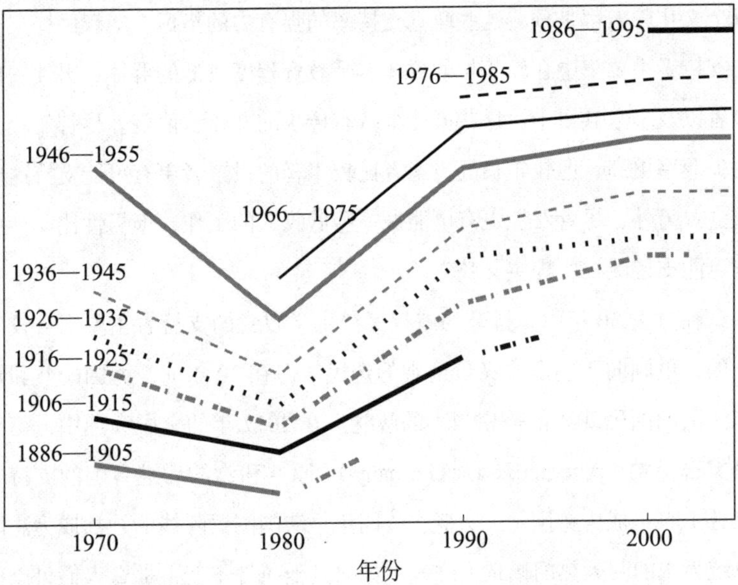

图 9–5　群组分析模型

说明：西欧六国从 1971 年到 2009 年的后物质主义者占人口百分比与物质主义者占人口百分比之差

义。这表明生命周期效应并不存在。因此，代际人口更替带来了从物质主义价值观向后物质主义价值观的转变。但是，反映当前经济条件的阶段效应也非常明显，并且它比人口更替效应更强大。从 1970 年到 1980 年，重大的经济衰退使总体人口变得更倾向于物质主义，但随之而来的经济复苏又使后物质主义者的比例得到恢复。在每个时间点上，较年轻的群体（他们更有可能支持绿党）都比较年长的群体（他们更有可能支持排外性政党）更倾向于后物质主义。但在任何一个时间点上，当前的社会经济条件都有可能使总体人口变得更加支持（或反对）物质主义，以及更有（或更少）可能去支持排外性政党。

对排外的威权民粹主义政党所获得的选票进行群组分析需要庞大的数据库，这正是我们目前所缺乏的，因此我们不能像分析物质主义/后物质主义价值观那样对其进行分析。但很显然，某些强大的力量一直在发挥作用，以增加排外性政党的支持率。排外的威权民粹主义政党的选票来源的一个最显著特征与年龄密切相关。较年长的投票者一直比较年轻的投票者更有可能投给这些政党，这反映了在 20 世纪 90 年代就已经展露无遗的持久的代际差异模式。

一般来说，伴随着较年轻的、较不排外的群体取代成年人口中较
年长的群体，民粹主义威权政党获得的选票会越来越少。但是，我们 185
发现的情况却与之相反。在过去 30 年，这些政党获得的投票大幅增长。这表明阶段效应是存在的，并且它比人口更替效应更强大。那么，是什么在驱动这一强大的阶段效应呢?

两个因素是显而易见的。第一个是实际收入的下降和经济不平等的上升，这被业内许多权威专家所强调。[20] 这种解释与大量由经济不安

全感所引发的排外主义的证据是一致的。因此，当人们发现经济因素不是投票给威权民粹主义政党的主要预测指标时，他们表现出来的惊讶是可以理解的。经验证据持续表明，投票给威权民粹主义政党受文化反冲的驱动远大于受经济因素的驱动。尽管上升的经济不安全感不是投票给这些政党的直接原因，但是，强调其重要性的专家并没有错。经济因素在因果过程的初期阶段起着重要作用，它有助于解释为何如今这些政党的得票率比 30 年前高得多。

第二个推动民众投票给威权民粹主义政党的因素同样是显而易见的——大量涌入高收入国家的移民。两个因素都在威权民粹主义政党的壮大过程中发挥了作用，并且互相补充。大量的移民有助于解释为何一些生存安全水平最高、（不久以前还）最宽容的国家（如瑞典、丹麦、德国和荷兰）如今开始出现强大的、排外的威权民粹主义政党。这些国家成为移民潮的最大目标是因为它们是有着完善的社会福利体系的富裕国家，（不久以前还）对难民和移民都相当友好。尽管难民可能是通过意大利或希腊进入欧盟的，但是很少有人想要留在这两个国家，因为北欧的条件更具有吸引力。

在最近几十年，高收入国家的很多人经历了实际收入和工作安全感的下降，以及收入不平等状况的加剧，这导致他们的生存不安全感的上升。这些刚好发生在大量移民和难民涌入他们国家的大环境中。本书第一章提供的多源证据表明，不安全感触发了团体向内凝聚和对外拒
186 斥的威权主义反弹。最近的调研证据确认了不安全时期排外主义上升的事实。[21] 历史证据指向相同的结论。在 1928 年生存相对安全的条件下，德国选民视纳粹为极端狂热分子的政党，在全国大选中仅有不足 3% 的

人投票给它。但随着经济大萧条的到来，纳粹在1933年赢得44%的选票，一跃成为德国议会的最大党，接管了政府。在经济大萧条时期，其他一些国家，从西班牙到日本，也都处于法西斯的统治之下。

同样，在2005年，当有关穆罕默德的漫画导致丹麦的领事馆被烧毁，并且穆斯林提出对亵渎先知的谴责应高于言论自由这样愤怒的要求时，丹麦民众尚且非常宽容。在2005—2006年漫画危机达到顶峰时，丹麦民众并未对穆斯林进行大规模的抵制。[22]但是，在2007—2009年的经济大萧条后，对他们的抵制出现了。在危机爆发之前的2004年，公开反对穆斯林的丹麦人民党（Danish People's Party）仅赢得了7%的选票。到2014年，它赢得了27%的选票，成为丹麦最大党。虽然文化反冲而非经济恶化是预测人们投票给丹麦人民党的最强指标。但是，经济不安全感的上升使人们更有可能投票给它。[23]

在高收入国家，在任何给定的时间点上，与物质主义选民相比，年轻的后物质主义选民支持排外性政党的可能性都更小。但是，总体上人们支持排外性政党的可能性已经增加。文化反冲在很大程度上解释了为何人们会投票给排外性政党，而经济和人身安全水平的下降有助于解释为何这些政党比30年前强大得多。

几十年来的实际收入的下降和收入不平等水平的上升，以及前所未有的大规模移民浪潮，共同导致了支持民粹主义政党的长期阶段效应。因此，尽管民众投票给民粹主义政党的直接原因是文化反冲，但是，目前民粹主义政党支持率的上升在很大程度上支持了许多研究者强调的，经济安全水平的下降、收入不平等状况的加剧以及大规模移民的涌入的影响因素。

年龄群体效应与阶段效应可以共存的事实并非显而易见，它往往容易被忽视。但是，它解释了一个看似悖论的观点，即经济因素不能解释为何特定个人投票给民粹主义政党，但是，经济因素的确有助于解释为何民粹主义政党受到的支持比过去强有力得多。它也有助于解释为何在美国那些经历了经济下滑的地区，从投票给奥巴马（2012 年）转向投票给特朗普（2016 年）的变化最大，尽管在个体层面上，特朗普的
187 选票主要是受文化反冲推动的。

对外国人态度的不同

如第五章所示，在高收入国家，对性别平等和同性恋的支持态度一直在快速传播，但是对移民的宽容态度却并非如此。原因是什么呢?

与代际变迁一样，排外既显示了年龄群体效应又显示了阶段效应。但是，对外国人的态度却不同，它受到了大量涌入的移民和难民的影响。这发生在媒体大规模报道恐怖主义袭击（经常是外国人发动的）的大背景下，媒体传递的信息是外国人是危险的。在最近几十年，西方大众传媒有意识地呈现同性恋和被解放妇女的正面形象，这有助于民众对他们的支持。尽管大众传媒不是在有意识地传播外国人的负面形象，但是它们对恐怖主义的广泛报道起到了这个作用。恐怖主义行为的目的便是吸引最大的媒体曝光率，而它们在极大程度上实现了这个目的。世界价值观调查对九个讲阿拉伯语的国家进行了调查，我与一些阿拉伯人成为了朋友。可以说，几乎所有我认识的阿拉伯人都是令人愉快的、有趣的

和友好的，而几乎所有我从电视上了解到的阿拉伯人都是恐怖分子。

在高收入国家，客观事实是，抽烟（甚至是骑自行车）的危险远大于被恐怖分子杀害的危险。然而媒体（尤其是电视）鲜少提到抽烟（或是骑自行车）的危险，却对恐怖主义事件进行大规模的报道。这又为在每个航班起飞前乘客需脱掉衣服和鞋子，打开行李并取出电脑以接受检查的事实所强化，它不自觉地就传递出恐怖分子潜伏在每个机场的信息。

女性和同性恋者一直都存在，而外国人主要是通过大规模的移民出现在民众视野。从 1970 年到 2015 年，美国的拉美裔人口从 5% 上升到 20% 以上。1970 年，在瑞典居住的人口几乎都是瑞典族群，而现在居住在瑞典的 16% 的人口都出生于国外。在瑞士，这个比例已经升到 28% 以上。2013 年，20% 的德国人口都有移民背景。大量外貌特征明
显不同的外族人的涌入往往引发深层的威权主义的反弹，它可能是从人 188
类史前的狩猎和采集阶段演化而来，与人类的生存有关。这种反应目前仍然存在（如第一章指出的那样，威权主义反弹的倾向甚至可能含有基因的因素）。[24] 快速的文化变迁，以及与之相伴的大规模的移民，往往使较年长的人感觉他们不再生活在他们成长时的家园。他们有一种背井离乡的感觉，这引发他们对排外的威权民粹主义政党的支持，因为这些政党承诺停止接受移民。

发达国家中，建立在移民和加剧的收入不平等基础上的阶段效应，并没有完全消除年龄群体之间的差异。较年轻的和受教育程度较高的受访者（他们往往是后物质主义者）比其他人支持威权民粹主义政党的可能性要小得多。这些国家许多较年轻的人成长于多族群的安全环境中，

相对于较年长的人而言，他们认为多样性并没有那么危险。如附录二中的图 A2—6 所示，几乎所有高收入国家的较年轻的受访者都明显地比较年长的受访者更不排外。[25] 因此，尽管经济和人身安全水平的下降导致了排外的威权主义支持率上升，但与年龄有关的文化差异仍然是预测民粹主义政党得票率的最强指标。

自掘坟墓：从阶级政治向价值观政治的转变

在 20 世纪的大部分时间里，发达国家的工人阶级选民主要支持左派政党，而中产阶级和高收入阶级选民则主要支持经济上保守的右派政党。[26] 左派政府实行再分配政策，提升收入平等水平，这在很大程度上是通过扩大福利的国家政策来实现的。[27] 以阶级为基础的左派政党成功地争取到了更高水平的经济平等。

然而，在这个世纪接下来的时间里，战后群体以后物质主义者的面貌出现在政治舞台，这导致对经济再分配的重视程度的下降和对非经济类议题的重视程度的上升。这些趋势连同有着异质文化和宗教背景的低收入国家移民的大规模涌入，共同导致许多工人阶级选民转向右派，以捍卫传统的价值观。

经典的经济类议题并没有消失。在西方政党的竞选纲领中，经济类议题的重要性大幅下降，非经济类议题占有更显著的位置。图 9–6 显示了从 1950 年到 2010 年 13 个西方民主国家对这些议题的重视程度的演变。从 1950 年到大约 1983 年，经济类议题几乎一直比非经济类议题

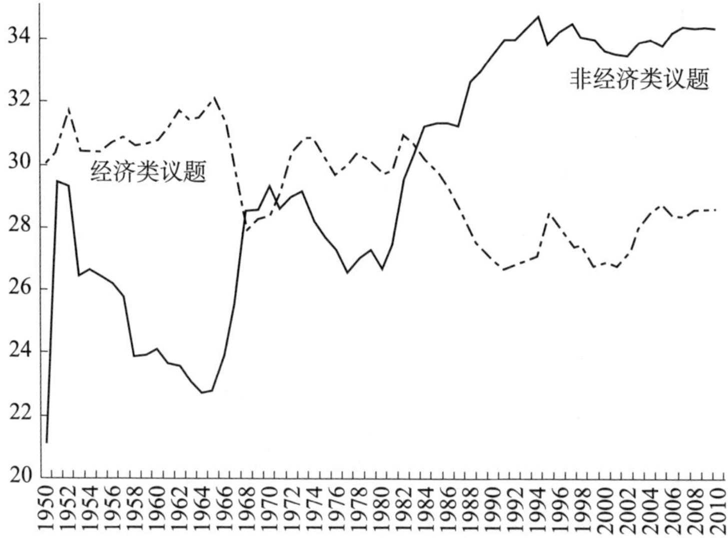

图 9-6　政党宣言中经济类议题与非经济类议题显著性的改变（对象是 12 个西方民主国家，1950—2010 年）

资料来源：政党宣言的数据来自奥地利、比利时、加拿大、丹麦、法国、德国、爱尔兰、意大利、荷兰、挪威、瑞典和瑞士。(Zakharov，2016）附录二中表 A—1 显示了扎哈罗夫（Zakharov）如何把议题归类为经济类或非经济类

更重要。在大约 1983 年时，非经济类议题开始变得更加重要。自那以后，非经济类议题一直主导着政治舞台。

另外，后物质主义的议题的兴起往往抵消了以阶级为基础的政治的两极分化。左派的社会基础越来越多地来自中产阶级，而一大部分工人阶级转向了右派。结果，如图 9–7 所示，社会阶级选举指数显著下降。假如 75% 的工人阶级投给了左派，而只有 25% 的中产阶级投给了左派，那么人们获得的阶级选举指数（class voting index）是 50。这是 1948 年瑞典选民的投票情况。而到 2008 年，瑞典的阶级选举指数跌到

190

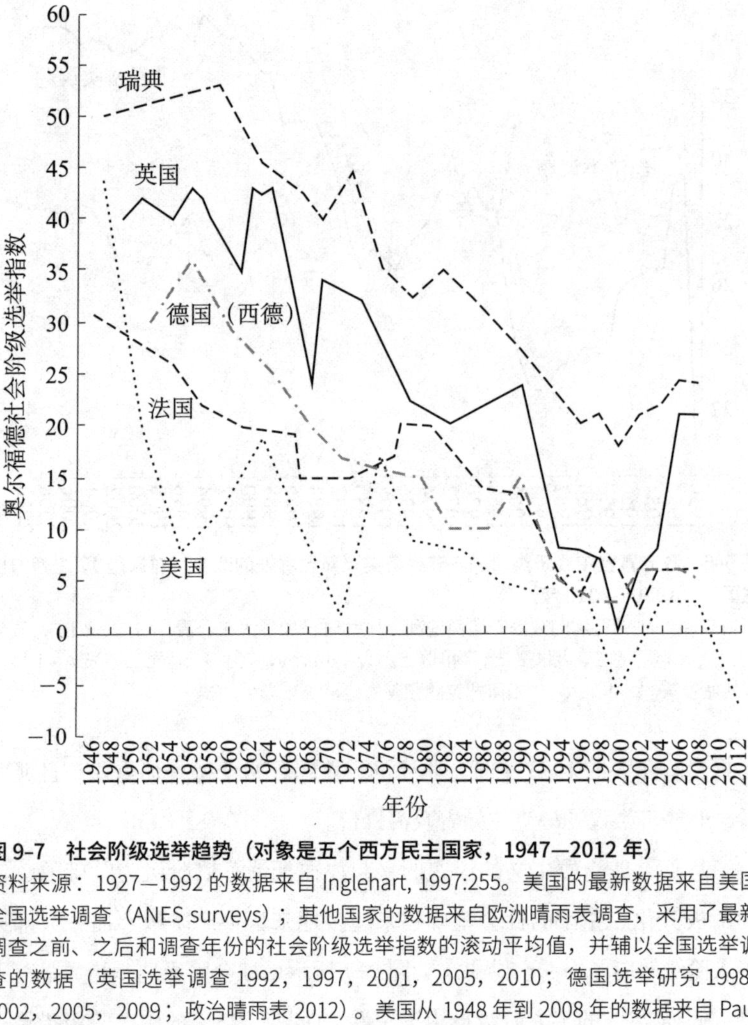

图 9-7　社会阶级选举趋势（对象是五个西方民主国家，1947—2012 年）

资料来源：1927—1992 的数据来自 Inglehart, 1997:255。美国的最新数据来自美国全国选举调查（ANES surveys）；其他国家的数据来自欧洲晴雨表调查，采用了最新调查之前、之后和调查年份的社会阶级选举指数的滚动平均值，并辅以全国选举调查的数据（英国选举调查 1992，1997，2001，2005，2010；德国选举研究 1998，2002，2005，2009；政治晴雨表 2012）。美国从 1948 年到 2008 年的数据来自 Paul Abramson et al., 2015: 128—129。由于调查中非白人的样本不一致，因此它们反映了白人的社会阶级选举情况。建立在 2016 年选举的出口民调数据基础上的一个相似的指数，产生了数值为–8 的社会阶级选举指数

24。但是，与其他发达民主国家相比，瑞典的阶级选举指数仍然相当高。在法国和德国，社会阶级选举指数已经从约 30 下降到约 5 的水平；在美国，它降到了 0 甚至更低。与文化议题相比，阶级和收入变成预测 191
政治偏好的非常弱的指标。那些反对堕胎和同性婚姻的人，对共和党总统候选人的支持远远超过对民主党总统候选人的支持。2016 年的美国总统选举实际上显示了负的社会阶级选举指数：意味着白种的工人阶级选民更有可能支持特朗普而不是希拉里。选民从以阶级为基础的两极分化转向了以价值观为基础的两极分化，拆散了曾经带来经济再分配的联盟。

实际收入的下降和收入不平等水平的上升

在过去 40 年中，许多高收入国家中受教育程度较低的那一半民众的实际收入和生存安全感一直在下降。如同托马斯·皮凯蒂（Thomas Piketty）所展示的那样，在 20 世纪的大部分时期，发达工业国家的经济不平等水平都在下降；但是，大约自从 1970 年开始，它在急速上升。[28] 例如，在 1915 年，美国最富裕的 1% 的人口占有了 18% 的国民收入。从 20 世纪 30 年代到 20 世纪 70 年代，他们占有的份额降到了 10% 以下。但是到 2007 年，他们的份额已经上升到 24%。美国的情况 192
并非特例。在我们有调查数据的经济合作与发展组织（Organisation for Economic Co-operation and Development，OECD）国家中，除一个国家外，所有国家在 1980 年到 2009 年间都经历了税前或收入转移前收入不平等水平的上升。[29]

虽然皮凯蒂的某些观点被纠正了，但是他关于发达国家的经济不平等水平在上升的观点很明显是正确的。他分析了美国、英国、德国、法国和瑞典从1900年到2010年收入不平等水平的变化。他的证据表明，在20世纪初，四个欧洲国家的收入不平等水平都高于美国，这些国家处于顶部的十分之一人口占有了全国总收入的40%—47%。自那以后，这些国家的收入不平等水平大幅下降。从1950年到1970年，处于顶部的十分之一人口的收入占全国总收入的比例处于25%—35%的范围内。自1980年至今，这些国家的收入不平等水平一直在上升。在美国也是如此，处于顶部的十分之一人口占有大约48%的全国总收入。

尽管图9–8的五个国家都显示出U形模式，但是其中存在着鲜明的跨国差异，这些差异反映了这些国家的政治制度，因为经济不平等归根结底是政治问题。在这五个国家中瑞典脱颖而出。尽管在20世纪早期，它的收入不平等水平比美国高很多，但是，到20世纪20年代，它的收入不平等水平已经低于其他四个国家，并且这种状况一直持续到现在。在美国，处于顶部的十分之一人口在2010年几乎占有了全国总收入的一半，但在瑞典这个比例是28%。在瑞典长期占主导地位的社会民主党提倡发达的福利国家文化，似乎有着长远影响。相反，在20世纪80年代由罗纳德·里根（Ronald Reagan）和玛格丽特·撒切尔（Margaret Thatcher）领导的新保守主义政府，削弱了工会，并大幅削弱了政府监管。由此，他们在这些国家的保守派对于减少政府开支怀有近乎宗教般的热忱。目前美国的收入不平等水平比其他发达资本主义国家都要高，英国次之。在所有高度发达的国家中，这两个国家最近显示了最强大的

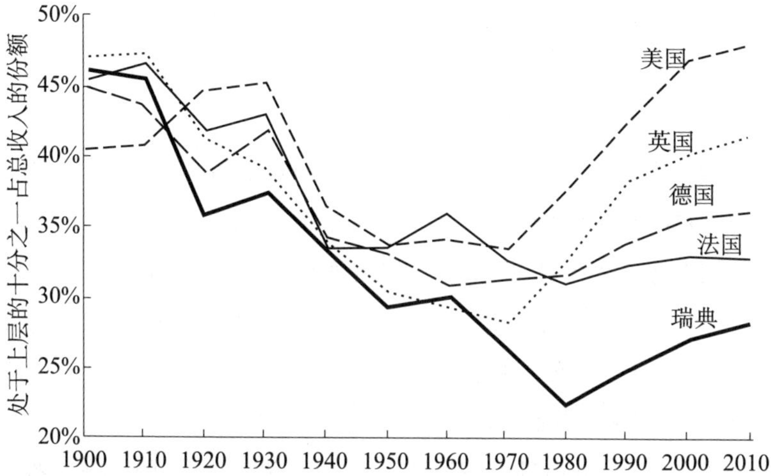

图 9-8　欧洲和美国处于上层的十分之一人口的收入占全国总收入的比例（1900—2010 年）

资料来源：根据 Piketty, 2014: 323 的数据；他的数据来源显示在：http://piketty.pse.ens.fr/capital21c

排外反应，也导致特朗普当选为美国总统和英国从欧盟退出。这两者之间似乎不仅仅是巧合。

当原社会主义国家抛弃计划经济时，这些国家发生了巨大的变化。这进一步证明一个国家的收入不平等水平反映这个国家的政治制度。东 193
欧剧变带来了收入不平等水平的上升，这些国家的收入不平等状况甚至比西方国家更严重。[30] 在 20 世纪 80 年代前后，大多数社会主义国家的收入不平等水平都相当低。

皮凯蒂认为，收入不平等水平的上升是常态，它暂时会被来自外部的冲击（两次世界大战和经济大萧条）所抵消。但是，历史证据不支持这种说法。在很多资本主义国家中，不平等水平在第一次世界大战前就开始下降了。在第二次世界大战后很久，重大的有关福利制度的立法仍继续被采用。瑞典没有参加过任何一次世界大战，但它建立了世界上最完善的社会福利体系之一。

政治因素处于皮凯蒂的模型之外，所以他把它们视为随机冲击。但是，它们远不是随机的。经济上的平等或是不平等，最终依赖于有产者与工人之间政治力量的平衡，而这种平衡在经济发展的不同阶段会发生变化。从农业社会向工业社会的过渡，创造了对产业工人日益增长的需求。最初工人们饱受剥削，但当他们以工会和工人阶级主导的政党的形式组织起来时，他们便有能力选举出实行收入再分配政策、监管金融和工业，以及建立福利制度的政府。这种政府在20世纪大部分时期带来了日益增长的收入平等。大约自1970年起，有组织的工人日渐式微，这减弱了他们的政治影响力。收入再分配政策和对经济的监管在里根－撒切尔时期被削弱。知识社会的兴起往往建立赢者通吃的经济模式，在这种模式下收益主要汇聚在非常顶层的人手中。

大象曲线

布兰科·米拉诺维奇（Branko Milanovic）的名作中把皮凯蒂的发现置于全球语境中，证明了收入不平等水平的上升不是资本主义经济的内在特征，而是取决于经济发展的阶段。[31]正如米拉诺维奇证明的那样，
194 整个世界在变得更富裕，但是富裕的轨迹并非平直的，他把它称之为“大象曲线”（elephant curve）。图9–9描绘了这个曲线，显示了1988

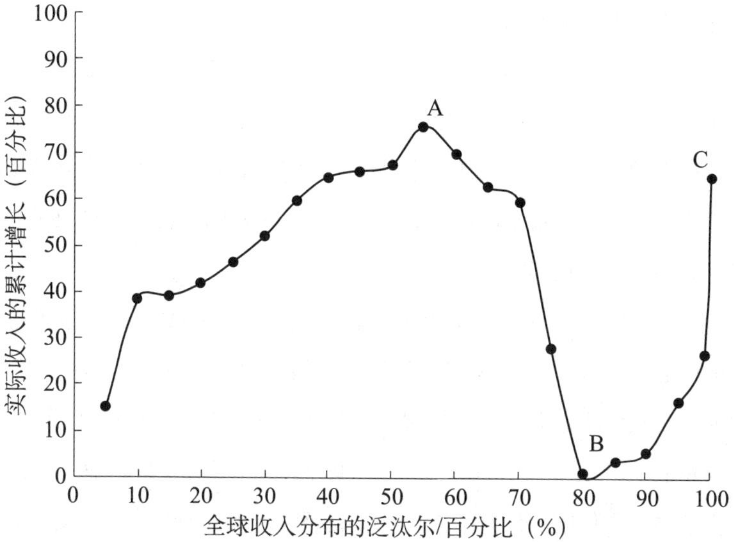

图 9-9　实际人均收入的相对增长与全球收入水平（1988—2008 年）

资料来源：Milanovic, 2016: 11

年到 2008 年间世界人均实际收入的增长情况。世界人口中最贫穷的十分之一（位于曲线左端的大象尾巴处）取得了少量进步，实际收入增长了 15%。世界上大部分人的实际收入大幅增长。接近 A 点的 40% 的世界人口（大部分生活在中国、印度、泰国、越南和印度尼西亚）取得了最大的收益，在这 20 年中他们的实际收入增长了 80%。与之形成鲜明对比的是接近 B 点的十分之一人口（大部分生活在西欧的高收入国家、美国、加拿大、澳大利亚和日本）。他们的起点很高，但是在这 20 年中实际收入却没有增长，并且一大部分人的实际收入反而下降了。这与里根–撒切尔改革时政客们力图使人们相信的正相反。在里根–撒切尔改革中，力推放松管制和更多地依赖市场的政客们使人们相信这些措施会增加收入，但结果人们的实际收入并未增长。

195 最近几十年的赢家是中国人、印度人和东南亚人，而几乎所有生活于高收入国家的人都是失败者。但是，到目前为止最大的绝对收益被全球顶尖的 1% 的人口获得，他们处于 C 点。高收入国家中非常富裕的人从非常高的收入水平起步，并且取得了大规模的收益，这导致了收入不平等的急速增长。

收入不平等水平的上升和底层人的贫困并非资本主义国家不可解决的问题，它反映了国家经济发展的阶段。尽管收入不平等在高收入国家一直在加剧，但中国人、印度人及其他发展中国家的人的实际收入日益增长。从农业社会向工业经济的转变创造了对大量产业工人的需求，这增加了他们的议价能力。从工业经济向服务型经济的转变有着相反效应。随着自动化取代人类，有组织的工人的议价能力被削弱。接下来，在知识社会的阶段，受过高等教育的专业人士的议价能力也会被削弱。

高收入国家现在正在迈向知识社会的更高级阶段，即人工智能社会。它倾向于增加收入不平等的水平。在工业社会，生产和销售物质产品的成本是非常可观的，因此从非常便宜到非常昂贵的各种产品都能找到合适的市场定位。但是，一旦人们生产出来诸如微软（Microsoft）这样的知识产品，生产和销售额外副本的成本几乎是零。人们只会购买头部产品，而不会购买其他产品。头部产品能够占领整个市场，它的生产商会获得高额回报，而其他替代产品则毫无生存余地。随着向人工智能社会的过渡，不平等状况会更加恶化。在这个阶段，几乎所有人的工作都能被电脑程序取代，这使压榨几乎全部的劳动力并把经济收益输送给最顶端的少量人成为可能。制造业外包只是在向人工智能社会过渡的时期才存在的问题，生产自动化才是长期存在的问题。特朗普政府架设围墙和建立贸易壁垒的行为并不能解决生产自动化所引起的不平等水平上升。

人们可能会把世界大部分人口在过去20年获得重大经济收益的事实，归因于某些不知何故没有影响到高收入国家的随机冲击。但是，似乎中国、印度、印度尼西亚、泰国和越南与高收入国家之间鲜明的绩效差异，更有可能反映的是这两组国家处在现代化的不同阶段。中国、印 196
度、印度尼西亚、泰国和越南一直在进行从农业社会向工业社会的转变，这个阶段普通人的议价能力从根本上高于知识经济社会中普通人的议价能力。高收入国家一直在进行从工业社会向知识经济社会的转变，这个阶段的工作高度分化，受教育程度较低的人只有很少的议价能力或没有议价能力。另外，当这些国家进入人工智能社会时，即使受教育程度较高的人也会失去他们的议价能力。几乎每个人的工作都能被自动化，这使绝大部分人生活在大型企业所有者的控制之下。

被忽略的幕后之人

保守派认为，收入不平等水平的上升其实无关紧要。只要整体经济在增长，每个人都会变得更富裕，因此我们不应该关注不平等水平的上升。

但是，并**不是**所有人都在变得更加富裕。在过去几十年中，发达国家的工人阶级的实际收入一直在下降，而可接受的生活标准的物质基础一直在升高。在 19 世纪，有足够的食物被认为是好的生活，“家家锅中有只鸡”是一个振奋人心的政治口号。后来，“每个车库有辆车”是一个雄心勃勃的目标。如今，在高收入国家，有一辆汽车和足够的食物只是最低生活标准的一部分。工人阶级有着不稳定的工作前景，他们意识到上层人士取得了巨大的经济收益，而自己则被排除在经济增长带来的收益之外。他们越来越意识到自己的相对社会地位在下降，这影响他们对自己的社会定位：在 2000 年，33% 的美国民众认为自己是“工人阶级”；到 2015 年，这个数字上升到了 48%。[32]

保守经济学家往往指出，即使对最高收入者征收高额的税收，也不会筹到足够的钱，从根本上改善状况。这种说法不再正确。不平等水平上升得如此之快，以至于到 2007 年时，处于顶端的 1% 挣得了美国总收入的 24%；[33] 在 2011 年，处于顶端的 1% 的家庭控制了全国财富的
197 40%；[34] 在 2014 年，华尔街付出的奖金大约是拿着联邦最低工资所有美国全职工作者总收入的两倍；[35] 在2015年，25个对冲基金经理的总收入高于美国所有幼儿园老师的总收入。[36]

自 20 世纪初开始，现代化带来预期寿命的增长似乎是一个自然规律。但是，从 2000 年起，美国中年非拉美裔白人的预期寿命一直在下降。[37] 预期寿命的下降主要集中在那些没有受过大学教育的人群中，它在很大程度上是由吸毒、酗酒以及自杀造成的。这是一个严重的问题。在现代出现过的唯一可与之相比的现象，是伴随着苏联解体出现的男性预期寿命的急剧下降。在知识经济时代，经济增长不再提高每个人的生活标准，包括人们的预期寿命。

政治动员影响收入不平等水平的升降

收入不平等水平反映了精英与民众之间政治权力的平衡，这种平衡受到现代化进程的影响。早期工业化带来了对工人的无情剥削、低工资、长时间工作以及工会受到抑制。但是最终，认知型动员通过调整政治技能的平衡缩小了精英与民众之间的差距。城市化使人们更接近彼此；工人集中在工厂里，这有利于他们之间的交流；文化教育的传播使工人们得以接触国家政治，并有能力组织有效行动。在19世纪晚期和20世纪早期，工会赢得组织权利，这使工人们能够集体谈判。选举权的扩大使工人们有了投票权，他们被左翼政党动员了起来。这些新近被动员起来的选民最终选出了推行诸如累进税制、社会保险和广泛的福利制度等再分配政策的政府。这推动了20世纪大部分时期收入不平等水平的下降。

但是，这发生在执行再分配政策的强大的左派政党存在的时期。
在当前的情况下，富人有能力通过增加财富集中度的方式影响政府政 198
策。2012年，美国民众发现，亿万富翁、总统候选人米特·罗姆尼（Mitt Romney）的所得税率低于他的秘书。2016年，尽管被反复要求，亿万富翁、总统候选人唐纳德·特朗普仍拒绝公开他的所得税申报表，导致人们普遍认为他没有支付自己的所得税。马丁·吉伦斯（Martin Gilens）出示的证据显示，美国政府对美国公民中最富裕的10%的人的偏好作出忠实回应，而“在大部分情况下，广大民众的偏好似乎对政府采取或不采取某项政策没有实质性影响”。[38]

因为政客和公司削减了医疗卫生、收入保险和退休金方面的开支，所以曾经保护美国民众的安全网正在被撕裂。[39] 在美国，金融机构为国会中的每个议员雇用两到三位游说者，在很大程度上是为了劝阻议员们不要密切地监管银行。[40] 事实上，即使由于对金融部门的监管不力，导致经济大萧条，使数百万人失去工作和家园，国会也一直不愿意监管银行。这个事实表明金融机构的投资方式颇有成效。

斯蒂格利茨指出，在美国，极少数极其富有的人获取了强大的政治影响力，他们利用自身的影响力去左右政策，从而系统地增加财富的集中度，削弱经济发展，减少对教育、研究和基础设施的投资。这种观点很有说服力。[41] 雅各布·哈克（Jacob Hacker）和保罗·皮尔逊（Paul Pierson）认为，美国赢者通吃的政治是建立在大企业和保守政客联盟的基础之上，它使美国富人的税率从 1970 年的 75% 降到 2004 年的不足35%，还大幅削弱了对经济和金融市场的监管。[42] 这确实是直接原因。而美国政客采取单方面支持商业政策的能力，又被劳工组织的削弱，全球化，以及朝向赢者通吃的经济模式发展的趋势进一步加强了。50 年前，资本家和保守派政客也许像今天一样贪婪和聪明，但他们被工会与左派政党组成的强大联盟压制了，这样的联盟有能力抵消富人的影响力，并建立再分配政策。以工人为基础的政党的衰退和赢者通吃的经济
199 模式的兴起，削弱了这个政治联盟，因此收入不平等水平在几乎所有高度发达的国家中都上升了。

上升的收入不平等水平和经济不安全水平已经造成强烈的政治不满。如同下一章将要表明的那样，随着这些国家进入知识社会的成熟阶段，即人工智能阶段，收入不平等和经济不安全的状况很有可能会进一
200 步恶化。

注 释

1 Ronald Inglehart, "The Silent Revolution in Europe: Intergenerational Change in Post-industrial Societies", *American Political Science Review* 1971, 65(4), pp. 991–1017; Ronald Inglehart, *The Silent Revolution: Changing Values and Political Styles among Western Publics*; Ronald Inglehart, *Cultural Shift in Advanced Industrial Society*.

2 如第三章所述，后物质主义价值观是更广泛的从生存价值观向自我表现价值观转变的一部分。为了简化术语，我在本章使用"后物质主义"一词来描述这种更广泛的文化变迁。

3 Ronald Inglehart, "The Silent Revolution in Europe: Intergenerational Change in Post-industrial Societies", *American Political Science Review* 1971, 65(4), pp. 991–1017; Ronald Inglehart, *The Silent Revolution: Changing Values and Political Styles among Western Publics*; Ronald Inglehart, *Cultural Shift in Advanced Industrial Society*.

4 Piero Ignazi, "The silent counter-revolution," *European Journal of Political Research* 1992, 22(1), pp. 3-34; Piero Ignazi, *Extreme right parties in Western Europe*, Oxford: Oxford University Press, 2003.

5 Ronald Inglehart, *Cultural Shift in Advanced Industrial Society*; Ronald Inglehart, *The Silent Revolution: Changing Values and Political Styles among Western Publics*. Ronald Inglehart, *Modernization and Postmodernization: Cultural, Economic and Political Change in 43 Societies*.

6 Ronald Inglehart, *Cultural Shift in Advanced Industrial Society*; Ronald Inglehart, *The Silent Revolution: Changing Values and Political Styles among Western Publics*; Ronald Inglehart and Christian Welzel, Modernization, *Cultural Change and Democracy: The Human Development Sequence*; Pippa Norris and Ronald Inglehart, *Sacred and Secular: Religion and Politics Worldwide* (2nd edn.).

7 Inglehart, *Modernization and Postmodernization: Cultural, Economic and Political Change in 43 Societies*.

8 12 个项目的物质主义 / 后物质主义价值观指标包含了五个测量后物质主义价值观的问题项。因此，一个人的后物质主义得分区间是从 0 到 5，具体取决于有多少个后物质主义项目被给予高的优先级。

9 Norris, *Rising Tide: Gender Equality in Global Perspective*; Ronald Inglehart and Christian Welzel, *Modernization, Cultural Change and Democracy: The Human Development Sequence*.

10 Herbert Kitschelt and Anthony J. McGann, *The radical right in Western Europe: A comparative analysis*, Ann Arbor: University of Michigan Press, 1995; Hans-Georg Betz, *Radical right-wing populism in Western Europe*, New York: Springer, 1994.

11 E. Ivarsflaten, "What unites right-wing populists in Western Europe? Re-examining grievance mobilization models in seven successful cases", *Comparative Political Studies* 2008, 41(1), pp. 3–23.

12 Wouter Van der Brug, Meindert Fennema and Jean Tillie, "Why Some Anti-Immigrant Parties Fail and Others Succeed: A Two-Step Model of Aggregate Electoral Support", *Comparative Political Studies* 2005(38), pp.537–573; Ruud Koopmans, Paul Statham, Marco Giugni and Florence Passy, *Contested Citizenship. Political Contention over Migration and Ethnic Relations in Western Europe*, Minneapolis: University of Minnesota Press, 2005.

13 绿党/选择党/自由党在新政治维度的另一极。见 Gary Marks, Liesbet Hooghe, Moira Nelson, and Erica Edwards, "Party competition and European integration in the East and West: Different structure, same causality", *Comparative Political Studies* 2006, 39(2), pp.155–175。

14 Herbert Kitschelt, with Anthony J. McGann, *The Radical Right in Western Europe: A Comparative Analysis*.

15 Cas Mudde, *Populist Radical Right Parties in Europe*, New York: Cambridge University Press, 2007, Chapter 4.

16 John Sides and Jack Citrin, "European Opinion about Immigration: The Role of Identities, Interests and Information", *British Journal of Political Science* 2007, 37, no.03, pp. 477–504.

17 US Election 2016.

18 Ronald Inglehart and Norris Pippa, "Trump, Brexit, and the Rise of Populism: Economic Insecurity and Cultural Backlash", Paper presented at the meeting of the American Political Science Association, Philadelphia (September 2016).

19 Available at: http://www.dw.com/en/new-poll-shows-alternative-for-germany-gaining-support/a-19569448 (accessed October 29, 2017)

20 Herbert Kitschelt, with Anthony J. McGann, *The Radical Right in Western Europe: A Comparative Analysis*; Cas Mudde, *Populist Radical Right Parties in Europe*.

21 Ronald Inglehart, Mansoor Moaddel and Mark Tessler, "Xenophobia and In-Group Solidarity in Iraq: A Natural Experiment on the Impact of Insecurity", *Perspectives on Politics* 2006, 4(3), pp. 495–506; Jaak Billiet, Bart Meuleman and Hans De Witte, "The Relationship between Ethnic Threat and Economic Insecurity in Times of Economic Crisis: Analysis of European Social Survey Data", *Migration Studies* 2014, 2(2), pp. 135–161.

22 Paul M. Sniderman, Michael Bang Petersen, Rune Slothuus and Rune Stubager, *Paradoxes of Liberal Democracy: Islam, Western Europe, and the Danish Cartoon Crisis*, Princeton: Princeton University Press, 2014.

23 Ronald Inglehart, "Insecurity and Xenophobia: Comment on Paradoxes of Liberal Democracy", *Perspectives on Politics* (June, 2015), 13 (2), pp. 468–470.

24 Joan Y. Chiao and Katherine D. Blizinsky, "Culture-Gene Coevolution of Individualism–Collectivism and the Serotonin Transporter Gene", *Proceedings of the Royal Society* 2009B 277(1681), pp. 529–553.

25 大多数中等收入和低收入国家没有显示出这种现象；一些国家的较年轻的群体的排外主义水平甚至比较年长的群体高得多。

26 Seymour Martin Lipset, *Political Man*, Garden City, New York: Anchor Books, 1960.

27 David Bradley, Evelyne Huber, Stephanle Moller, François Nielsen, and John D. Stephens, "Distribution and Redistribution in Postindustrial Democracies", *Worl Politics* 55, 2003(2), pp.193–228; Torben Iverson and David Soskice, "Distribution and redistribution: The shadow of the nineteenth century", *World Politics* 61, 2009(3), pp.438–486.

28 Thomas Piketty, *Capital in the Twenty-First Century*, Cambridge, MA: Harvard University Press, 2014.

29 World Bank 2015.

30 Martin K. Whyte, "Soaring Income Gaps: China in Comparative Perspective", *Daedalus* 2014,143(2), pp. 39–52.

31 Branko Milanovic, *Global inequality: A new approach for the age of globalization*, Cambridge, MA: Harvard University Press, 2016.

32 Available at: http://www.gallup.com/poll/182918/fewer-americans-identify-middle-class-recent-years.aspx (accessed October 29, 2017).

33 Emmanuel Saez and Gabriel Zucman, "Wealth Inequality in the U. S. since 1913: Evidence from Capitalized Income Tax Data", NBER working paper No. 20625.

34 Joseph E. Stiglitz, "Of the 1 percent, by the 1 percent, for the 1 percent", *Vanity Fair*, May 2011.

35 Justin Wolfers, "All You Need to Know about Income Inequality, in One Comparison", *New York Times*, March 13.

36 Available at: http://www.politifact.com/truth-o-meter/statements/2015/jun/15/hillary-clinton/hillary-clinton-tophedge-fund-managers-make-more-/(accessed October 29, 2017).

37 Anne Case and Angus Deaton, "Rising Morbidity and Mortality in Midlife among White Non-Hispanic Americans in the 21st Century", *Proceedings of the National Academy of Sciences* 2015, 112, no. 49, pp.15078–15083.

38 Martin Gilens, *Affluence and Inffuence*, Princeton: Princeton University Press, 2012.

39 Jacob S. Hacker and Paul Pierson, *Winner-Take-All Politics*, New York: Simon & Schuster, 2010.

40 Joseph E. Stiglitz, *The Price of Inequality*, New York: Norton, 2013.

41 同上书。

42 Jacob S. Hacker and Paul Pierson, *Winner-Take-All Politics*, New York: Simon & Schuster, 2010.

第十章

人工智能社会的来临

引　言

高收入国家目前正在进入人工智能社会阶段，这是知识社会的高级阶段，在这个阶段几乎所有人的工作都能被自动化。假如人工智能服务是全社会的福祉，那么人工智能有巨大的潜力来改善我们的经济状况和健康状况。但是，假如把它留给市场，那么它会带来赢者通吃的社会，几乎所有的收益都会聚集到处于最上层的少数人手中。

人工智能社会将会导致越来越高的收入不平等水平，原因有两个：

（1）工业社会生产的是物质产品，这些产品的生产和销售成本都比较高，因而从非常廉价到非常昂贵的各种价位的产品都能找到合适的市场定位。但是，一旦人们生产出来知识产品，再生产和销售这些产品的成本几乎是零。除了购买头部产品，人们几乎没有理由去购买其他同类产品。这往往使头部产品占领整个市场，由此产生高额的利润，但这些利润都归于这类产品生产商的拥有者。

（2）随着向人工智能社会的转变，收入不平等问题会恶化。在人工智能社会，几乎所有人的工作都能被电脑程序取代。这使压榨几乎所有的劳动力成为可能，经济收益也会进一步聚集到最上层的少数人手中。

201 人工智能社会的影响

在制造物质产品时，各种价位的产品的生产商都有生存空间。市场上销售的汽车从生产成本非常低的微型车，到中型车、大型车，以及非常昂贵的豪华车，这些产品之间还能进行价格战。但是，在知识经济社会，再生产的成本接近于零。一旦微软生产出软件，几乎不需要任何花费就能生产和销售其他副本。这就意味着用户除了购买微软的产品，没有理由去购买其他同类产品。在赢者通吃的经济模式下，比尔·盖茨在 40 岁以前就成为亿万富翁，马克·扎克伯格（Mark Zuckerberg）在不到 30 岁时就成了亿万富翁。那些处在最上层的人得到的回报是巨大的，这类巨大的回报在很大程度上也只有最上层的人才能得到。

这种趋势又被人工智能社会中几乎每个人的工作都能被自动化的事实所强化。知识社会的早期阶段需要大量受教育程度高、掌握高超技能的人才，这类人能获得稳定的、高薪的工作。但是，人工智能社会的发展，改变了这种情况：即使那些受过高等教育的专业人士的工作，也开始被电脑取代。假如把一切交给市场，稳定的高薪工作将会继续消失，即使对那些受过高等教育的人而言也是如此。正如斯蒂格利茨提出的那样，在人工智能社会，重大的经济冲突不再存在于工人阶级与中产阶级之间，而是存在于处于最上层的 1% 与剩下的 99% 之间。[1]

在过去的 50 年中，高收入国家中那些受教育程度较低的人的实际收入和生存安全感一直在下降。50 年前，美国最大的雇主是通用汽车（General Motors），以 2016 年美元的购买力计算，当时工人的工资相当于每小时 50 美元。如今，最大的雇主是沃尔玛，它付的薪酬大约是每小时 8 美元。最近，随着电脑程序接管了受过大学教育和获得研究生学历的人的工作，人工智能一直在削弱受教育程度较高的阶层的经济地

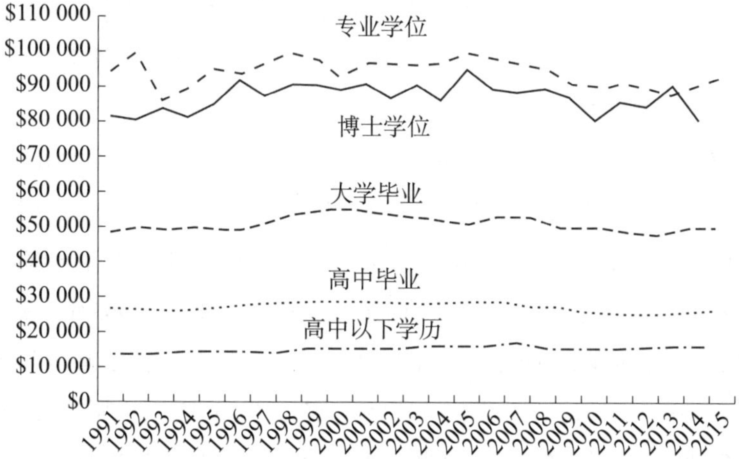

图 10-1　美国就业人员实际收入（经 2013 年美元等值调整）的中位数与教育水平（1991—2015 年）

资料来源：美国人口普查局（United Census Bureau, https://www.census.gov/data/tables/timeseries/demo/income-poverty/historical-income-people.html）

说明：每年的收入是男性和女性收入的中位数的平均数

位。如图10-1所示，知识社会最初给这类人带来了更大的机会和更好的生活条件，但是，这种情况已经不复存在。从1991年到2015年，美国各个受教育层次上的劳动力实际收入的中位数都变化不大，这对大学毕业生、有博士学位的人、律师、医生及其他有专业学位的人来讲都
202 是如此。自1991年以来，即使那些受过高等教育的群体的实际收入的中位数也处在停滞不前的状态。实际上，他们的实际收入的中位数自1999年起开始**下降**。这个图表显示了男性和女性总收入的平均数。它掩盖了一个事实，即女性的实际收入在上升，且这种上升无法抵消男性的实际收入的下降。这有助于解释为何男性比女性更有可能支持特朗普这样的排外的民粹主义者。

在美国，受过高等教育的人的收入比受教育程度较低的人仍然高得多，但自从1991年起，这两个群体的实际收入都开始停滞不前。这个问题的症结不在于经济增长乏力。自1991年起，国内生产总值取得大幅增长。那么，财富去哪里了呢？答案是它都归入了精英中的精英之手，如这个国家中最大型的企业的首席执行官们的手中。在受过高等教育的专家如医生、律师、科学家、大学教授、记者及工程师们的实际收入水平停滞不前时，首席执行官们的收入却大幅增长。1965年，美国350个大型企业的首席执行官们的平均收入是公司普通员工收入的20
203 倍；1989年，增长到58倍；2012年，暴增到354倍。[2]差距的大幅扩大反映的不是首席执行官们绩效的改善，因为20世纪60年代的经济增长率比现在还高。首席执行官们如今的贡献并不是1965年的17倍。然而现实却是，把通用汽车带入破产的人能够拿着巨额奖金退休，而工人们却失去了工作和福利。

1860 年，美国的农业部门雇用大量的劳动力。到 1950 年，大多数农业部门的工作都消失了，但这并没有导致普遍的失业和贫困，因为工业部门的雇佣率出现大规模增长。但是到 2017 年，自动化和制造业外包导致产业工人在劳动力市场所占的比例降到 9% 以下。工业部门工作机会的减少被服务部门工作机会的增加抵消了，如今美国的服务部门雇用了大部分的劳动力。

服务部门的一个重要组成部分是高科技行业，它雇用从事信息类、科技类、金融类及保险类工作的人。人们一般认为，高科技行业会提供大量的高薪工作机会。然而，看起来令人吃惊的是，高科技行业的就业率并没有增长。如图 10–2 所示，大约自 30 年前开始的统计数据显示，高科技部门的就业人数占美国总就业人数的比例就大体保持不变。如附录二中图 A2–8 所示，其他有统计数据的国家的高科技部门就业情况也是如此，这些国家包括加拿大、德国、法国、瑞典及英国。与从农业社会向工业社会的转变不同，人工智能社会没有产生大量稳定的、高薪的工作。例如，1979 年，当就业率达到高峰时，仅通用汽车就雇用了接近 84 万名工人。以 2010 年美元购买力计算，通用汽车赚取了约 110 亿美元。与之形成对比的是，谷歌（Google）在 2010 年的利润接近 140 亿美元，而它只雇用 3.8 万名员工，不到通用汽车曾经雇用人数的二十分之一。[3] 2005 年，由三个人建立了 YouTube 视频网站。两年后，它的员工只有 65 人，但它却被谷歌以 16.5 亿美元的价格收购。建立在人工智能基础上的公司能垄断给数百万人提供服务的市场，它们雇用少量的员工却能产出巨额的利润。因为人工智能就像自我吞食的蛇：人类能做的所有事，包括编程，它都能越做越好。

204

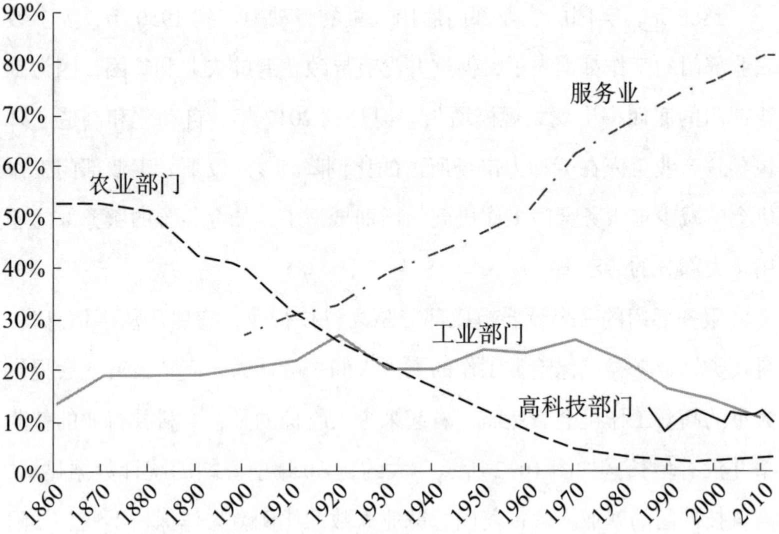

图 10–2　美国农业部门和工业部门（1860—2012 年）、服务业（1900—2012 年）以及高科技部门（1986—2012 年）雇佣劳动力的比例

说明：不存在服务业 1900 年前的数据和高科技部门 1986 年前的数据。

资料来源：Federal Reserve Bank of St. Louis, 2014; Hadlock, 1991; Hecker, 1999; Hecker, 2005; Kutscher and Mark, 1983; Lebergott, 1966; National Science Board, 2012; National Science Board, 2014; Powell and Snellman, 2004; United States Bureau of Labor Statistics, 2013; United States Bureau of Labor Statistics, 2014; United States Bureau of the Census, 1977

产业工人的数量已经大幅下跌，这减弱了工人主导的政党的选举基础，而这些政党曾经有能力实行福利制度。长久以来，自动化和外包都在削弱产业工人的议价地位，但随着人工智能经济的兴起，几乎全部的人类劳动力都在失去议价能力。不久以前，律师还被认为是稳定的职业。律师事务所过去常常雇用大量新晋律师，他们筛选数千页的文件以确定案件的基本事实。如今，电脑可以更快地完成这项工作，并且结果更精确，成本更低。法学学位曾经代表着高薪和低失业风险。但在最近几年，从美国法学院毕业的 40% 的学生所从事的工作都不需要法学学位。许多年轻的律师都处于失业或未充分就业的状态，这导致法学院从 205
2010 年到 2015 年的招生人数下降了 30%。

医疗专业相对较好，因为发达国家进入老龄化，对医疗护理的需求上升。但是，大多数医生都受雇于大企业，后者能决定医生的工资和工作条件。外包正在进一步削弱医生的议价能力。当你在美国做了 X 光检查，有可能结果会被传输到印度，当地的医生会对结果进行解释，而他们得到的报酬只是美国医生的一小部分。但这只是压榨劳动力的第一步。合成智能（synthetic intellects）正在被开发，它们能独立学习，可以在数百万案例的基础上进行医疗诊断，比医生更精准、更快速，并且成本更低。它们正在取代印度的放射科医生。把工作外包到其他国家只是一个临时现象，并非长期问题。工作从人类向人工智能的转移才是一个更为严峻的长期挑战。

以报刊为载体的新闻正在消失，它正在让位给网络新闻，而人们很难将网络上的假新闻与真新闻区分开，这削弱了民主的重要保障。另外，学术生涯的完整性也正在被削弱。50 年前，当人们在大学里获得教职时，他们会假定自己最终将获得终身教职，可以自由地研究他们感兴趣的课题。1970 年，美国大多数大学课程都是由有终身教职的人讲授的。在过去的数十年，大学里有终身教职的全职教育工作者所占的比例从 45% 下降到了 25%。[4] 大学校长的行为与首席执行官的行为如出一辙，他们取消稳定的工作，代之以助教和兼职讲师，而这些人薪水低、工作不稳定。大多数学者现在都在寻求一个又一个临时工作职位。

并且，现在越来越多的电脑程序都是由电脑程序写就的，这是高科技行业的工作职位数量没有增长的一个主要原因。

建立围墙和拒绝签证将不会停止这个进程。尽管政客们和选民们谴责全球贸易和离岸外包业务，认为它们造成了国家的经济困难，但在2000 年到 2010 年，只有 13% 的美国制造业的工作是因为贸易的缘故丢失的，而超过 85% 的工作机会的消失则是由技术进步带来的生产率
206 提高造成的。[5] 自动化减少的工作数量远多于国际贸易，因为即使与最低薪的工人相比，电脑也具备成本优势。电脑工作得又快又好，一天可以工作 24 小时，不需要工资、退休金或是健康保险，并且它们的成本在快速下降。

人工智能极有前景。如果加以合适的利用，它们就会使所有人的生活变得更安全、更长久和更美好。但是，它正在快速取代大量工作，包括需要高技能的中产阶级的工作。[6] 假如这是真的，那么我们为何没有看到大范围的失业呢？从表面上看，美国经济似乎在蓬勃发展。2016 年，它的经济增长了，股票市场创了新高，失业率看似也很低。用平常的标准来看，2016 年总统选举中，现任执政党应该会收获许多无可质疑的信任票。但事实却与之相反，社会上存在着大量的对两个主要政党领导人的反对声音。原因是什么呢？

人工智能看似没有造成失业的原因之一，是低迷的就业前景已经让大量的人主动从劳动力队伍中退出了。2016 年 12 月，普通民众的失业率降至 4.7%，这看似劳动力已经充分就业。但是，这个数字没有把主动退出劳动力队伍的人考虑进来，实际上美国成年人的就业率创了

30 多年来的新低。从 1970 年到 2016 年，美国 20 岁及其以上的普通民众的就业比例从 64.6% 降至 59.7%。[7] 美国成年人口在 2008 年到 2010 年间就业率的下降幅度，大约是该国经历过的最严重的战后经济衰退时期的两倍。2017 年，美国每一名处于 25 岁到 55 岁之间的失业男性，都对应着另外三名既没有工作也不找工作的男性。女性的就业率自第二次世界大战以后到 2000 年一直在稳步上升。自 2000 年以后，她们的就业率也在下降。[8]

马丁·福特（Martin Ford）在一本令人印象深刻的著作中，对人工智能如何快速地发展出取代几乎所有人的工作的能力进行了详细解释。他为建立全民基本收入（universal basic income）体系提供了强有力的论证。[9] 虽然发放全民基本收入可能比什么都不做要好，但是，这并不是最优的解决方法。

失业或是主动退出劳动力队伍并不是愉快的经历。主动退出劳动力队伍的青壮年男性表示，他们的主观幸福感处在非常低的水平，他们的日常活动毫无意义可言。[10] 主动退出劳动力队伍甚至会导致早逝。从 207
1999 年到 2013 年，美国所有处于 45 岁到 54 岁之间的非拉美裔白人男性和女性的死亡率都有小幅上升。但是，那些有着高中及其以下学历的人的死亡率则大幅上升。在这个受教育程度较低的群体中，大部分上升的死亡率是由自杀、肝硬化及药物滥用造成的。[11] 2016 年的一项研究检验了美国的阿片类药物滥用情况，检验结果表明，主动退出劳动力队伍的正值工作年纪的男性中，有一半人目前每天都在服用令人上瘾的止痛药，这个群体目前大约有 700 万人。[12] 他们正在走向死亡，不是因为饥饿，而是因为毫无意义的生活。2016 年美国死于药物滥用的人的比例，几乎是1980年的十倍。目前，药物滥用是美国50岁以下的人死亡的首要原因。[13] 这也是为什么发放全民基本收入不是最优的解决办法的原因之一。主动退出劳动力队伍的人死亡率的上升，拉低了全国的预期寿命。2016年12月，疾病控制和预防中心的报告称，美国全体人口出生时预期寿命在几十年来首次出现小幅下降。[14]

人工智能正在掏空经济，它用不稳定的、低薪水的工作取代稳定的、高薪的工作。首先，有着强大的工会支持的产业工人被未组织化的工人取代，后者的议价能力和工作安全感十分弱；其次，律师正在被电脑取代，有终身教职的教授正在被低薪水的兼职讲师取代。图10–3通过对比美国劳动力结构变化1979—1999年与1999—2012年之间的差异，展示了这个过程。

从1979年到1999年，因为低薪工作被需要更高技能水平的高薪工作取代，所以劳动力的总体技能水平仍然在上升。这使每代人都能超越父母的期望成为长期趋势。1999年后，经济空心化来临。从1999年到2012年，中产阶级的工作机会所占的比例下降，低薪的和不稳定的工作机会大量增长。与以前的增长规模相比，高技能的、高薪水的工作增长得极其少。2016年12月的一份报告计算了30岁的人的收入高于其父母30岁时收入的几率，结果显示只有51%，而40年前这个比例是86%。[15] 一个人挣得比自己父母多的几率，已经下降到大约50:50，并且仍在大幅下降。

在21世纪，许多律师没有办法找到需要法学学位的工作。他们中
208 的大多数人不是没有工作，而是从事的工作低于他们的预期。同样，尽管医生短缺，但因为全面削减政府开支，导致许多医学博士无法获得实

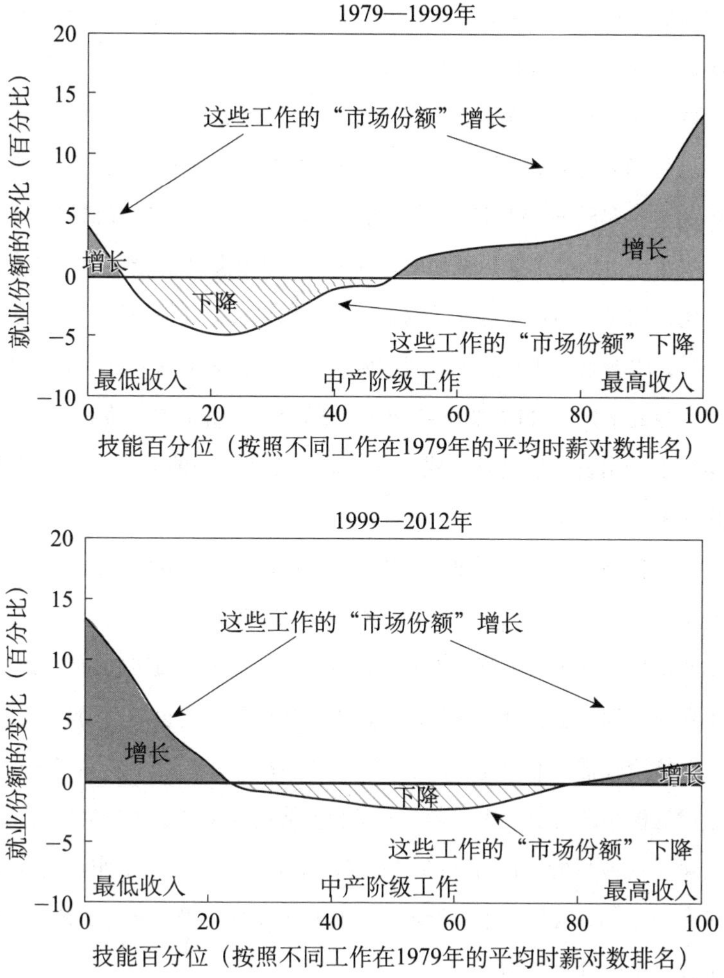

图 10-3 美国劳动力结构的变化（1979—1999 年 /1999—2012 年）

资料来源：McAfee, 2017; Autor and Dorn, 2013

习机会，从而无法行医。他们中的大多数人并没有失业，但是从事的工 209

作远远低于其预期。从表面上看，美国经济似乎发展良好，但是对劳动力而言却是另外一回事。这种现象并非美国独有。从1993年到2010年，16个西欧高收入国家也经历了经济空心化，丧失了大量中产阶级工作。[16]

这种趋势会持续下去吗？未来从根本上而言是不可预测的，但是市场的力量是这种趋势持续下去的强大诱因。从首席执行官的立场来看，雇用无组织的工人、低薪的外国人或使用机器人，能使公司的利润最大化，加强公司在市场中的竞争地位。如果不受任何限制，仅考虑效益，公司将会解雇所有员工。假如所有的公司都采取这样的措施，那么国家将会处于比20世纪30年代更严重的经济大萧条中。然而，从每个公司的立场出发，以这种方式压榨劳动力几乎是一种不可抗拒的趋势，也是一种流行的策略。

这些问题是可以解决的。高收入国家不是在变得更贫困，而是正在变得更有生产力。自1970年以来，美国经济得到了大幅增长。国家财富在增加，处于最上层的人的工资在飙升。雇主与员工的议价能力发生了变化。即使受教育程度较高的员工，他们的工资也不再增长。国内生产总值增长带来的收益，几乎都归入由金融家、企业家及高级管理人员组成的极小的阶层手中。随着人工智能取代人类员工，不受监管的市场力量将使极少的一部分人控制经济，而绝大多数人的工作岌岌可危，除了那一小部分人的园丁、侍者、保姆及美发师。当今硅谷的社会结构预示着未来的社会结构。

如今，关键的政治斗争已经不再存在于工人阶级与中产阶级之间，而是存在于1%与99%之间。除非有新的政治联盟出现，它能够代表包括受教育程度较低的白人在内的99%的利益，否则经济将会持续空心化，大多数人的生存安全感都会持续下降。

在技术发达的国家，政府干预是压制收入持续向最上层聚集的唯一可行办法。发放全民基本收入这种做法有严重的经济方面和心理方面的缺陷。我认为，更有效的解决途径，应该是政府创造工作机会，让人们从事改善生活质量的有益之事，给予人们生活的目的感和自尊感。在 210
美国罗斯福新政时期，政府资助的项目建设了高速公路和邮局，保护了环境，并促进了教育和文化生活。如今，人们与那时一样富有想象力，有能力设计出需要人类员工的项目。但是，人们目前还没有被有效地组织起来去从事这项事业。

需要一个新的政治联盟

有迹象表明，与处于最上层的 1% 相对的 99% 的满意度越来越低。从历史上来看，社会主义者的身份对于在美国从政的人而言是致命的。但是，在 2016 年的美国总统初选中，尽管希拉里·克林顿受到了民主党建制派的大力支持，但是，在美国这样一个以没有社会主义而闻名的国度，她却在一些州的初选中败给了伯尼·桑德斯（Bernie Sanders），一个相对不知名的，公开承认自己是社会主义者的人。越来越多年轻的选民意识到我们需要改变我们的政治制度。假如只有 35 岁以下的人有投票权，那么桑德斯很有可能已经赢得了总统选举。共和党内部也存在着公开的反抗。尽管几乎所有党内的高层领导人都对唐纳德·特朗普持否定态度，但是他还是赢得了共和党的总统提名。人们普遍感到两个主要政党都不能有效地代表大多数人的利益。这种看法是有根据的。美国经济正在空心化，民众的工作安全感在消退。

2012 年，美国最富裕的 1% 与剩下的 99% 之间的收入差距达到了自 20 世纪 20 年代以来的最高峰。[17] 从长期来看，经济不平等的加剧有可能重新带来民众对政府干预的支持。但就目前而言，经济不平等的问题被诸如移民和同性婚姻这类受到热议的文化议题掩盖了。这些议题使保守派政客们赢得了低收入选民的支持。

如何使政治有效地运转起来？这需要艰难的平衡，政府干预可能会出现过度，也可能会出现不足。目前，高收入国家要实现政治稳定和经济健康，需要更强调在 20 世纪大多数时期实行的再分配政策。新政联盟（New Deal coalition）和欧洲同类组织的社会基础已经不存在了，
211 但是，99% 的大众与 1% 的主导者之间的利益冲突创造了建立新政治联盟的可能性。对最上层的 1% 持有惩罚性态度会适得其反，因为这 1% 中包含许多对国家最有价值的人。但是，收取更高的累进所得税将是非常合情合理的。在 1950 年到 1970 年期间，美国处于最上层的 1% 所承担的所得税比例比今天高得多。这并没有阻碍经济发展，因为当时的经济增长势头比现在强。两个最富裕的美国人，沃伦·巴菲特（Warren Buffet）和比尔·盖茨，都支持对非常富裕的人征收高额税率。他们还认为，继承税是一个相对“无痛”的筹集资金的方法，这些资金可以用于急需增加投资的教育、医疗、研发以及基础设施领域。但是，强大的保守派利益集团把美国推向相反的方向，大幅地减少继承税和削减政府支出。

特朗普许诺让美国再次伟大。但是，特朗普放松了对金融部门的

监管，削减了医疗保险并降低了最富裕阶层的纳税比例，这些政策与被抛在后面的人的需求正相反。这些政策将使美国伟大，但受益人是那些不交所得税的亿万富翁。[18]

霍赫希尔德（Hochschild）认为，目前存在的悖论是低收入的美国人投票支持保守的共和党，这不符合他们自身的经济利益，它们这种做法只是反映了强烈的情感诉求。[19] 右翼的政客欺骗他们，把他们的愤怒导向文化问题，使他们远离可能让他们摆脱永久下层阶级身份的途径。受教育程度较低的白种美国人感觉他们已经成为“本土的陌生人”。他们认为自己是平权运动的受害者，并且被非洲裔美国人、移民、难民及女性等“插队者”（line-cutters）所背叛。他们认为，那些外来人在追寻美国梦的队列中插入到他们前面。他们也憎恨那些告诉他们应该为“插队者”感到难过的自由派知识分子，如果他们不那样做，就会受到知识分子的轻蔑和谴责。当唐纳德·特朗普公开发表有关种族主义的言论和表达出排外情绪时，他为这些人提供了情感支持。

一位著名的瑞典社会民主党人提出质疑：

> 在一个经济不平等水平极高，且这种不平等状况仍在加深的国家，为何那些无疑将因为（特朗普的）政策失去经济利益的人会支持他呢？为何他在诸如削减最富裕人群的税收、大幅削减新建立的医疗健康保险体系这类反建制政策上会取得如此大的成功呢？另外，为何这些政策对于争取白人工人阶级的选票特别有效？……在白人男性工人阶级看来，民主党和希拉里的政策关注的不是所有人或大多数人的利益，而是在偏袒少数群体。[20]

212

我们正在见证一场有别于20世纪30年代的政治分裂。在当时，一方面是法西斯的兴起，另一方面是罗斯福新政和欧洲同类对策的出现。对快速的文化变迁和移民的抵制，引发了民众对排外的、民粹主义政党的大规模支持。但是，不平等水平的上升也引发了那些需要再分配政策的人对左派的反叛。到目前为止，文化议题的主要支持者是较年轻的和受教育程度较高的选民。文化政治仍然主导选举行为，但是，政治重新结盟的需求也正在出现。

高收入国家的赢者通吃的经济模式，正在使一小部分人控制着国家，而绝大多数人的工作都不稳定。假如完全交由市场力量决定，那么这种趋势将会越来越流行。但是，政府可以作为抗衡力量，为了国家的整体利益重新配置资源。然而，在最近几十年，政府起的主要是反作用。目前大多数人有选出承诺实行再分配政策的政府的动机。假如99%中的一大部分人意识到这个事实，那么就能形成一个足以获胜的新联盟。有迹象表明这种情况正在发生。

在从1989年到2014年进行的调查中，全世界的受访者都被问到一个问题：他们的观点是更倾向于同意“收入应该更平等”还是“收入差距应该更大，以便激励个人奋斗”？在最早的调查中，65个国家及地区中，五分之四的国家及地区至少被调查了两次（时间跨度中位数约18年），大多数人认为应该为个人奋斗提供更大的激励。但是，如图10–4所示，在接下来的25年中，形势出现了反转。最新调查显示，这些国家及地区的民众变得更加支持“收入应该更平等”。美国民众是其中之一。

213

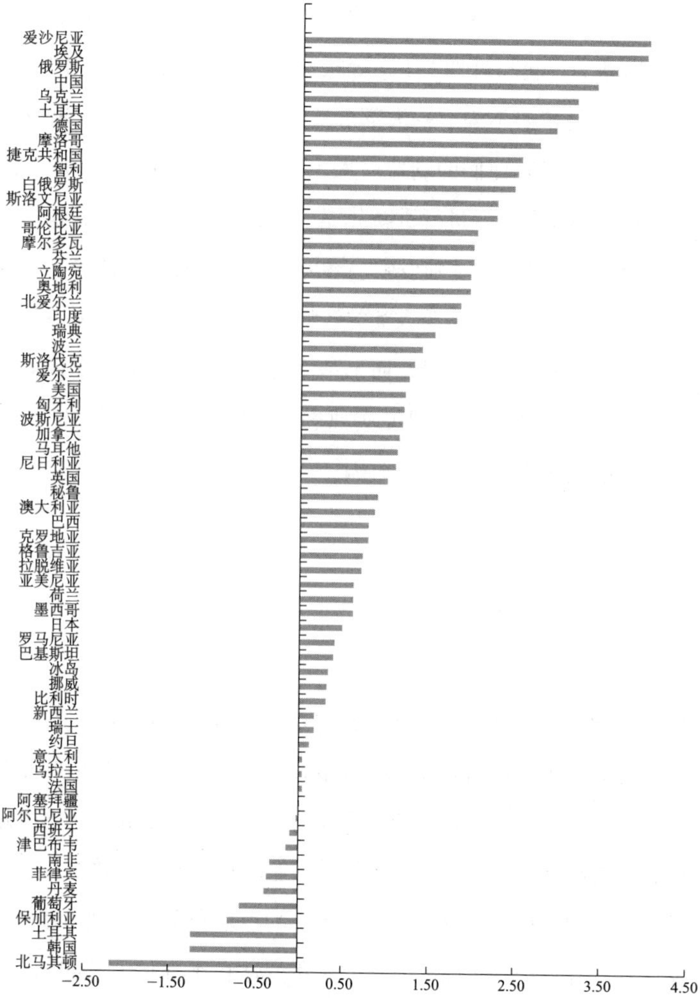

图 10-4 对收入不平等的态度的变化

资料来源：1989 年到 2014 年的世界价值观调查和欧洲价值观研究，包括了所有至少有十年时间序列数据的国家及地区。中位数向着“收入应该更平等”的方向移动了 0.86 个量表分。时间跨度的中位数是 17.6 年

到目前为止，受情感主导的文化问题阻碍了新联盟的出现。但是，民粹主义运动的兴起和对收入不平等状况的忧虑的加深，都反映民众对现存政治联盟的普遍不满。一大部分民众感到愤怒，事实上也应该如
214 此。政府并没有代表他们的利益。人工智能会创造出更多资源，但是政府需要对一大部分资源进行重新分配，目的是在医疗健康、教育（从幼儿园到研究生水平）、基础设施、环境保护、研发、关怀老年人以及艺术和人文领域创造更多需要人类关怀的有意义的工作。这项事业的目标是改善整个国家的生活质量，而不是使公司利益最大化。在接下来的20年，开发设计良好的项目以便实现这个目标将是社会科学家和政策制定者至关重要的任务。

结　论

生存安全与否，塑造了一个国家的世界观。代表产业工人阶级利益的政治运动是19世纪和20世纪最伟大的成就之一。在长期的斗争过程中，人们选出了给大多数人带来更高的工资、更稳定的工作、更好的退休保障、更高水平的教育以及更优质的医疗保健服务的政府。这最终带来更高水平的生存安全感，而更高水平的生存安全感又促成另一项伟大成就，即“静悄悄的革命”时代的文化变迁和政治变迁。高收入国家的民众变得更加开放、信任和宽容，这使妇女、少数民族及同性恋者获得了解放，人们在如何度过一生的问题上有了更多的选择自由。这些最终推动民主的传播，产生更高水平的幸福感。

然而，历史鲜少直线发展。以工人阶级为基础的经典左派在西方世界慢慢失势，而人工智能社会的到来带来了赢者通吃的经济模式，它把财富和政治权力集中到一小部分人手中，削弱大多数人的生存安全感。高收入国家目前正在向排外的威权主义政治倒退，这与人们日益增长的生存不安全感有关。但是，不同于在经济大萧条时期出现的排外的威权主义，此次的倒退不是由客观的匮乏导致的。这些国家拥有丰富的且日益增长的资源，然而这些资源却被越来越错误地分配，远离了使人类幸福最大化的出发点。目前的生存不安全感不是由资源不足导致的，
而是由日益加剧的收入不平等状况导致的。这最终是一个政治问题。随 215
着更合适的政治联盟的出现，新选出的政府可以发挥传统左派曾经发挥的作用。

被一小部分人控制着的发达国家可能会变成反乌托邦（dystopias）。它们日益增多的资源也可能会被用来发展具有高水平的生存安全感的，自信而宽容的社会。没有客观的理由可以解释为何对排外的威权主义的支持应该持续地增长。世界并未处于另一次经济大萧条之中。目前美国的资源富足，并且仍然在增长。从 2000 年初到 2016 年末，美国家庭和非营利机构的资产净值增长了一倍多，从 44 万亿美元增长到 90 万亿美元，相当于每个四口之家的资产净值超过了一百万美元。[21] 即使在出现经济危机的 2008 年，美国的总体财富也仍然是增长的。高收入国家普遍的不安全感并不是由资源不足导致的，它反映的是这样一个事实：经济收益几乎都归于那些处于最上层的人手中，以及稳定的、高薪的工作正在消失。这种趋势是否会继续下去是一个政治问题，它取决于是否会出现一个致力于重建大多数人的政治权利的新联盟。

产业工人阶级花了几十年时间才变得有文化，在认知上被动员起来，并作为一支有效的政治力量被组织起来。而目前的知识社会已经拥有受过高等教育的民众，他们习惯于独立思考。99% 中的一大部分人都善于表达，有政治技能，他们目前唯一需要的是认识到关键的经济冲突存在于他们与 1% 之间。

建立一个新的政治联盟将不是一件容易的事情。对大多数选民来说，抽象的“不平等”并不意味着什么。不平等很难被视觉化，也很难被测量。对大多数人来讲，计算或解释测量不平等水平的基尼系数很难，而谴责外国人造成了生活的不稳定要容易得多。外国人很容易被视觉化。我们每天都能看到外国人（特别是在电视上），但我们看到他们出现的方式，强化了我们将外国人视作危险分子的看法。这种做法掩盖了当代高收入国家的重大经济冲突存在于 99% 与 1% 之间的事实。

外国人不是主要的威胁。即使发达国家驱逐了所有的外国人、取消进口，稳定的工作也会继续消失，因为首要原因，也是压倒性的原
216 因，是自动化。一旦人工智能开始独立学习，它将以远远超过人类智慧的速度前进。人类需要研究控制人工智能的方法。我怀疑，除非我们在接下来的 20 年中能够研究出来某种方法，否则我们将毫无选择可言。制定成功应对人工智能的策略是一项至关重要的工作，它需要想象力、耐心以及实验。

建立代表 99% 的政治联盟并不容易。但是在民主国家，这反映了压倒性多数的利益，因此它很有可能会出现。

在 20 世纪前半叶，文化演化的一个主要组成部分是认识到政府干预的益处。工业社会普及了义务教育，制定了《童工法》和《纯净食品

和药品法》，建立了公共医疗体系、退休金制度以及社会保障体系。在经济大萧条时期，很多资本主义国家崩溃，它们要么选择了法西斯主义，要么选择了共产主义。如果没有罗斯福新政和战后福利制度，那么很有可能资本主义不会存活下来。在20世纪后半叶，世界认识到计划经济不一定能良好运行。因为成功的政治是在政府干预过多与政府干预不足之间寻求平衡的行为。在21世纪，我们越来越清楚地认识到人工智能社会的强大的、内在的赢者通吃倾向，这种倾向只能被政府干预抵消。维持好市场与政府之间的动态平衡需要实验和富有洞察力的创新。当生存受到威胁时，人们通常能随机应变。

注　释

1 Joseph E. Stiglitz, "Of the 1 percent, by the 1 percent, for the 1 percent", *Vanity Fair*, May 2011; Joseph E. Stiglitz, *The Price of Znequality*, New York: Norton, 2013.

2 Lawrence Mishel and Natalie Sabadish, "CEO Pay in 2012 Was Extraordinarily High Relative to Typical Workers and Other High Earners", *Economic Policy Institute Issue Brief* 2013#367, Available at: www.epi.org/publication/ceo-pay-2012-extraordinarily-high/ (accessed October 29, 2017).

3 Martin Ford, *Rise of the Robots: Technology and the Threat of a Jobless Future*, New York: Basic Books, 2015, p.76 .

4 National Center for Education Statistics, 2014.

5 Michael J. Hicks and Srikant Devaraj, "The Myth and the Reality of Manufacturing in America", Center for Business and Economic Research, Ball State University, 2015.

6 Erik Brynjolfsson and Andrew McAfee, *The Second Machine Age: Work, Progress, and prosperity in a Time of Brilliant Technologies*, New York: W. W. Norton & Company, 2014.

7 Bureau of Labor Statistics, Available at: https://data.bls.gov/pdq/querytool.jsp?survey=ln (accessed October 28, 2017).

8 Nicholas Eberstadt, "Our Miserable 21st Century", *Commentary*, February 22, 2017; Nicholas Eberstadt, *Men Without Work: America's Invisible Crisis*, West Conshohocken, PA: Templeton

Press, 2016.
9 Martin Ford, *Rise of the Robots: Technology and the Threat of a Jobless Future*.
10 Alan B. Krueger, "Where Have All the Workers Gone?", *National Bureau of Economic Research (NBER)* October 4, 2016.
11 Anne Case and Angus Deaton, "Rising Morbidity and Mortality in Midlife among White Non-Hispanic Americans in the 21st Century", *Proceedings of the National Academy of Sciences* 2015, 112, no. 49, pp.15078–15083.
12 Alan B. Krueger, "Where Have All the Workers Gone?", *National Bureau of Economic Research*.
13 "U.S. Drug Deaths Climbing Faster than Ever", *New York Times*, June 6, 2017, p. 1.
14 它从 2014 年的 78.9 岁下降到 2015 年的 78.8 岁。虽然下降很少，但是具有统计学的显著意义。见 NCHS Data Brief No. 267 December 2016 U.S. Department of Health and Human Services Centers for Disease Control and Prevention National Center for Health Statistics Mortality in the United States, 2015. Jiaquan Xu, M.D., Sherry L. Murphy, B.S., Kenneth D. Kochanek, M.A., and Elizabeth Arias, Ph.D。
15 Raj Chetty, David Grusky, Maximilian Hell, Nathaniel Hendren, Robert Manduca and Jimmy Narang, "The Fading American Dream: Trends in Absolute Income Mobility since 1940", National Bureau of Economic Research Working Paper No. 22910, 2016.
16 Maarten Goos, Alan Manning, and Anna Salomons, "Explaining Job Polarization: Routine-Biased Technological Change and Offshoring", *The American Economic Review* 2014, 104(8), pp. 2509–2526.
17 Paul Wiseman, "Richest One Percent Earn Biggest Share since'20s", *AP News*, September 10, 2013.
18 对非常富裕的人征收更高的所得税只是解决方案的一部分。即使那些不缴纳所得税的工人，也需要交纳涵盖社会保险和医疗保险的工资税。由于这些在很大程度上是封顶的单一税率，因此，它们是强化了收入不平等而非抵消了税前不平等的累退税，而累退的工资税比所得税的三分之二还要多。实现累进工资税将是迈向降低收入不平等水平的重要一步。
19 Arlie Russell Hochschild, *Strangers in Their Own Land: Anger and Mourning on the American Right*, New York: The New Press, 2016.
20 Bo Rothstein, "Why Has the White Working Class Abandoned the Left?" *Social Europe,* January 19, 2017. Available at: https://www.socialeurope.eu/2017/01/white-working-class-abandoned-left/(accessed October 29, 2017).
21 2016 Report from Federal Reserve Bank of St. Louis. Available at: https://fred.stlouisfed.org/series/HNONWRQ027S(accessed October 29, 2017).

附录一 218

伊斯特林悖论（The Easterlin Paradox）

伊斯特林悖论的原始版本认为，富裕国家民众的生活满意度水平并不比贫穷国家民众的高。通过对 20 世纪 50 年代调查的 14 个国家的样本数据的分析，理查德 · A. 伊斯特林（Richard A. Easterlin）在 1974 年发现[1]，在人均国民生产总值与生活满意度之间几乎不存在相关关系：尽管联邦德国的富裕程度是爱尔兰的两倍，但是，爱尔兰的生活满意度水平却比联邦德国高。由此，他得出结论说，人均国民生产总值与主观幸福感之间相关关系的缺失，意味着经济发展并没有改变人类的命运。这一发现被称为“伊斯特林悖论”，并被广泛引用。

但是，伊斯特林的发现是建立在相当小的样本基础之上，他的样本主要是由富裕国家组成。而笔者曾分析了更广泛的国家的数据，发现在人均国民生产总值与生活满意度之间存在着相关关系，相关系数是 0.67。[2] 随后，建立在范围更广泛的国家基础上的研究证明了这个发现：与伊斯特林悖论的原始版本相反，富裕国家的主观幸福感水平确实比贫穷国家高。

上述发现被发表后，伊斯特林重新表述了他的“悖论”，指出经济发展不会随着时间的推移带来主观幸福感的增加（这表明强的截面相关一定是纯属巧合）。因为（到目前为止）测量幸福感的最长时间序列数据来自美国，而它自 1946 年到最新调查之间幸福感没有增长，所以这种说法看似有理。

219 但是，我和我的同事们 2008 分析了自 1981 年至 2008 年覆盖各种经济发展水平的大量国家的数据，发现绝大多数国家的幸福感和生活满意度都上升了。如图 8-2（见第 207 页）所示，当我们从非常贫穷的国家移向小康国家时，生活满意度大幅提升。在高收入国家，生活满意度基本持平。

伊斯特林在 2009 年的一项研究中认为，幸福感和生活满意度从 1981 年到 2008 年的普遍上升，是由在有关幸福感问题上使用的访谈指南的变化导致的。

> 在第二轮与第三轮世界价值观调查（从 1990 年到 1995 年）之间，指导采访者在一个受访者与下一个受访者之间交替使用不同答案次序的问卷的要求被删除了。结果，首因效应（primacy effect）出现了：受访者赞成靠前的选项而不是靠后的选项的倾向，使更多人选择了“非常幸福”，较少人选择了“一点儿也不幸福”。这种偏向幸福的选项设置造成了幸福感的上升，尽管生活满意度在原社会主义国家下降了。[3]

假如幸福感的上升是由于访谈指南的变化导致的，那么，幸福感在 1995 年的调查数据中应该显示出大幅增长，而在之前和之后的几轮调查中不显示增长。但是，我们的调查数据并未显示出这种模式。如图 8–6（见第 201 页）所示，幸福感从 1981 年到 2005 年稳步上升，在 1995 年没有出现明显激增。

另外，访谈指南的变化不可能解释生活满意度的上升。伊斯特林不承认这个事实。相反，他评论说生活满意度在原社会主义国家下降了，好像这是普遍的模式（很明显不是这样）。

伊斯特林企图通过归因于首因效应，来表明幸福感实际上并未大幅增长。但首因效应一般在受访者没有真实意见的话题上才会产生大的影响，在这种情况下，会产生大量的无应答现象。关于幸福感和生活满意度的话题，几乎每个人都有自己的看法，这些问题的无应答比例极低：不清楚或令人困惑的问题的无应答率在 30% 到 40% 之间，而幸福感问题的无应答率大约是 1%。普通公民对全球变暖的原因可能没有明 220
确的意见，但是他们清楚地知道自己是否幸福。我们改变了访谈指南是因为我们预计这样做不会产生影响。图 8–6 的实证结果支持了我们的预测：1995 年访谈指南的变化没有产生可察觉的影响。

伊斯特林悖论是无法站住脚的。尽管经济发展与主观幸福感的关系呈现收益递减曲线，并且（如第八章所示）经济发展只是影响幸福感和生活满意度的数个因素之一，但是经济发展**确实**改善了人们的命运。

注　释

1　Richard A. Easterlin, “Does economic growth improve the human lot? ”, in P. A. David and M. Reder, eds., *Nations and Households in Economic Growth*, New York: Academic Press, 1974, pp. 98–125.

2 Ronald Inglehart, *Culture Shift in Advanced Industrial Society*, pp. 31–32.

3 Richard A. Easterlin, "Lost in Transition: Life Satisfaction on the road to capitalism", *in Journal of Economic Behavior and Organization* 2009, 71(2), pp.130–145.

附录二

221

全球文化地图及其他

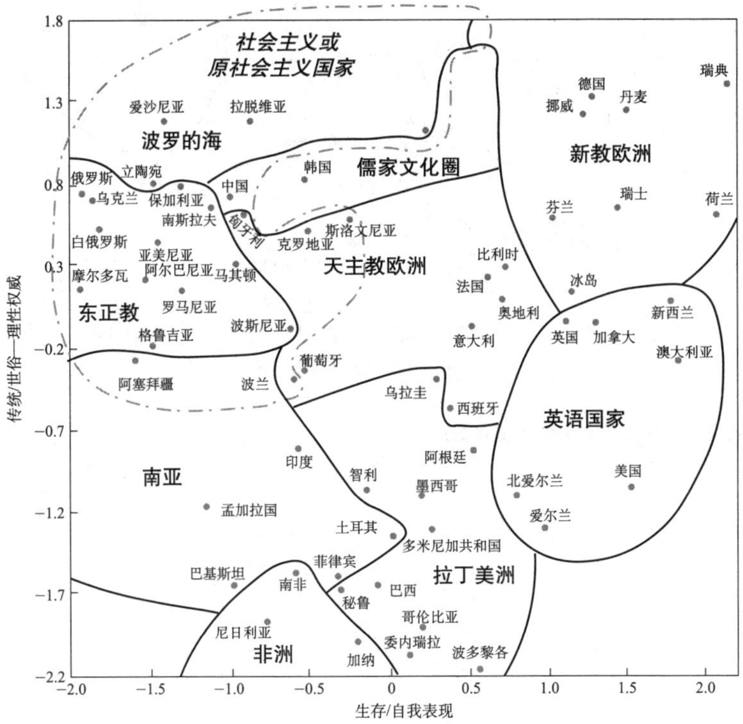

图 A2-1　全球文化地图（1995 年）

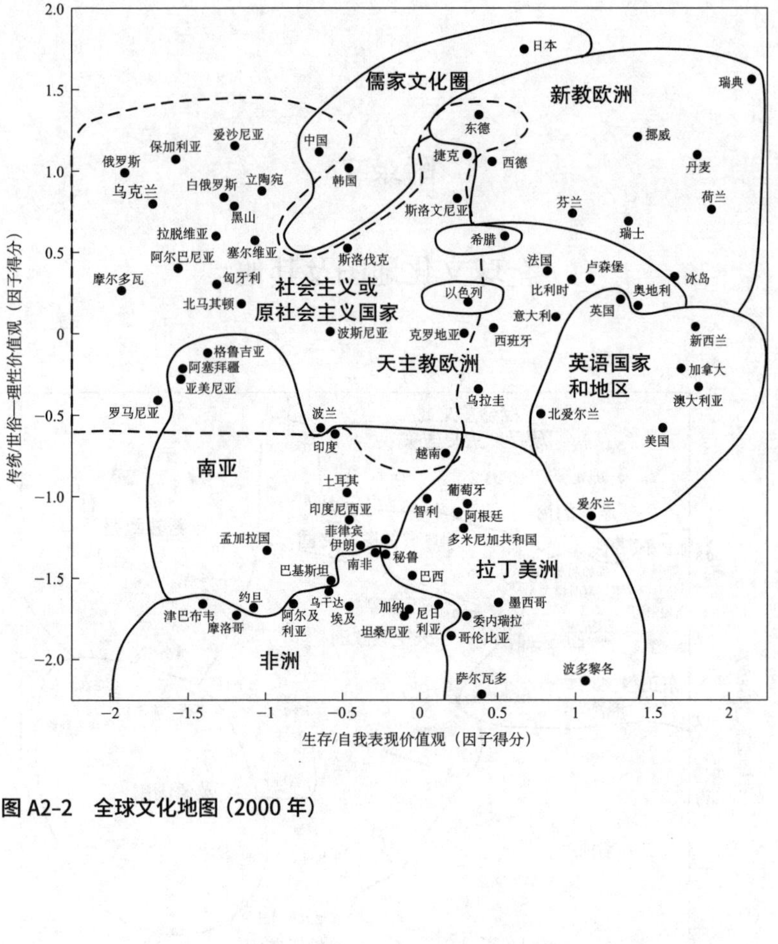

图 A2-2　全球文化地图（2000 年）

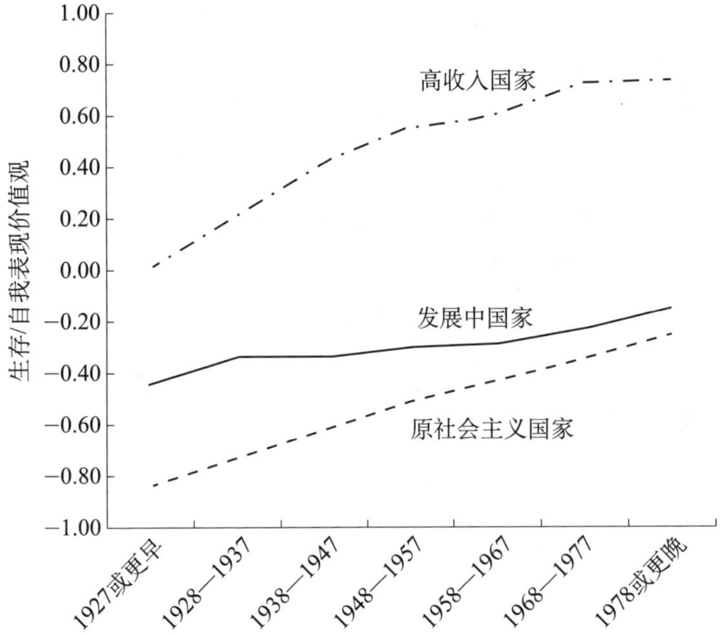

图 A2-3　三种国家类型在生存 / 自我表现价值观上与年龄相关的差异

下列国家及地区的数据被使用：

高收入国家（1992 年）：安道尔，澳大利亚，奥地利，比利时，加拿大，塞浦路斯，丹麦，芬兰，法国，德国，英国，冰岛，爱尔兰，以色列，意大利，日本，卢森堡，荷兰，新西兰，北爱尔兰，挪威，新加坡，西班牙，瑞典，瑞士，美国

发展中国家（1992 年）：阿尔及利亚，阿根廷，孟加拉国，巴西，布基纳法索，智利，中国，哥伦比亚，多米尼加共和国，厄瓜多尔，埃及，埃塞俄比亚，加纳，希腊，危地马拉，印度，印度尼西亚，约旦，

马来西亚，马里，马耳他，墨西哥，摩洛哥，尼日利亚，巴基斯坦，秘鲁，菲律宾，葡萄牙，卢旺达，南非，韩国，坦桑尼亚，泰国，特立尼达和多巴哥，土耳其，乌干达，乌拉圭，委内瑞拉，越南，赞比亚，津巴布韦

224 **原社会主义国家**：阿尔巴尼亚，阿塞拜疆，亚美尼亚，波斯尼亚，保加利亚，克罗地亚，捷克共和国，爱沙尼亚，格鲁吉亚，匈牙利，哈萨克斯坦，科索沃，吉尔吉斯斯坦，拉脱维亚，立陶宛，北马其顿，摩尔多瓦，黑山，波兰，罗马尼亚，俄罗斯，塞尔维亚，斯洛伐克，斯洛文尼亚，乌克兰

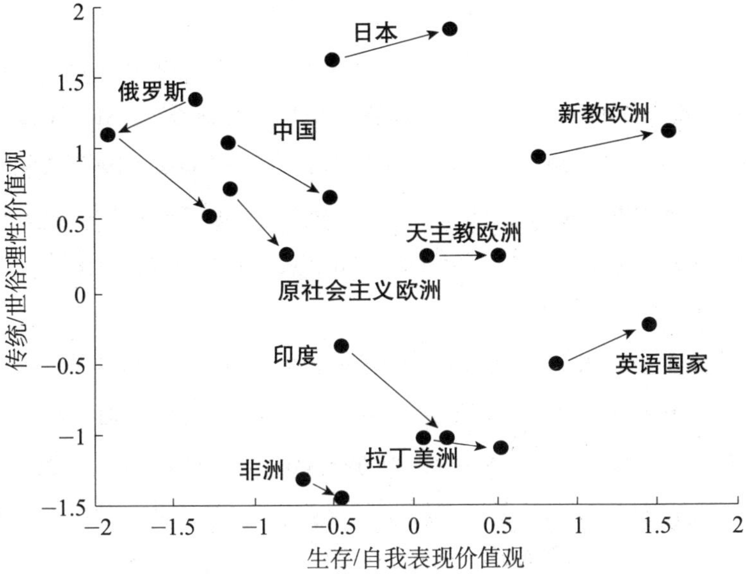

图 A2-4　十个国家类型 / 国家在跨文化差异的两个主要维度上的净变化（从最早到最新调查 [1981—2014 年] 中）

不同国家类型所包含的国家如下：

原社会主义国家：阿尔巴尼亚（1998—2008），阿塞拜疆（1997—2011），亚美尼亚（1997—2011），波斯尼亚（1998—2008），保加利亚（1991—2008），白俄罗斯（1990—2008），克罗地亚（1996—2008），捷克共和国（1991—2008），爱沙尼亚（1996—2011），格鲁吉亚（1996—2009），匈牙利（1991—2008），吉尔吉斯斯坦（2003—2011），拉脱维亚（1996—2008），立陶宛（1997—2008），摩尔多瓦（1996—2008），波兰（1990—2012），罗马尼亚（1998—2012），塞尔维亚（1996—2008），斯洛伐克（1991—2008），斯洛文尼亚（1992—

2011），乌克兰（1996—2011）

拉丁美洲国家：阿根廷（1984—2006），巴西（1991—2006），智利（1990—2011），哥伦比亚（2005—2011），墨西哥（1981—2012），秘鲁（1996—2012），乌拉圭（1996—2011），委内瑞拉（1996—2000）

非洲国家：加纳（2007—2012），摩洛哥（2007—2011），尼日利亚（1990—2011），卢旺达（2007—2012），南非（1982—2006），津巴布韦（2001—2012）

天主教欧洲国家：奥地利（1990—2008），比利时（1981—2009），法国（1981—2008），希腊（1999—2008），意大利（1981—2005），卢森堡（1999—2008），葡萄牙（1990—2008），西班牙（1981—2011）

新教欧洲国家：丹麦（1981—2008），芬兰（1990—2009），德国（1981—2008），冰岛（1990—2009），荷兰（1981—2012），挪威（1982—2008），瑞典（1982—2011），瑞士（1996—2008）

英语国家：澳大利亚（1981—2012），加拿大（1982—2006），英国（1981—2009），爱尔兰（1981—2008），新西兰（1998—2011），北爱尔兰（1981—2008），美国（1982—2011）

俄罗斯（1990，1995—2011）

中国（2007—2012）

日本（1981—2010）

印度（1990—2012）

226

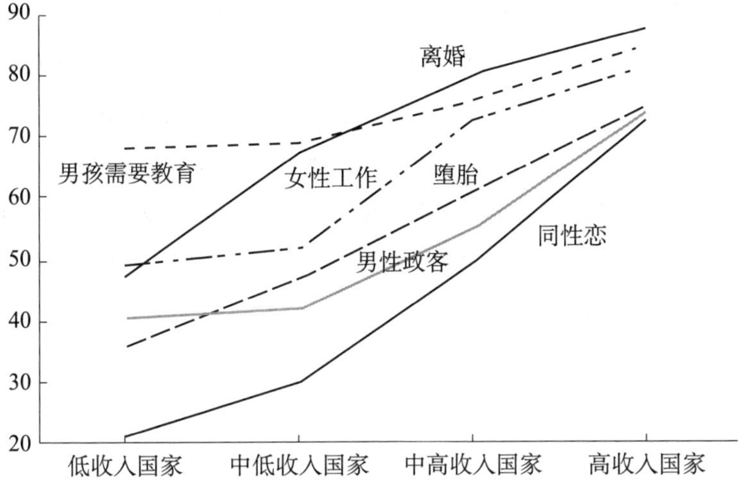

图 A2-5　宽容的六个方面与经济发展水平

说明：百分比表示对给定主题的宽容观点

每个类别包含的国家和地区有（按照世界银行在 2000 年的分类）：

低收入国家：阿塞拜疆，孟加拉国，布基纳法索，亚美尼亚埃塞俄比亚，格鲁吉亚，加纳，印度，印度尼西亚，吉尔吉斯斯坦，马里， 227
摩尔多瓦，尼日利亚，巴基斯坦，卢旺达，坦桑尼亚，乌干达，乌克兰，乌兹别克斯坦，越南，赞比亚，津巴布韦

中低收入：阿尔巴尼亚，阿尔及利亚，波斯尼亚，保加利亚，白俄罗斯，中国，哥伦比亚，多米尼加共和国，厄瓜多尔，埃及，萨尔瓦多，危地马拉，伊朗，伊拉克，哈萨克斯坦，约旦，拉脱维亚，立陶宛，北马其顿，黑山，摩洛哥，秘鲁，菲律宾，罗马尼亚，俄罗斯，塞尔维亚，泰国，突尼斯，土耳其

中高收入：阿根廷，巴西，智利，克罗地亚，捷克共和国，爱沙尼亚，匈牙利，韩国，马来西亚，马耳他，墨西哥，波兰，波多黎各，沙特阿拉伯，斯洛伐克，南非，特立尼达，乌拉圭，委内瑞拉

高收入：澳大利亚，奥地利，比利时，加拿大，塞浦路斯，丹麦，芬兰，法国，德国，希腊，冰岛，爱尔兰，以色列，意大利，日本，卢森堡，荷兰，新西兰，挪威，葡萄牙，新加坡，斯洛文尼亚，西班牙，瑞典，瑞士，英国，美国

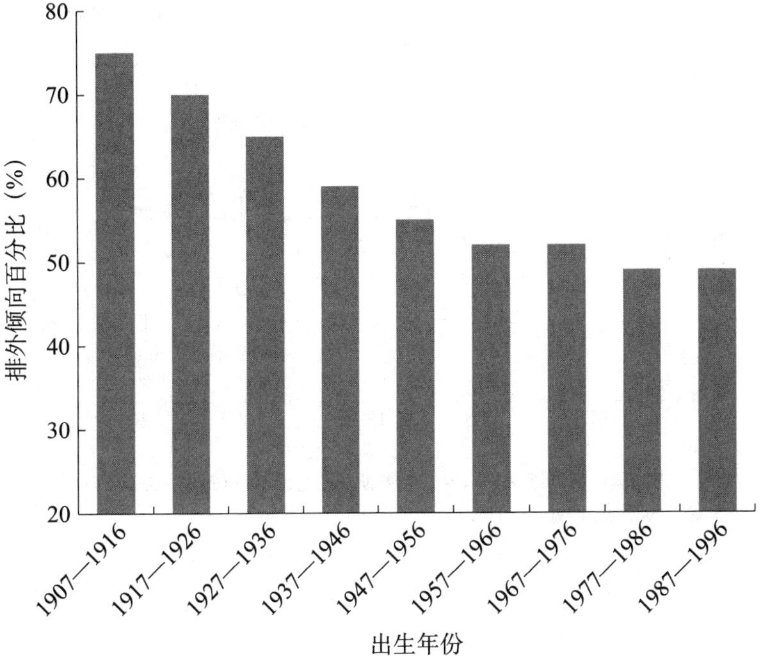

图 A2-6 排外主义与代际变迁

“当工作机会缺乏时，雇主应该优先雇用本国公民而非移民”（24 个高收入国家及地区中同意这一表述的比例与出生年份）

资料来源：“高收入”国家及地区（按照世界银行在 1990 年的归类）的价值观调查数据（因为这里涉及到代际时间差，所以我们采用了 1990 年的分类）。这些国家及地区是安道尔，澳大利亚，奥地利，比利时，加拿大，塞浦路斯（希腊），丹麦，芬兰，法国，德国，英国，冰岛，爱尔兰，以色列，意大利，日本，卢森堡，荷兰，新西兰，卡特尔，新加坡，西班牙，瑞典及美国。总受访人数是 1 202 008

229

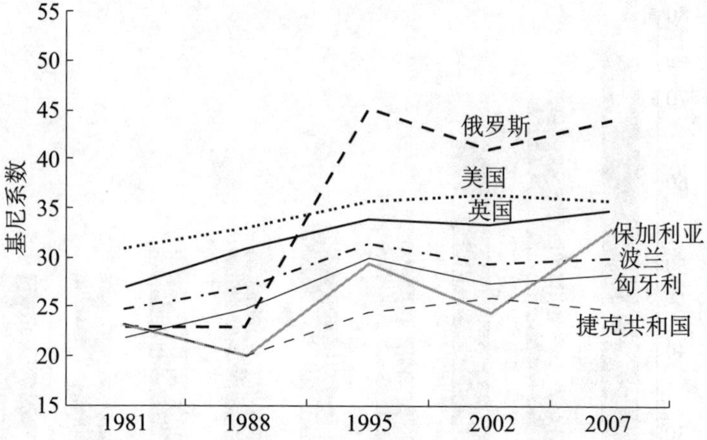

图 A2-7　净家庭收入的不平等趋势：俄罗斯及西方国家（1981—2007 年）

资料来源：数据来自 Whyte, 2014

230

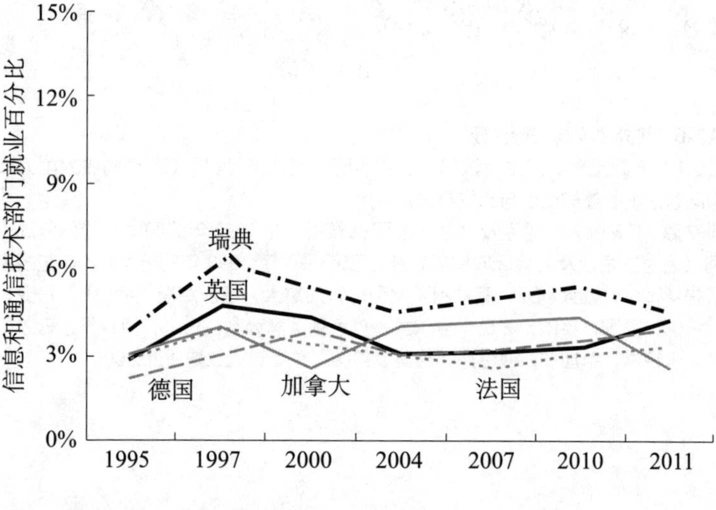

图 A2-8　五个发达经济体的信息和通信技术部门总就业比例（1995—2011 年）

资料来源：OECD，2014

表 A2–1　扎哈罗夫（2016）如何把给定议题归类为比较政党宣言数据集中使用的经济类或非经济类

经济类议题（右）：自由企业，激励，正统经济，限制福利制度，劳工组织（负）
经济类议题（左）：市场调节，计划经济，凯恩斯需求管理，控制经济，国有化，马克思主义分析，扩张福利制度，社会正义，劳工组织（正）
非经济类议题（右）：国民生活方式（正），传统道德（正），法律和秩序，多元文化主义（负），政治权威，军事（正），国际主义（负）
非经济类议题（左）：国民生活方式（负），传统道德（负），多元文化主义（正），弱势群体，自由和人权，民主，国际主义（正），和平，反帝国主义，军事（负），环境保护

参考文献

Abramson, Paul, and Ronald F. Inglehart, 1995. *Value Change in Global Perspective*. Ann Arbor: University of Michigan Press.

Abramson, Paul, John Aldrich, Brad Gomez, and David Rohde, 2015, *Change and Continuity in the 2012 Elections*. Sage: Los Angeles.

Acemoglu, Daron, and James A. Robinson, 2006. "De Facto Political Power and Institutional Persistence," *American Economic Review* 96, 2: 326–330.

Acemoglu, Daron, Simon Johnson, James A. Robinson, and Pierre Yared, 2008. "Income and Democracy," *American Economic Review* 98, 3: 808–42.

Acemoglu, Daron., and James A. Robinson, 2006. *Economic Origins of Dictatorship and Democracy*. New York: Cambridge University Press.

Adorno, Theodor W., Else Frenkel-Brunswik, Daniel J. Levinson, and R. Nevitt Sanford, 1950. *The Authoritarian Personality*. New York: Harper and Row.

Africa Progress Report, 2012. *Jobs, Justice, and Equity*. Geneva: Africa Progress Panel.

Aldridge, A., 2000. *Religion in the Contemporary World*. Cambridge: Polity Press.

Almond, Gabriel A. and Sidney Verba, 1963. *The Civic Culture: Political Attitudes and Democracy in Five Nations*. Newbury Park, CA: Sage Publications.

Andersen, Robert, and Tina Fetner, 2008. "Cohort differences in tolerance of homosexuality," *Public Opinion Quarterly* 72, 2:311–330.

Andrews, Edmund L, 2008, October 23. "Greenspan concedes error on regulation," *New York Times:* B1.

Andrews, Frank M., and Stephen B. Withey, 1976. *Social Indicators of Well-being*. New York: Plenum.

Angell, Norman, 1933 (1909). *The Great Illusion*. London: G.P. Putnam's Sons.

Autor, David, H., and David Dorn, 2013. "The growth of low-skill service jobs and the polarization of the US labor market," *The American Economic Review* 103.5: 1553–1597.

Barber, Nigel, 2011. "A Cross-national Test of the Uncertainty Hypothesis of Religious Belief," *Cross-Cultural Research* 45, 3: 318–333.

Barnes, Samuel H. and Max Kaase, eds., 1979. *Political Action: Mass Participation in Five*

Western Democracies. Beverly Hills, CA: Sage Publications.

Barro, Robert J., 1999. "Determinants of Democracy," *Journal of Political Economy* 107, S6: 158−183.

Bednar, Jenna, Aaron Bramson, Andrea Jones-Rooy, and Scott Page, 2010. "Emergent Cultural Signatures and Persistent Diversity," *Rationality and Society* 22, 4: 407−444.

Bell, Daniel, 1973. *The Coming of Post-Industrial Society.* New York: Basic Books.

Benjamin, Daniel J., David Cesarini, Matthijs J. H. M. van der Loos, Christopher T. Dawes, Philipp D. Koellinger, Patrik KE Magnusson, Christopher F. Chabris et al., 2012. "The Genetic Architecture of Economic and Political Preferences," *Proceedings of the National Academy of Sciences* 109, 21: 8026−8031.

Betz, Hans-Georg, 1994. *Radical right-wing populism in Western Europe*. Springer.

Billiet, Jaak, Bart Meuleman, and Hans De Witte, 2014. "The relationship between ethnic threat and economic insecurity in times of economic crisis: Analysis of European Social Survey data," *Migration Studies* 2, 2: 135−161.

Boix, Carles, and Susan C. Stokes, 2003. Endogenous Democratization. *World Politics* 55, 4: 517−549.

Boix, Carles, 2003. *Democracy and Redistribution*. New York: Cambridge University Press.

Böltken, Ferdinand, and Wolfgang Jagodzinski, 1985. "In an Environment of Insecurity: Postmaterialism in the European Community, 1970−1980." *Comparative Political Studies* 17 (January): 453−484.

Borre, Ole, 1984. "Critical electoral change in Scandanavia," in Russell J. Dalton, Scott C. Flanagan, and Paul Allen Beck, eds., *Electoral Change in Advanced Industrial Democracies.* Princeton: Princeton University Press: 330−364.

Bradley, David, Evelyne Huber, Stephanie Moller, François Nielsen, and John D. Stephens, 2003. "Distribution and Redistribution in Postindustrial Democracies," *World Politics* 55, 2: 193−228.

Brickman, Philip, and Donald T. Campbell, 1981. "Hedonic Relativism and Planning the Good Society," in M. Appley, ed., *Adaptation-level Theory*. New York: Academic Press, 287305.

British Election Survey. Available at http://www.britishelectionstudy.com/ (accessed October 28, 2017).

Broadberry, Stephen, and Kevin H. O'Rourke, eds., 2010. *The Cambridge Economic History of Modern Europe: 1700−1870*. Cambridge: Cambridge University Press.

Brockmann, Hilke, Jan Delhey, Christian Welzel, and Hao Yuan, 2009. "The China puzzle: Falling happiness in a rising economy." *Journal of Happiness Studies* 10, 4: 387−405.

Bruce, Steve, 1992. "Pluralism and Religious Vitality," in Steve Bruce, ed., *Religion and Modernization: Sociologists and Historians Debate the Secularization Thesis.* Oxford: Oxford University Press: 170−194.

Brynjolfsson, Erik, and Andrew McAfee, 2014. *The second machine age: Work, progress, and prosperity in a time of brilliant technologies.* WWW Norton & Company.

Bureau of Labor Statistics. Available at: https://data.bls.gov/pdq/querytool.jsp?survey=ln (accessed October 28, 2017)

Bureau of Labor Statistics, 1983. "Perceptions Reviewed," *Bureau of Labor Statistics Monthly Labor Review*: April: 21–24.

Burkhart, Ross E., and Michael S. Lewis-Beck, 1994. "Comparative Democracy: the Economic Development Thesis," *American Political Science Review* 88, 4: 903–910.

Case, Anne, and Angus Deaton, 2015. "Rising morbidity and mortality in midlife among white non-Hispanic Americans in the 21st century," *Proceedings of the National Academy of Sciences* 112, no. 49: 15078–83.

Cavalli-Sforza, Luigi Luca, Paolo Menozzi, and Alberto Piazza, 1994. *The History and Geography of Human Genes*. Princeton: Princeton University Press.

Center for Systemic Peace. 2014. *Polity IV Annual Time Series*, 1800–2014.

Chenoweth, Erica, and Kathleen Gallagher Cunningham, 2013. "Understanding nonviolent resistance," *Journal of Peace Research* 5, 3: 271–276.

Chetty, Raj, David Grusky, Maximilian Hell, Nathaniel Hendren, Robert Manduca, Jimmy Narang, 2016. "The Fading American Dream: Trends in Absolute Income Mobility Since 1940," *National Bureau of Economic Research Working Paper* No. 22910.

Chiao, Joan Y., and Katherine D. Blizinsky, 2009. "Culture–Gene Coevolution of Individualism–Collectivism and the Serotonin Transporter Gene," *Proceedings of the Royal Society B* 277, 1681: 529–553.

Christie, R. E., & Jahoda, M. E. 1954, *Studies in the scope and method of "The authoritarian personality,"* Glencoe: The Free Press.

Cingranelli, David L., and David L. Richards, and K. Chad Clay, 2014. "The CIRI Human Rights Dataset." Available at http://www.humanrightsdata.com (accessed October 28, 2017)

Cummins, Robert A., and Helen Nistico, 2002. "Maintaining life satisfaction: The role of positive cognitive bias." *Journal of Happiness studies* 3, no. 1: 37–69.

Dafoe, Allen and Bruce Russett, 2013. "Does capitalism account for the democratic peace? The evidence says no." in Schneider, Gerald, and Nils Petter Gleditsch, eds., *Assessing the Capitalist Peace.* New York: Routledge:110–126.

Dafoe, Allen, 2011. "Statistical critiques of the democratic peace: Caveat emptor." *American Journal of Political Science* 55, 2: 247–262.

Dahl, Robert A., 1971. *Polyarchy.* New Haven: Yale University Press.

Dalton, Russell J., Scott Flanagan and Paul A. Beck, eds., 1984. *Electoral change in advanced industrial democracies*. Princeton: Princeton University Press.

Davidson, Richard J., and Antoine Lutz, 2008. "Buddha's Brain: Neuroplasticity and Meditation," *IEEE Signal Process Magazine* 25, 1: 176–174.

De Martino, Benedetto, Dharshan Kumaran, Ben Seymour, and Raymond J. Dolan, 2006. "Frames, Biases, and Rational Decision-making in the Human Brain," *Science* 313, 5787: 684–687.

De Waal, Frans B.M., 1995. "Bonobo sex and society," *Scientific American* 272, 3: 82–88.

Deutsch, Karl W., 1961. "Social Mobilization and Political Development," *American Political Science Review* 55, 3: 493–514.

Deutsch, Karl W, 1966. *Nationalism and Social Communication*. Cambridge, MA: MIT Press.

Diener, Ed. and Richard E. Lucas, 1999. "Personality and Subjective Well-being," in Kahneman, Daniel, Edward Diener, and Norbert Schwarz, eds., *Well-being: The Foundations of Hedonic Psychology.* New York: Russell Sage Foundation, 213–229.

Diener, Ed., Eunkook M. Suh, Richard E. Lucas, and Heidi L. Smith, 1999. "Subjective Well-being: Three Decades of Progress," *Psychological Bulletin* 125, 2: 276–302.

Diener, Ed., Richard E. Lucas, and Christie N. Scollon, 2006. "Beyond the Hedonic Treadmill: Revising the Adaptation Theory of Well-being," *American Psychologist* 61, 4: 305–314.

Diener, Edward, and Shigehiro Oishi, 2000. "Money and Happiness: Income and Subjective Well-being across Nations," in Diener, Edward and Eunkook M. Suh, eds., *Culture and Subjective Well-being*. Cambridge, MA: MIT Press:185–218.

Dorussen, Han, and Hugh Ward, 2010. "Trade networks and the Kantian peace," *Journal of Peace Research* 47, 1: 29–42.

Doyle, Michael W., 1986. "Liberalism and world politics," *American Political Science Review* 80, 4: 1151–1169.

Easterlin, Richard A., 1974. Does Economic Growth Improve the Human Lot?" in P.A. David and M. Reder, eds., *Nations, Households, and Economic Growth*. New York: Academic Press, 98–125.

Easterlin, Richard A., 2003. "Explaining Happiness," *Proceedings of the National Academy of the Sciences* 100, 19: 11176–11183.

Easterlin, Richard A., 2005. "Feeding the Illusion of Growth and Happiness: A Reply to Hagerty and Veenhoven," *Social Indicators Research* 74, 3: 429–443.

Easterlin, Richard A., 2009. "Lost in Transition: Life Satisfaction on the Road to Capitalism," *Journal of Economic Behavior and Organization* 71: 130–145.

Eberstadt, Nicholas, 2016. *Men Without Work: America's Invisible Crisis*. Conshohocken, PA: Templeton Press.

Eberstadt, Nicholas Eberstadt, 2017. "Our Miserable 21st Century," *Commentary*, February 22, 2017.

Ebstein, Richard P., Olga Novick, Roberto Umansky, Beatrice Priel, Yamima Osher, Darren Blaine, Estelle R. Bennett, Lubov Nemanov, Miri Katz, and Robert H. Belmaker, 1996. "Dopamine D4 Receptor (D4DR) Exon III Polymorphism Associated with the Human Personality Trait of Novelty Seeking," *Nature Genetics* 12, 1: 78–80.

Eckstein, Harry, 1961. *A theory of stable democracy* (No. 10). Center of International Studies, Woodrow Wilson School of Public and International Affairs, Princeton University.

Ellison, Christopher G., David A. Gay, and Thomas A. Glass, 1989. "Does Religious Commitment Contribute to Individual Life Satisfaction?" *Social Forces* 68, 1: 100–123.

Estes, Richard, 2010, "The World Social Situation: Development Challenges at the Outset of a

New Century," *Social Indicators Research* 98, 363–402.

Euro-Barometer Surveys, Available at: http://ec.europa.eu/COMMFrontOffice/publicopinion/index.cfm (accessed October 28, 2017)

European Community Survey, http://ec.europa.eu/eurostat/web/microdata/europeancommunity-household-panel (accessed October 28, 2017).

European Value Survey, http://www.europeanvaluesstudy.eu/ (accessed October 28, 2017).

Federal Reserve Bank of St. Louis, 2014. "Percent of Employment in Agriculture in the United States." available at: http://research.stlouisfed.org/fred2/series/ USAPEMANA (accessed October 28, 2017)

Fincher, Corey L., and Randy Thornhill, 2008. "Assortative Sociality, Limited Dispersal, Infectious Disease and the Genesis of the Global Pattern of Religion Diversity," *Proceedings of the Royal Society* 275, 1651: 2587–2594.

Fincher, Corey L., Randy Thornhill, Damian R. Murray, and Mark Schaller, 2008. "Pathogen Prevalence Predicts Human Cross-cultural Variability in Individualism/Collectivism," *Proceedings of the Royal Society B* 275, 1640: 1279–1285.

Finke, Roger and Laurence R. Iannaccone, 1993. "The Illusion of Shifting Demand: Supply-Side Explanations for Trends and Change in the American Religious Market Place,' *Annals of the American Association of Political and Social Science*. 527: 27–39.

Finke, Roger and Rodney Stark, 2000. *Acts of Faith: Explaining the Human Side of Religion*. Berkeley, CA: The University of California Press.

Finke, Roger, 1992. "An Unsecular America," in Steve Bruce, ed., *Religion and Modernization: Sociologists and Historians Debate the Secularization Thesis*. Oxford: Oxford University Press: 145–169.

Ford, Martin, 2015. *Rise of the Robots: Technology and the Threat of a Jobless Future*. New York: Basic Books.

Freedom House, 2014. *Freedom in the World*. Available at: http://freedomhouse.org/ (accessed October 28, 2017)

Frey, Bruno S., and Alois Stutzer, 2000, "Happiness Prospers in Democracy," *Journal of Happiness Studies* 1, 1:79–102.

Frey, Carl Benedikt, and Michael A. Osborne, 2012. *The Future of Employment: How Susceptible Are Jobs to Computerisation*. Oxford: Oxford University Programme on the Impacts of Future Technology.

Frydman, Carola, and Dirk Jenter, 2010. "CEO Compensation," *Annual Review of Economics* 2,1: 75-102.

Fujita, Frank, and Ed Diener, 2005. "Life Satisfaction Set Point: Stability and Change," *Journal of Personality and Social Psychology* 88, 1: 158–164.

Fukuyama, Francis, 1995. *Trust: Social Virtues and the Creation of Prosperity*. New York: Free Press.

Gartzke, Erik, 2007. "The capitalist peace," *American Journal of Political Science* 51, 1: 166191.

Gat, Azar, 2005. "The democratic peace theory reframed: The impact of modernity," *World Politics* 58, 1: 73–100.

Gat, Azar, 2006. *War in Human Civilization.* Oxford: Oxford University Press.

Gelfand, Michele J., Jana L. Raver, Lisa Nishii, Lisa M. Leslie, Janetta Lun, Beng Chong Lim, Lili Duan et al., 2011. "Differences between Tight and Loose Cultures: A 33-Nation Study," *Science* 332, 6033: 1100–1104.

German Election Study, http://gles.eu/wordpress/ (accessed October 28, 2017)

Gilens, Martin, 2012. *Affluence and Influence*. Princeton: Princeton University Press.

Goldstein, Joshua S., 2011. *Winning the War on War: The Decline of Armed Conflict Worldwide.* New York: Plume.

Goos, Maarten, Alan Manning, and Anna Salomons, 2014. "Explaining job polarization: Routine-biased technological change and offshoring," *The American Economic Review* 104. 8: 2509–2526.

Greene, Joshua, and Jonathan Haidt, 2002. "How (and Where) Does Moral Judgment Work?" *Trends in Cognitive Sciences* 6, 12: 517–523.

Hacker, Jacob S., 2008. *The Great Risk Shift*. New York: Oxford University Press.

Hacker, Jacob S. and Paul Pierson, 2010. *Winner-Take-All Politics*. New York: Simon and Schuster.

Hadlock, Paul, Daniel Hecker, and Joseph Gannon, 1991. "High Technology Employment: Another View," *Bureau of Labor Statistics Monthly Labor Review*, July 1991:26–30.

Hagerty, Michael R., and Ruut Veenhoven, 2003. "Wealth and Happiness Revisited–Growing National Income Does Go with Greater Happiness," *Social Indicators Research* 64, 1: 127.

Haidt, Jonathan, and Fredrik Bjorklund, 2008. "Social Intuitionists Answer Six Questions about Morality," *Moral Psychology* 2: 181–217.

Haller, Max, and Markus Hadler, 2004. "Happiness as an Expression of Freedom and Selfdetermination: A Comparative Multilevel Analysis," in W. Glatzer, S. von Below and M. Stoffregen, eds., *Challenges for Quality of Life in the Contemporary World*. Dordrecht, The Netherlands: Kluwer Academic Publishers, 207–229.

Hamer, Dean H., 1996. "The Heritability of Happiness," *Nature Genetics* 14, 2: 125–126.

Headey, Bruce. and Alexander Wearing, 1989. "Personality, Life Events, and Subjective Wellbeing: Toward a Dynamic Equilibrium Model," *Journal of Personality and Social Psychology* 57, 4: 731–39.

Hecker, Daniel E., 2005. "High Technology Employment: A NAICS-based Update," *Bureau of Labor Statistics Monthly Labor Review*, July: 57–72.

Hecker, Daniel E., 1999. "High Technology Employment: A Broader View," *Bureau of Labor Statistics Monthly Labor Review*, June 1999: 18–28.

Hegre, Håvard, John R. Oneal, and Bruce Russett, 2010. "Trade does promote peace: New simultaneous estimates of the reciprocal effects of trade and conflict." *Journal of Peace Research* 47, 6: 763–774.

Helliwell, John F., 1993. "Empirical Linkages between Democracy and Economic Growth," *British*

Journal of Political Science 24, 225–248.
Hibbs, Douglas A., 1977. "Political parties and macroeconomic policy," *American Political Science Review* 71, 4:1467–1487.
Hicks, Michael J., and Srikant Devaraj, 2015. "The myth and the reality of manufacturing in America," Center for Business and Economic Research, Ball State University.
Hochschild, Arlie Russell, 2016. *Strangers in Their Own Land: Anger and Mourning on the American Right*, The New Press.
Hofstede, Geert, 1980. *Culture's Consequences: International Differences in Work-Related Values*. Beverly Hills, CA: Sage Publications.
Hofstede, Geert, 2001. *Culture's Consequences: Comparing Values, Behaviors, Institutions and Organizations across Nations*. 2nd Edition, Thousand Oaks, CA: Sage Publications.
Hughes, Barry B., and Evan E. Hillebrand, 2012. *Exploring and Shaping International Futures*. Boulder, CO: Paradigm Publishing.
Human Development Report, 2013. *The Rise of the South: Human Progress in a Diverse World*. New York: United Nations Development Programme.
Human Security Report Project, 2012. *Human Security Report 2012.* Vancouver:
Huntington, Samuel P., 1991. *The Third Wave: Democratization in the Late 20th Century.* Norman, OK: University of Oklahoma Press.
Huntington, Samuel P., 1996. *The Clash of Civilizations: Remaking of the World Order*. New York: Simon and Schuster.
Ignazi, Piero, 1992. "The silent counter-revolution." *European Journal of Political Research*, 22(1), 3–34.
Ignazi, Piero, 2003. *Extreme right parties in Western Europe.* Oxford University Press on Demand
Inglehart, Ronald, 1971. "The Silent Revolution in Europe: Intergenerational Change in PostIndustrial Societies," *American Political Science Review* 65, 4: 991–1017.
Inglehart, Ronald, 1977. *The Silent Revolution: Changing Values and Political Styles among Western Publics*. Princeton: Princeton University Press.
Inglehart, Ronald, 1984. "The changing structure of political cleavages in western society," In R.J. Dalton, S. Flanagan and P.A. Beck, eds., *Electoral change in advanced industrial democracies: realignment or dealignment?* Princeton: Princeton University Press.
Inglehart, Ronald, 1990. *Cultural Shift in Advanced Industrial Society*. Princeton: Princeton University Press.
Inglehart, Ronald, 1997. *Modernization and Postmodernization: Cultural, Economic and Political Change in 43 Societies*. Princeton: Princeton University Press.
Inglehart, Ronald, 2003. "How Solid is Mass Support for Democracy—and How Do We Measure It?" PS: *Political Science and Politics* 36,1: 51–57.
Inglehart, Ronald, 2008. "Changing Values among Western Publics, 1970–2006: Postmaterialist Values and the Shift from Survival Values to Self Expression Values," *West European Politics* 31, 1–2: 130–46.

Inglehart, Ronald, 2010. "Faith and Freedom: Traditional and Modern Ways to Happiness," in Diener, Ed, Daniel Kahneman, and John Helliwell, eds., *International Differences in Well-being*. Oxford: Oxford University Press: 351–397.

Inglehart, Ronald, 2015. "Insecurity and Xenophobia: Comment on Paradoxes of Liberal Democracy," *Perspectives on Politics*. 13, 2 (June, 2015): 468–470.

Inglehart, Ronald, 2016. "Inequality and Modernization: Why Equality is likely to Make a Comeback," *Foreign Affairs* January-February, 95,1:2–10.

Inglehart, Ronald and Christian Welzel, 2004. "What insights can multi-country surveys provide about people and societies?" APSA Comparative Politics Newsletter 15,2 (summer, 2004): 14–18.

Inglehart, Ronald and Christian Welzel, 2005. *Modernization, Cultural Change and Democracy: The Human Development Sequence*. New York: Cambridge University Press.

Inglehart, Ronald and Christian Welzel, 2009. "How Development Leads to Democracy: What We Know About Modernization," *Foreign Affairs* March/April: 33–48.

Inglehart, Ronald and Christian Welzel, 2010. "Changing Mass Priorities: The Link between Modernization and Democracy," *Perspectives on Politics* 8, 2: 551–567.

Inglehart, Ronald and Hans-Dieter Klingemann, 2000. "Genes, Culture, Democracy, and Happiness," in Diener, Ed. And Eunkook M. Suh, eds., *Culture and Subjective Wellbeing* Cambridge, MA: MIT Press, 165–183.

Inglehart, Ronald and Pippa Norris, 2004. *Rising Tide: Gender Equality in Global Perspective*. Cambridge: Cambridge University Press.

Inglehart, Ronald and Pippa Norris, 2016. "Trump, Brexit, and the rise of Populism: Economic insecurity and cultural backlash." Paper presented at the meeting of the American Political Science Association. Philadelphia (September).

Inglehart, Ronald and Pippa Norris, 2017. "Trump and the Xenophobic Populist Parties: The Silent Revolution in Reverse," *Perspectives on Politics* (June, forthcoming).

Inglehart, Ronald, and Wayne E. Baker, 2000. "Modernization and Cultural Change and the Persistence of Traditional Values," *American Sociological Review* 65, 1: 19–51.

Inglehart, Ronald F., Bi Puranen, and Christian Welzel, 2015. "Declining Willingness to Fight in Wars: The Individual-level component of the Long Peace," *Journal of Peace Research* 52, 4: 418–434.

Inglehart, Ronald, Mansoor Moaddel, and Mark Tessler, 2006. "Xenophobia and In-Group Solidarity in Iraq: A Natural Experiment on the Impact of Insecurity," *Perspectives on Politics* 4, 3: 495–506.

Inglehart, Ronald, R. Foa, Christopher Peterson and Christian Welzel, 2008. "Development, Freedom and Rising Happiness: A Global Perspective, 1981–2007," *Perspectives on Psychological Science* 3, 4: 264–285.

Inglehart, Ronald F., Ronald C. Inglehart and Eduard Ponarin, 2017. "Cultural Change, Slow and Fast," *Social Forces* (January) 1–28.

Inglehart, Ronald F., Svetlana Borinskaya, Anna Cotter, Jaanus Harro, Ronald C. Inglehart, Eduard Ponarin, and Christian Welzel, 2014. "Genetic Factors, Cultural Predispositions, Happiness and Gender Equality," *Journal of Research in Gender Studies* 4, 1: 40–69.

International Labor Organization, 2012. *Laborstat*. Available at: http://laborsta.ilo.org/. (accessed October 28, 2017)

Iversen, Torben, and David Soskice, 2009. "Distribution and redistribution: The shadow of the nineteenth century," *World Politics* 61, 3: 438–486.

Johnson, Wendy, and Robert F. Krueger, 2006. "How Money Buys Happiness: Genetic and Environmental Processes Linking Finances and Life Satisfaction," *Journal of Personality and Social Psychology* 90, 4: 680–691.

Kahneman, Daniel, Alan B. Krueger, David A. Schkade, Norbert Schwarz, and Arthur A. Stone, 2004. "A Survey Method for Characterizing Daily Life Experience: The Day Reconstruction Method," *Science* 306, 5702: 1776–1780.

Kahneman, Daniel, 2011. *Thinking, Fast and Slow*. New York: Farrar, Strauss and Giroux.

Kahneman, Daniel and Alan B. Krueger, 2006. "Developments in the Measurement of Subjective Well-being," *Journal of Economic Perspectives* 20, 1: 3–24.

Kaufmann, Daniel, Aart Kraay, and Massimo Mastruzzi, 2003. *Government matters III: governance indicators for 1996–2002*. No. 3106. The World Bank.

Kehm, Barbara. M., 1999. *Higher Education in Germany: Developments, Problems Perspectives.* Bucharest: UNESCO European Centre for Higher Education.

Kenny, Charles, 2005. "Does Development Make You Happy? Subjective Well-being and Economic Growth in Developing Countries," *Social Indicators Research* 73, 2: 199–219.

Kitschelt, Herbert with Anthony J. McGann, 1995. *The Radical Right in Western Europe: A Comparative Analysis*. Ann Arbor: University of Michigan Press.

Koopmans, Ruud, Paul Statham, Marco Giugni, and Florence Passy, 2005. *Contested Citizenship. Political Contention over migration and ethnic relations in Western Europe*. Minneapolis: University of Minnesota Press.

Krueger, Alan B., 2016. "Where Have All the Workers Gone?" *National Bureau of Economic Research* (NBER) October 4.

Kutscher, Ronald E. and Jerome Mark, 1983. "The Service-producing Sector: Some Common perceptions reviewed,"*Labor Review*, 106(4):21–24.

Larsen, Randy J., 2000. "Toward a Science of Mood Regulation," *Psychological Inquiry* 11, 3: 129–141.

Lebergott, Stanley, 1966. "Labor Force and Employment, 1800–1960," in Brady, Dorothy S., ed., *Output, Employment, and Productivity in the United States After 1800*. New York: National Bureau of Economic Research:117–204.

Lenski, Gerhard E., 1966. *Power and Privilege: A Theory of Social Stratification,* Engelwood Cliffs, McGraw-Hill.

Lerner, Daniel, 1958. *The Passing of Traditional Society: Modernizing the Middle East.* New York:

Free Press.
Lesthaeghe, Ron, and Johan Surkyn, 1988. "Cultural Dynamics and Economic Theories of Fertility Change," *Population and Development Review,* 141:1–46.
Lewis-Beck, Michael S., 2005. "Election Forecasting: Principles and Practice," *British Journal of Politics and International Relations*, 7:145–164.
Lim, Chaeyoon, and Robert D. Putnam, 2010. "Religion, Social Networks, and Life Satisfaction," *American Sociological Review* 75: 914–933.
Lipset, Seymour Martin, 1959. "Some Social Requisites of Democracy: Economic Development and Political Legitimacy," *American Political Science Review* 53, 1: 69–105.
Lipset, Seymour Martin, 1960. *Political Man.* Garden City, New York: Anchor Books.
Lucas, Richard E., Andrew E. Clark, Yannis Georgellis, and Ed Diener, 2005. "Reexamining Adaptation and the Set Point Model of Happiness: Reactions to Changes in Marital Status," *Journal of Personality and Social Psychology* 84, 3: 527–539.
Lykken, David, and Auke Tellegen, 1996. "Happiness is a Stochastic Phenomenon," *Psychological Science* 7, 3: 186–189;
Lyubomirsky, Sonja, Kennon M. Sheldon, and David Schkade, 2005. "Pursuing Happiness: The Architecture of Sustainable Change," *Review of General Psychology* 9, 2: 111–131.
Maddison, Angus, 2001.*The World Economy: A Millennial Perspective*. Paris: Development Centre Studies, OECD.
Markoff, John. and Amy White, 2009. "The global wave of democratization." In: Haerpfer, Christian W., Patrick Bernhagen, Ronald F. Inglehart, and Christian Welzel, eds., *Democratization*. Oxford: Oxford University Press: 55–73.
Marks, Gary, Liesbet Hooghe, Moira Nelson and Erica Edwards, 2006. "Party Competition and European Integration in the East and West: Different Structure, Same Causality," *Comparative Political Studies* 39, 2: 155–175.
Marx, Karl and Friedrich Engels, 1848. *The Communist Manifesto*. London: The Communist League.
McAfee, Andrew, 2017. *A FAQ on tech, jobs and wages*. Available at: https://futureoflife.org/wpcontent/uploads/2017/01/Andrew-McAfee.pdf (accessed October 29, 2017)
McDonald, Patrick J., 2009. *The Invisible Hand of Peace: Capitalism, the War Machine, and International Relations Theory.* New York: Cambridge University Press.
Meyer-Schwarzenberger, Matthias., 2014. "Individualism, Subjectivism, and Social capital: Evidence from Language Structures," Paper presented at summer workshop of Laboratory for Comparative Social Research, Higher School of Economics, St. Petersburg, Russia, June 29-July 12, 2014.
Milanovic, Branko, 2016. *Global inequality: A new approach for the age of globalization*. Harvard University Press.
Milbrath, Lester W. and Madan Lal Goel, 1977. *Political Participation: How and Why Do People Get Involved in Politics?* Boston: Rand McNally College Publishing Co.

Ministry of Education, Culture, Sports, Science and Technology-Japan, 2012. "Statistics." Available at: www.mext.go.jp/english/statistics/index.htm (accessed October 29, 2017)

Minkov, Michael, and Michael Harris Bond, 2016. "A genetic component to national differences in happiness." *Journal of Happiness Studies*. 1-20.

Mishel, Lawrence, and Natalie Sabadish, 2013. "CEO Pay in 2012 Was Extraordinarily High Relative to Typical Workers and Other High Earners." *Economic Policy Institute Issue Brief #367*. Available at: www.epi.org/publication/ceo-pay-2012-extraordinarily-high/ (accessed October 29, 2017)

Møller, Jørgen, and Svend-Erik Skaaning, 2013. "The third wave: Inside the numbers." *Journal of Democracy* 24, 4: 97-109.

Moore, Barrington, 1966. *The Social Origins of Dictatorship and Democracy.* Boston: Beacon Press.

Morewedge, Carey K., and Daniel Kahneman, 2010. "Associative Processes in Intuitive Judgment," *Trends in Cognitive Sciences* 14: 435-440.

Morris, Ian, 2015. *Foragers, Farmers and Fossil Fuels: How Human Values Evolve.* Princeton: Princeton University Press.

Mousseau, Michael, Håvard Hegre, and John R. O'neal, 2003. "How the wealth of nations conditions the liberal peace," *European Journal of International Relations* 9, 2: 277-314.

Mousseau, Michael, 2009. "The social market roots of democratic peace," *International Security* 33, 4: 52-86.

Mudde, Cas., 2007. *Populist Radical Right Parties in Europe*. NY: Cambridge University Press. Chapter 4.

Mueller, John, 1989. *Retreat from Doomsday: The Obsolescence of Major War.* New York: Basic Books.

Muller, Edward N., 1988. "Democracy, economic development, and income inequality," *American Sociological Review* 53: 50-68.

National Center for Education Statistics, 2014. *Integrated Postsecondary Education Data System*. Available at: http://nces.ed.gov/ipeds/ (accessed October 29, 2017)

National Center of Education Statistics, 2012. *Digest of Education Statistics.*

National Science Board, 2012. *Science and Engineering Indicators 2012.* Arlington, VA: National Science Foundations (NSB 12-01).

National Science Board, 2014. *Science and Engineering Indicators 2014*. Arlington, VA: National Science Foundations (NSB 14-01).

NCHS Data Brief No. 267 December 2016. U.S. DEPARTMENT OF HEALTH AND HUMAN SERVICES Centers for Disease Control and Prevention National Center for Health Statistics Mortality in the United States, 2015. Jiaquan Xu, M.D., Sherry L. Murphy, B.S., Kenneth D. Kochanek, M.A., and Elizabeth Arias, Ph.D.

Niedermayer, Oskar, 1990. "Sozialstruktur, politische Orientierungen und die Uterstutzung extrem rechter Parteien in Westeuropa." *Zeitschrift fur Parlamentsfragen* 21(4): 564-582.

Nolan, Patrick and Gerhard Lenski, 2015. *Human Societies: An Introduction to Macrosociology*. New York: Oxford University Press.

Norris, Pippa, 2007. *Radical Right.* New York: Cambridge University Press.

Norris, Pippa and Ronald Inglehart, 2004, 2011 (2nd ed.). *Sacred and Secular: Religion and Politics Worldwide*. New York: Cambridge University Press.

Norris, Pippa and Ronald Inglehart,2009. *Cosmopolitan Communications: Cultural Diversity in a Globalized World*. New York: Cambridge University Press.

North, Douglass C. and Barry R. Weingast, 1989. "Constitutions and Commitment: The Evolution of Institutions Governing Public Choice in Seventeenth Century England," *Journal of Economic History* 49, 4: 803–832.

OECD, 2014.*OECD Factbook Statistics*. OECD iLibrary.

Oneal, John R. and Bruce M. Russet, 1997. "The classical liberals were right," *International Studies Quarterly* 41, 2: 267–293.

Ott, Jan, 2001. "Did the Market Depress Happiness in the US?" *Journal of Happiness Studies* 2, 4: 433–443.

Oyserman, Daphna, Heather M. Coon, and Markus Kemmelmeier, 2002. "Rethinking individualism and collectivism: Evaluation of theoretical assumptions and metaanalyses," *Psychological Bulletin* 128: 3–72.

Page, Benjamin I., Larry M. Bartels, and Jason Seawright, 2013. "Democracy and the Policy Preferences of Wealthy Americans," *Perspectives on Politics* 11, 1: 51–73.

Pegram, Thomas, 2010. "Diffusion across political systems: The global spread of national human rights institutions," *Human Rights Quarterly* 32, 3: 729–760.

Penn World Tables. Available at: http://cid.econ.ucdavis.edu/pwt.html (accessed October 29, 2017)

Piketty, Thomas, 2014. *Capital in the Twenty-First Century.* Cambridge, MA: Harvard University Press.

Pinker, Steven, 2011. *The Better Angels of Our Nature: Why Violence Has Declined.* New York: Viking Press.

Politbarometer 2012, Available at: www. forschungsgruppe.de/Umfragen/Politbarometer/Archiv/Politbarometer_2012/(accessed October 29, 2017).

Powell, Walter W., and Kaisa Snellman, 2004. "The Knowledge Economy." *Annual Review of Sociology* 30:199–220.

Prentice, Thomson, 2006. "Health, History and Hard Choices: Funding Dilemmas in a Fast Changing World," *Nonprofit and Voluntary Sector Quarterly* 37, 1: 63S–75S.

Przeworski, Adam. and Fernando Limongi, 1997. "Modernization: Theories and Facts," *World Politics* 49, 2:155–183.

Puranen, Bi, 2008. *How Values Transform Military Culture – The Swedish Example.* Stockholm: Sweden: Values Research Institute.

Puranen, Bi, 2009. "European Values on Security and Defence: An Exploration of the Correlates of Willingness to Fight for One's Country," in Y. Esmer, H.D. Klingemann and Bi Puranen, eds.,

Religion, Democratic Values and Political Conflict. Uppsala: Uppsala University: 277–304.

Putnam, Robert D., 1993. *Making Democracy Work: Civic Traditions in Modern Italy*. Princeton, NJ: Princeton University Press.

Raleigh, Donald, 2006. *Russia's Sputnik Generation: Soviet Baby Boomers Talk about Their Lives*. Bloomington, IN: Indiana University Press.

Ridley, Matt, 1996. *The Origins of Virtue: Human Instincts and the Evolution of Cooperation*. London: Penguin Press Science.

Ridley, Matt, 2011. *The Rational Optimist: How Prosperity Evolves*. New York: Harper Perennial.

Rifkin, Jeremy, 2014. *The Zero Marginal Cost Society: The Internet of Things, the Collaborative Commons and the Eclipse of Capitalism*. New York: Palgrave, Macmillan.

Robinson, William, 1950. "Ecological Correlations and the Behavior of Individuals," *American Sociological Review* 15, 3: 351–357.

Rokeach, Milton, 1960. *The Open and Closed Mind*. New York: Basic Books.

Rokeach, Milton, 1968. *Beliefs, Attitudes and Values*. San Francisco: Jossey-Bass, Inc.

Rosecrance, Richard, 1986. *The Rise of the Trading State: Commerce and Conquest in the Modern World*. New York: Basic Books.

Rothstein, Bo, 2017. "Why Has the White Working Class Abandoned the Left?" *Social Europe*, January 19. Available at: https://www.socialeurope.eu/2017/01/white-working-class-abandoned-left/(accessed October 29, 2017).

Saez, Emmanuel, and Gabriel Zucman, 2014. "Wealth Inequality in the U.S. since 1913: Evidence from Capitalized Income Tax Data," NBER working paper No. 20625. Available at: http://www.nber.org/papers/w20625 (October 29, 2017)

Sanfey, Alan G., James K. Rilling, Jessica A. Aronson, Leigh E. Nystrom, and Jonathan D. Cohen, 2003. "The Neural Basis of Economic Decision-making in the Ultimatum Game," *Science* 300, 5626: 1755–1758.

Schock, Kurt, 2013. "The practice and study of civil resistance," *Journal of Peace Research* 50, 3: 277–290.

Schwartz, Shalom, 2006. "A Theory of Cultural Value Orientations: Explication and Applications," *Comparative Sociology* 5, 2–3: 137–182.

Schwartz, Shalom, 2013. "Value priorities and behavior: Applying," *The psychology of values:* The Ontario symposium. Vol. 8.

Schyns, Peggy, 1998. "Crossnational Differences in Happiness: Economic and Cultural Factors Explored," *Social Indicators Research* 42, 1/2: 3–26.

Selig, James P., Kristopher J. Preacher, and Todd D. Little, 2012. "Modeling Time-Dependent Association in Longitudinal Data: A Lag as Moderator Approach," *Multivariate Behavioral Research* 47, 5: 697–716.

Sen, Amartya, 2001. *Development as Freedom*. New York: Alfred Knopf.

Shcherbak, Andrey, 2014. "Does Milk Matter? Genetic Adaptation to Environment: The Effect of Lactase Persistence on Cultural Change," Paper presented at summer workshop of Laboratory for Comparative Social Research, Higher School of Economics, St. Petersburg, Russia, June 29-July 12, 2014.

Sides, John, and Jack Citrin, 2007. "European opinion about immigration: The role of identities, interests and information," *British Journal of Political Science* 37, no. 03: 477–504.

Silver, Nate, 2015. *The Signal and the Noise*. New York: Penguin.

Singh, Gopal K., and Peter C. van Dyck, 2010. *Infant Mortality in the United States, 1935–2007*. Rockville, Maryland: U.S. Department of Health and Human Services.

Sniderman, Paul M., Michael Bang Petersen, Rune Slothuus, and Rune Stubager, 2014. *Paradoxes of liberal democracy: Islam, Western Europe, and the Danish cartoon crisis*. Princeton University Press.

Snyder, Thomas D., ed., 1993. *120 Years of American Education: A Statistical Portrait*. Washington, DC: U.S. Department of Education.

Soon, Chun Siong, Marcel Brass, Hans-Jochen Heinze, and John-Dylan Haynes, 2008. "Unconscious Determinants of Free Decisions in the Human Brain," *Nature Neuroscience* 11, 5: 543–545.

Stark, Rodney, and William Sims Bainbridge, 1985a. "A Supply-side Reinterpretation of the 'Secularization' of Europe," *Journal for the Scientific Study of Religion* 33, 3: 230–252.

Stark, Rodney, and William Sims Bainbridge, 1985b. *The future of religion: Secularization, revival, and cult formation*. University of California Press.

Statistisches Bundesamt, 2012. "Education, Research, and Culture Statistics," Available at: www.destatis.de/EN/FactsFigures/InFocus/EducationResearchCulture/VocationalTraining.html (accessed November 18, 2017)

Stenner, Karen, 2005. *The authoritarian dynamic*. Cambridge University Press.

Stiglitz, Joseph E, 2011. "Of the 1 percent, by the 1 percent, for the 1 percent," *Vanity Fair*, May.

Stiglitz, Joseph E, 2013. *The Price of Inequality*. New York: Norton.

Sweet, Ken, 2014. "Median CEO Pay Crosses $10 Million in 2013," *Associated Press*, May 27, The American National Election Studies (ANES; www.electionstudies.org)

Thomas, Scott M., 2007. "Outwitting the developed countries? Existential insecurity and the global resurgence of religion," *Journal of International Affairs* 61, 1: 21.

Thomas, Scott M., 2005. *The Global Resurgence of Religion and the Transformation of International Relations: The Struggle for the Soul of the Twenty-first Century*. New York: Palgrave, MacMillan.

Thompson, Mark R., 2000. "The survival of " 'Asian values' as 'Zivilisationskritik'." *Theory and Society* 29, no. 5: 651–686.

Thornhill, Randy, Corey L. Fincher, and Devaraj Aran, 2009, "Parasites, Democratization, and the Liberalization of Values across Contemporary Countries," *Biological Reviews* 84, 1: 113–131.

Thornhill, Randy, Corey L. Fincher, Damian R. Murray, and Mark Schaller, 2010. "Zoonotic and Non-zoonotic Diseases in Relation to Human Personality and Societal Values," *Evolutionary Psychology* 8:151–155.

Toffler, Alvin, 1990. *PowerShift: Knowledge, Wealth, Violence in the 21st Century.* New York: Bantam.

Traugott, Michael, 2001. "Trends: Assessing Poll Performance in the 2000 Campaign," *Public Opinion Quarterly* 65, 3: 389–419.

Tversky, Amos, and Daniel Kahneman, 1974. "Judgment under Uncertainty: Heuristics and Biases," *Science* 185, 4157: 1124–1131.

UN Department of Economic and Social Affairs. *World Population Prospectus: The 2012 Revision.*

United Nations Department of Economic and Social Affairs. *World Population Prospectus: The 2012 Revision*. Available at: http://esa.un.org/wpp/ (accessed October 29, 2017).

United Nations Population Division - Department of Economic and Social Affairs, 2016.

United States Bureau of Labor Statistics, 2013. "International Comparisons of Annual Labor Force Statistics, 1970–2012." Available at: http://www.bls.gov/fls/flscomparelf.htm (accessed October 29, 2017).

United States Bureau of Labor Statistics, 2014. Available at: http://www.bls.gov/ (accessed October 29, 2017)

United States Bureau of the Census, 1977. *Historical Statistics of the United States: Colonial Times to 1970.* Washington, DC: U.S. Department of Commerce.

United States Census Bureau, 2012. *Statistical Abstract of the United States*.

United States Census Bureau, 2014. "Historical Income Tables: People." Available at: www.census.gov/data/tables/time-series/demo/income-poverty/historical-income-people.html (accessed October 29, 2017).

Van de Kaa, Dirk J, 2001. "Postmodern Family Preferences: From Changing Value Orientation to New Behavior," *Population and Development Review* 27: 290–331.

Van der Brug, Wouter, Meindert Fennema and Jean Tillie, 2005. "Why some anti-immigrant parties fail and others succeed: A two-step model of aggregate electoral support," *Comparative Political Studies* 38, 537–573.

Vanhanen, Tatu, 2003. *Democratization: A Comparative Analysis of 170 Countries*. New York: Routledge.

Veenhoven, Ruut, 2014. *World Database of Happiness*, Erasmus University Rotterdam, The Netherlands. Available at: http://worlddatabaseofhappiness.eur.nl (accessed October 29, 2017).

Veenhoven, Ruut., 2000. "Freedom and Happiness: A Comparative Study in Forty-four Nations in the Early 1990s," in Diener, Ed. and Eunkook. M. Suh, eds., *Culture and Subjective Well Being*. Cambridge, MA: MIT Press, 257–288.

Verba, Sidney, Norman H. Nie, and Jae-on Kim, 1978. *Participation and Political Equality: A Seven-Nation Comparison*. Chicago: University of Chicago Press.

Weber, Max, 1904 (1930). *The Protestant Ethic and the Spirit of Capitalism*. London: Routledge.

Welsch, Heinz, 2003. "Freedom and Rationality as Predictors of Cross-National Happiness Patterns: The Role of Income as a Mediating Value," *Journal of Happiness Studies* 4, 3: 295–321.

Welzel, Christian, 2007. "Are Levels of Democracy Affected by Mass Attitudes? Testing Attainment and Sustainment Effects on Democracy," *International Political Science Review* 28, 4:397–424.

Welzel, Christian, 2013. *Freedom Rising: Human Empowerment and the Quest for Emancipation*. New York: Cambridge University Press.

Welzel, Christian. and Ronald Inglehart, 2008. "The Role of Ordinary People in Democratization," *Journal of Democracy,* 19,1: 126–140.

Whyte, Martin K., 2014. "Soaring Income Gaps: China in Comparative Perspective," *Daedalus.*

Williams, Donald E., and J. Kevin Thompson, 1993. "Biology and Behavior: A Set-point Hypothesis of Psychological Functioning," *Behavior Modification* 17, 1: 43–57.

Wilson, Timothy, 2002. *Strangers to Ourselves: Discovering the Adaptive Unconscious*. Cambridge, MA: Harvard University Press.

Winters, Jeffrey A., 2011.*Oligarchy.* New York, Cambridge University Press.

Winters, Jeffrey A., and Benjamin I. Page., 2009. "Oligarchy in the United States?" *Perspectives on Politics* 7, 4:731–751.

Wiseman, Paul, 2013. "Richest one percent earn biggest share since'20s," *AP News*, September 10.

Wolfers, Justin, 2015. "All you need to know about income inequality, in one comparison," *New York Times*, March 13.

World Bank Databank, 2012. "World Development Indicators," Avilable at: http://data.worldbank.org/data-catalog/world-development-indicators (accessed October 29, 2017)

World Bank Databank, 2015. "GINI Index." Available at: http://data.worldbank.org/indicator/SI.POV.GINI/ (accessed October 29, 2017)

World Values Surveys, 2014. Available at: http://www.worldvaluessurvey.org/ (accessed October 29, 2017).

www.forschungsgruppe.de/Umfragen/Politbarometer/Archiv/Politbarometer_2012/(accessed October 29, 2017).

www.un.org/en/development/desa/population/migration/data/estimates2/estimates15.shtml (accessed October 29, 2017).

www.destatis.de/EN/FactsFigures/SocietyState/SocietyState.html (accessed October 29, 2017)

Zakaria, Fareed, and Lee Kuan Yew, 1994. "Culture is destiny: A conversation with Lee Kuan Yew," *Foreign Affairs*: 109–126.

Zakharov, Alexei, 2016. "The importance of economic issues in politics: A cross-country analysis," paper presented at Higher School of Economics, Moscow, November 8–10.

索 引

（索引页码为原书页码，即本书的页边码）

图表索引

译后记

《文化的演化：民众动机正在重塑世界》这部著作是罗纳德·英格尔哈特教授的最新力作。英格尔哈特教授是政治文化研究领域的大师。他是政治文化研究最早的从业者之一，也是政治文化复兴的主要推动者。他的政治文化理论体系以后物质主义理论为基础，在此基础之上他又提出了更大范围内的文化变迁理论，与克里斯蒂安·韦尔策尔一起提出了更为系统的人的发展理论。他在这部著作中提出的演化的现代化理论被称作他“对文化变迁的卓有成效地探索的最高峰”。

英格尔哈特教授对后物质主义的研究历时最长，产生的影响最大。在20世纪70年代初，他敏锐地观察到在西欧发达国家民众的价值观领域正在进行着一场静悄悄的革命。他的实证研究证明，这些国家民众的主流价值观正在从物质主义转向后物质主义。在随后的40多年中，他一直在对这种价值观变迁进行追踪研究。他把100多个国家纳入了研究范围，对这些国家的追踪调查的分析表明，这场价值观变迁不是西欧发达国家的独有现象，而是世界范围内的共有现象。

然而，英格尔哈特教授自2015年起发表的研究成果则表明，价值观变迁的方向正在发生悄然的逆转。在最早出现“静悄悄的革命”的西欧和美国，目前正在发生“静悄悄的革命的颠覆”。在这些发达国家，民粹主义政党的支持率日益上升，普通民众的宽容水平日渐下降。这一价值观转向引发的最典型的政治事件是英国经过全民公投脱离欧盟和唐纳德·特朗普当选为美国总统。

对“静悄悄的革命的颠覆”的研究是《文化的演化》这部著作的理论亮点。延续了约40年的从物质主义向后物质主义的转变为何出现了反转？按照后物质主义理论，后物质主义价值观更有益于民主的出现及稳定，那么这种反转是否会引发世界范围内民主政治格局的大变动？如果是大量移民的涌入和民众实际收入的下降导致了排外的威权民粹主义在发达国家的高涨，那么在解释当前世界面临的新困境、出现的新现象时，是否文化因素要让位于经济因素？这些问题对后物质主义理论和政治文化研究都提出了挑战。英格尔哈特教授在本书中对上述问题作出了回应。他认为，上述问题都能在后物质主义的理论框架中得到解答。他的实证研究证明了他的判断。

虽然英格尔哈特教授的研究建立在对大量数据进行的复杂分析的基础上，但是，他在本书中用通俗易懂的图表而非深奥难懂的方程式展示了他的研究成果。这种表现形式是由他出版此书的目的决定的。英格尔哈特教授希望此书能够帮助更多的人去理解民众的动机如何发生变化，这种变化又在以何种方式影响和改变着世界。因而，他在此书中采用了图表而非方程式，使用了平实的语言而非晦涩艰深的学术话语。如此，即使读者并非政治文化领域的专家，也能够在阅读此书时轻松地汲取到文化演化的知识。

我曾有幸在英格尔哈特教授的指导下研究当代西方政治文化理论，近距离感受到他对知识传播的热情和个人魅力。当时他已将近80岁的高龄，却仍奔波于美国和俄罗斯两地讲授课程和从事研究。虽然之前多有邮件往来，但当我第一次等在他的办公室外，仍不免感到紧张、忐忑和兴奋。没多久，走廊尽头传来“咚咚咚”的坚定有力的脚步声。我有些不敢置信如此高龄的人会有这样铿锵的脚步声，未及抬头便听到教授爽朗的笑声，抬头看时只见他头戴棉帽，身裹棉衣，满脸笑容，大踏步地走来。这一幕始终留在我的记忆里。英格尔哈特教授为人亲切热情，不厌其烦地回答我的问题，启发我去思考文化与制度的关系，指点我从何种角度切入研究政治文化的解释力。在他的耐心指导下，我对政治文化研究有了更为全面和深刻的认识。

我非常有幸能够得到翻译英格尔哈特教授最新研究成果的机会。首先我要感谢我的恩师丛日云教授。他不遗余力地推进国内对西方政治文化理论的研究，主编了政治文化研究译丛，组织了政治文化研讨会，并邀请英格尔哈特教授来华与中国学者进行学术交流。正是在丛老师的主持和推动下，中国读者才得以在英格尔哈特教授最新研究成果的英文版出版没多久就阅读到中文版。丛老师还审校了全部书稿，并提出了十分宝贵的意见。另外，我还要感谢中国政法大学的卢春龙老师和严挺老师。卢老师翻译了本书的导论部分，还在本书的翻译过程中给予了我很大帮助。严老师审阅了译文初稿并提出了许多修改意见和建议。在此我向三位老师表示诚挚的感谢，你们的指导使我受益匪浅！此外，本书的出版颇费周章。在此要感谢出版界的朋友陈卓先生为此所作的努力，感谢本书责任编辑热情认真的态度和高质量的工作。最后，我想说，文化背景和价值观念的差异不可避免，希望读者全面看待。对于译文中难免的疏忽，亦敬请读者给予谅解和指正。

王路遥

2018 年夏于隆德

文
景

社科新知　文艺新潮

Horizon

文化的演化：民众动机正在重塑世界

[美] 罗纳德·英格尔哈特 著
王路遥 译

出 品 人：姚映然
责任编辑：单　琪
营销编辑：胡珍珍
封扉设计：尚燕平

出　　品：北京世纪文景文化传播有限责任公司
(北京朝阳区东土城路8号林达大厦A座4A 100013)
出版发行：上海人民出版社
印　　刷：山东临沂新华印刷物流集团有限责任公司
制　　版：北京楠竹文化发展有限公司

开 本：820mm×1280mm 1/32
印 张：10.75　字 数：206,000　插 页：2
2024年10月第1版　2024年10月第1次印刷
定 价：79.00元
ISBN：978-7-208-18882-2 / D·4311

图书在版编目（CIP）数据

文化的演化：民众动机正在重塑世界 / (美) 罗纳德·英格尔哈特 (Ronald Inglehart) 著；王路遥译. -- 上海：上海人民出版社, 2024

书名原文：Cultural Evolution: People's Motivations Are Changing, and Reshaping the World

ISBN 978-7-208-18882-2

Ⅰ. ①文… Ⅱ. ①罗… ②王… Ⅲ. ①文化发展－世界 Ⅳ. ①G11

中国国家版本馆CIP数据核字(2024)第084428号

本书如有印装错误，请致电本社更换 010-52187586
